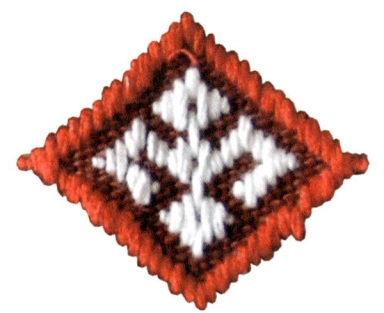

黎族研究大系丛书

主编：孙绍先

国家"十二五"规划重点图书
上海文化出版基金资助项目
海南大学科研经费资助项目

平等与包容

母系文化背景下黎族两性关系

孙绍先　文丽敏　著

上海大学出版社

图书在版编目（CIP）数据

平等与包容：母系文化背景下黎族两性关系／
孙绍先 文丽敏著 —上海：上海大学出版社，
2013.11
（黎族研究大系／孙绍先主编）
ISBN 978-7-5671-0991-9

Ⅰ.①平… Ⅱ.①孙… ②文… Ⅲ.①黎族－女性－
社会关系－研究－中国 Ⅳ.①D669.68

中国版本图书馆CIP数据核字（2013）第246042号

策　　划	焦贵萍
责任编辑	焦贵萍
装帧设计	施羲雯
技术编辑	章　斐

黎族研究大系丛书

平等与包容：母系文化背景下黎族两性关系

孙绍先　文丽敏　著

上海大学出版社出版发行
（上海市上大路99号　邮政编码200444）
（http://shangdapress.com　发行热线021-66135112 021-66135109 021-66135211）
出版人：郭纯生

上海上大印刷有限公司　各地新华书店经销
开本787×1092 1/16 印张24.75 字数495 000
2013年11月第1版　2013年11月第1次印刷
ISBN 978-7-5671-0991-9/D·144　　　定价：248.00元

黎族研究大系丛书编委会名单

总顾问

王学萍

编委会主任

胡新文

编委会副主任

孙绍先　李永群（黎族）

编委会成员
（按姓氏音序排列）

符其武（黎族）　郭纯生　高泽强（黎族）

胡新文　金　山（朝鲜族）　焦贵萍　焦勇勤

鞠　斐　李景新　李永群（黎族）　刘复生

马荣江　孙海兰　孙绍先　唐玲玲　文丽敏

姚铁军　张军军　钟思源　周伟民

黎族研究：
一座有待开启的民族文化宝库

——《黎族研究大系》总序

　　海南岛的先住民是黎族，他们是历史上开拓海南岛的先驱，曾经创造了辉煌灿烂的民族文化。黎族人口125万，在中国56个民族中排名第18位。黎族在海南岛生息繁衍有史可证的年代距今已有3000年以上。

　　黎族为我们保存下来的文化遗产令人惊叹！

　　黎族一直到清代，都是我们国家纺织工艺最先进的民族之一。黎族妇女织就的"广幅布"、龙被，曾长期作为朝廷征调的贡品。流传甚广并辑入小学课本的黄道婆向黎族人民学习纺织技术的故事，并非没有渊源。今天，黎族织锦已经列入世界非物质文化遗产保护名录。

　　黎族妇女文身的复杂图案与喻义至今未得到充分的研究和解说，而海南仍有2000多名文身的妇女健在，这足以令全世界的人类学家目瞪口呆。他们只有在早期传教士的素描和极其稀少的早期影像中，才能依稀看到其他民族的文身图案。

　　更神奇的是，我们从文身习俗的历史记载、文身的原初意义以及文身的图案艺术等方面，发现了琼、台两地先住民族源的一致性。琼、台先住民的文身、文面，其实都起源于骆越。根据文身、文面的比较，可以发现，中国两大海岛先住民的族群竟然是同源异流关系（此前语言学家也从语音、词汇的历史比较中认为海南黎族与台湾高山族同根同源）！2003年，在一个琼、台两岛少数民族的座谈会上，台湾泰雅族民意代表（台湾立法委员）林春德说："我寻遍大江南北，不意今天知道黎族文身有这么深刻而广泛的影响，我们泰雅族和黎族在文身这一点上表明我们是同一个祖宗！"由此促成了琼、台两岛少数民族多年的"三月三"大聚会。

黎族研究的现状与黎族在祖国大家庭中的历史地位很不相称。当藏学、蒙学、满学等已经成为世界级显学的时候，"黎学"还处在刚刚起步的阶段，到处都是有待开掘的文化宝藏。

从学术角度对黎族民族文化的研究，始于19世纪末20世纪初。并在20世纪50－60年代形成高潮，有学者做过一些调研，出版过数种著作。期间，标志性的研究成果是德国人类学家史图博1931年－1932年两次到海南黎区作田野调查，于1937年出版了德文著作《海南岛民族志》。其后，国际汉学界对黎族文化的研究，因各种原因陷入停滞状态。

建国后，广东省的一些民族研究学者，曾对海南黎族进行过较大规模的综合考察。比较重要的有两次：一是中南民族学院调研组，在1954年7月至1955年1月间对海南22个黎族村点的调查，结集为《海南岛黎族社会调查》（广西民族出版社1992年版）；二是中国少数民族社会历史调查广东省课题组民族研究学者于1956年11月至1957年2月对海南黎族村落的调查，结集为《黎族社会历史调查》（民族出版社1986年版）。限于当时历史条件和学术视野，这些论著都有相当大的局限。

海南建省办经济特区后，原广东省的一些黎族研究学者陆续转向对其他民族的研究。而中央的一些民族研究机构（如社会科学院下属民族研究所、中央民族大学），虽然也有黎族研究人员和课题，但大都处于个别和个案的研究状态，科研成果稀少，难以对黎族文化进行大规模和深入系统的研究考察工作。

对黎族文化的系统考察研究因此陷于长期停顿状态。随着现代化浪潮由城市推向乡村，黎族的生存方式正在发生深刻的变化，许多传统生活方式和传统习俗正在加速从现实生活中退出。从保存祖国少数民族文化多样性的角度说，对黎族传统文化的抢救与挖掘整理已经到了刻不容缓的时候。1956年至1957年，广东黎族考察组在毛道乡调查时发现："纺织和制陶是女子的事情，凡14岁以上的女子，都能纺织花纹比较简单的桶，有15个中年以上的妇女会制陶器。"在2003年对黎族地区的考察中，我们了解到只有10%左右的妇女还懂得一些传统的手工纺织工艺，真正精通纺织技术的人更少，而民族制陶工艺已基本失传。

现代化的浪潮正在迅速改变黎区的面貌。五指山深处的水满乡——海南省最偏远贫困的乡镇之一，也在1986年开始接入电视信号；1997年初开通了长途直拨电话；2000年初中国移动电话开通；这个昔日封闭的山乡正在迅速与外面的世界连在一起。黎族传承了上千年的民族文化以及生产、生活方式正面临着严峻考验。其中很多物质民俗和文化民俗的遗产，如不加以抢救性挖掘与整理，必将永久消亡。例如，大量未记录的原生态的歌谣和音乐、各种传统节庆与宗教礼仪、抗风防震的"船形屋"、色彩绚烂的黎锦等等，都面临着永远消失的困境。这对中国民族文化多样性传承是不可弥补的损失。现在还保有文身的黎族妇女，大都在85岁以上，民间歌手、巫师、"鬼公"、织锦艺人等黎族传统文化的传承者也均处高龄，且不断有人辞世。

60年前，黎族的典型建筑——"船形屋"基本消失；

50年前，黎族妇女不再文身；

40年前，黎族的制陶工艺失传；黎族的传统生产工具消失；

30年前，黎锦的印染工艺失传；黎族服饰退出生活领域；

20年前，黎族传统的生活用具消失；

正在消失的还有：黎族古歌，特别是记录黎族口传史的"祖先歌"；黎族的腰织机；黎族的传统音乐和乐器；黎族的传统纹饰等等。

抢救保存黎族文化遗产，这不仅是在保留一个民族的历史记忆，更重要的是巩固一个民族的精神家园。这项艰巨而重大的工程早一天启动，就会多一分民族文化研究的成果。对黎族的综合考察研究对中国乃至世界的文化人类学、民族识别学方面具有极高的理论价值，在学术史上更是具有填补当代民族学研究空白的意义。

借助海南大学进行重点学科建设的契机，我们组织了一批学者，从各个角度对黎族传统文化进行了深入的研究，大部分学者为此专门深入黎区进行田野考察，2012年编辑出版的《黎族研究大系》（1-4）卷，就是他们研究成果的一部分。

在上海大学出版社和丛书作者的共同努力之下，《黎族研究大系》（1-4）卷先是列入上海市重点图书规划，后又获得国家出版基金项目资助。丛书出版后，2012年《黎族研究大系》（1-4）卷获得上海优秀图书一等奖；2013获"全国百种优秀民族图书"向全国人民推荐。同年，获第四届中华优秀出版物图书提名奖，这是我国国家级优秀图书的三大奖之一。这一系列荣誉鼓舞了我们学者的治学热情，海南大学亦决定继续资助《黎族研究大系》的出版工作，这是本丛书第二批图书得以顺利出版的重要推动力。我们希望这套丛书能够继续出版下去，形成20~30卷的黎族传统文化研究系列成果。

  感谢海南大学予以本丛书专项建设资金支持；感谢海南大学副校长胡新文教授对本丛书研究出版工作的大力支持；感谢各位作者富于创造力的研究工作；感谢上海大学出版社焦贵萍老师对本丛书倾注的极大热情和所付出的一切。本丛书历经数载，反复打磨、修改，终成正果。看着凝聚着大家心血、大气又雅致的《黎族研究大系》丛书，不能不有空谷足音之感。欣喜之余，谨略表谢忱。

  是为序。

孙绍先
于海南新埠岛

目录

第一章 为什么不是"黎族母系婚姻制度研究" 1

第一节 对"乱伦"传说的反思 3
第二节 如何接近远古的历史真相 19

第二章 黎族的母系制背景研究 25

第一节 母系氏族与母系文化的研究难点 27
第二节 黎族母系文化的源头再探 35
第三节 源远流长的黎族蛙崇拜 57
第四节 在比较民族学方法中寻求突破 70

第三章：黎族母系文化源流辩 75

第一节 母系文化的建构基础 75
第二节 母系文化的基本特征 194

第四章 母系制背景下黎族两性关系透视 267

第一节　两性关系的生命基础 267
第二节　对黎族两性关系的再认识 273
第三节　黎族与摩梭族两性关系比较研究 291

第五章 母系文化背景下的男性角色 303

第一节　"雄性冲动"与生命的种群竞争 304
第二节　男性暴力的社会文化调控 315
第三节　是女性的情人，而不是主人 325

第六章　母系制的衰落 ... 333

第一节　"女性的历史性失败"——人类社会的第二次性别分工 .. 333
第二节　男性对生育权的争夺 ... 341
第三节　"不落夫家"的社会性别解读 ... 347
第四节　私有观念和商品经济的腐蚀性作用 ... 354
第五节　父权制婚姻的建立 ... 361
第六节　女性离婚与再嫁 ... 366

后　记 ... 375

海南岛黎族方言分布示意图

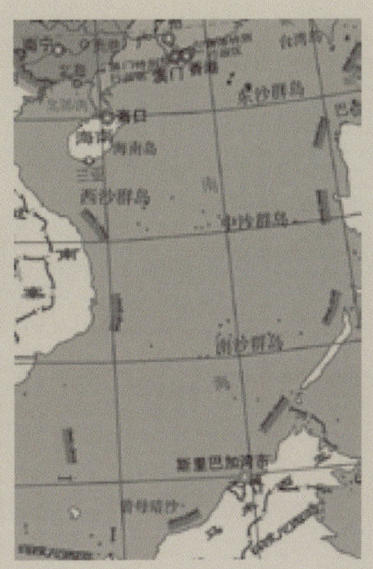

- 哈方言区
- 润方言区
- 杞方言区
- 美孚方言区
- 赛方言区

平等与包容：母系文化背景下黎族两性关系

黎族村落　孙绍先摄于昌江自治县

第一章 为什么不是"黎族母系婚姻制度研究"?

本书的研究对象是母系制背景下的黎族古代文化。

作者相信人类文化大体是沿着母系文化到父系文化的路径演进的。当然,每个民族具体的演化阶段不一样。今天的黎族文化与汉族在两性关系领域已经非常接近。

本书作者在确定研究题目时颇为踌躇,按照习惯的研究路数,似乎叫"黎族母系婚姻制度研究"较为合适。但在深入分析黎族及类似民族的早期两性关系情形后,我们认为现行的"婚姻"概念完全不能说明处在母系文化阶段的黎族两性关系、家庭家族及其生育状况。

如果我们把"婚姻"界定为是人类社会所特有的,以制约两性关系和维系育幼环境为目的一种制度化安排,那么,对于母系氏族社会而言,"婚姻"就是一种晚出的现象。如果以上两点再明确为共同养育夫妻双方的婚生子女,且双方或一方出现性专有权力,那么这只能是在父权社会出现的父系婚姻。换句话说,按今天我们流行的"婚姻"概念来衡量,人类的母系氏族社会无"婚姻"。人类的"婚姻时代"始于父权社会。

依目前社会学家和法学家对"婚姻制度"的阐释,可以被"婚姻"涵盖的要素至少包括如下内容:

一是生育的共同体:不论是一夫一妻制,还是一夫多妻制,甚至于少见的一妻多夫制,都是建立在共同生育之基础上的制度性安排。全世界所有的父权社会以降的婚姻模式中,这是公认的基石,也是社会道德导向的明确目标,是两性关系和所生育子女是否合法的试金石。即便是不能生育的婚姻,其缔约之初也必然以此为基础。例如,无子女的婚姻家庭,通过一定的社会程序完成的收养行为,依然被看作是婚姻行为,即养父母与养子关系也必须以合法的婚姻为前提,未婚的收养行为在大多数国家都为习俗和法律所不容,就是这个逻辑。

二是经济的共同体:为了完成第一前提所规定的目的,婚约双方必须结成相对独立完整的经济共同体,以保障所生育子女的教育成长需求,甚至为子女提供成年后的婚姻与事业资助。同时,习俗和法律均要求子女对年老体衰的双亲尽到赡养的义务,从而进一步完成对这个经济共同体的社会监管。在前资本主义的父权社会形态中,都把这种以婚姻为基础的家庭当成社会组

黎族的稻田　焦勇勤摄于昌江自治县

织的基本单元加以巩固。

但这绝不意味着人类的前婚姻时代是两性关系"混乱"或"野蛮"的时代。实际上,这个时代的两性关系远比后来父权社会的"婚姻时代"更和谐、更文明。

第一节 对"乱伦"传说的反思

一、有关"乱伦"传说的传统解释

影响深远的两大文明古国——希腊、中国,都属于父权文明。他们的核心价值观与母系文明针锋相对,并集中表现在两性关系和家庭伦理方面。这些自诩的"文明人"猛烈抨击、刻薄嘲笑母系文明的两性关系和家庭伦理秩序,造成了世界范围内对母系文化价值观数千年的丑化和误解。他们对母系社会"野蛮"的看法,集中在其不同于自己社会的法则上。将自己的家庭伦理法则定为一尊,他者的东西必然就是无秩序的,也就是"野蛮"的。这一点我们从古希腊、古罗马人嘲笑周边"蛮族"的议论记载中看得很清楚,也可以从19世纪

欧洲列强嘲笑中国人愚昧落后的逻辑中,推导出同样的思维方式。古代中原人(或关中人)对周边少数民族同样如此。《后汉书》称当时海南"人如禽兽,长幼无别。"[①]汉代,珠崖反叛,朝廷打算征讨,而贾捐主张不发兵的原因之一就是,黎人"父子同川而浴,相习以鼻饮,与禽兽无异,本不足郡县置也"。

很多学者在其相关论著中谈及母系氏族社会的婚姻现象时,混淆了两性

---

① 范晔.《后汉书》卷一一六《南蛮西南夷列传》.

关系与婚姻关系的区别。来自古籍记载的所谓"群婚",其实根本就不是婚姻。这个概念与马克思、恩格斯的"母权社会"论述奇怪地对接后,在中国造成了近一个世纪的混乱。

人类初始,生产力低下,只能赖原始群的集体力量,在极其艰难的自然条件下求得生存。"其民聚生群处,知母而不知父,无亲戚兄弟夫妻男女之别,无上下长幼之道",无所谓婚姻家庭,只有杂乱的性交关系,"长幼侪居","男女杂游",两性关系不受任何约束,既无年龄和行辈的婚配限制,也无父母子女、兄弟姊妹的界分,异性之间均可任意选择发生性行为的对象。①

这样人云亦云的见解当然也影响了黎族学者以及黎族研究。

黎族关于人类起源的传说主要有《洪水的故事》、《葫芦瓜》、《姐弟俩》等。核心情节大致是:大地为滔滔洪水淹没,一对姐弟幸存下来,为了繁衍后代,他们各自去寻找配偶,却总是失望而归。天上雷公知此事后化身为人,告诉他们人类就只剩他们姐弟俩。雷公对弟弟说:"你姐弟二人可结为夫妻"。弟弟说:"姐弟不可成亲,否则必遭雷公打杀"。雷公说:"我就是雷公,决不打你"。弟弟还是不肯,继续寻找可以做妻子的人。于是雷公将姐姐面涂黑。弟弟再遇认不出姐姐便结成夫妻,繁衍后代,是为黎人。这类故事在我国许多民族中都有类似的版本。大意都是兄妹(或姐弟)顺从"天意"婚配,以繁衍人类。为克服兄妹之间的乱伦羞愧心理,妹妹刺面,以使哥哥认不出自己。

刘咸1934年所做的黎族调查中记载了另一个传说:远古时候,皇帝有个女儿重病在身,皇帝下

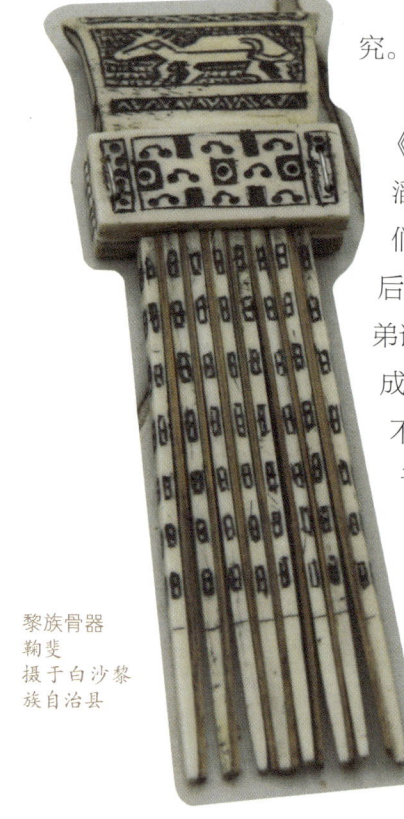

黎族骨器
鞠斐
摄于白沙黎族自治县

① 宋镇豪.夏商社会生活史[M].北京:中国社会科学出版社,1994:125.

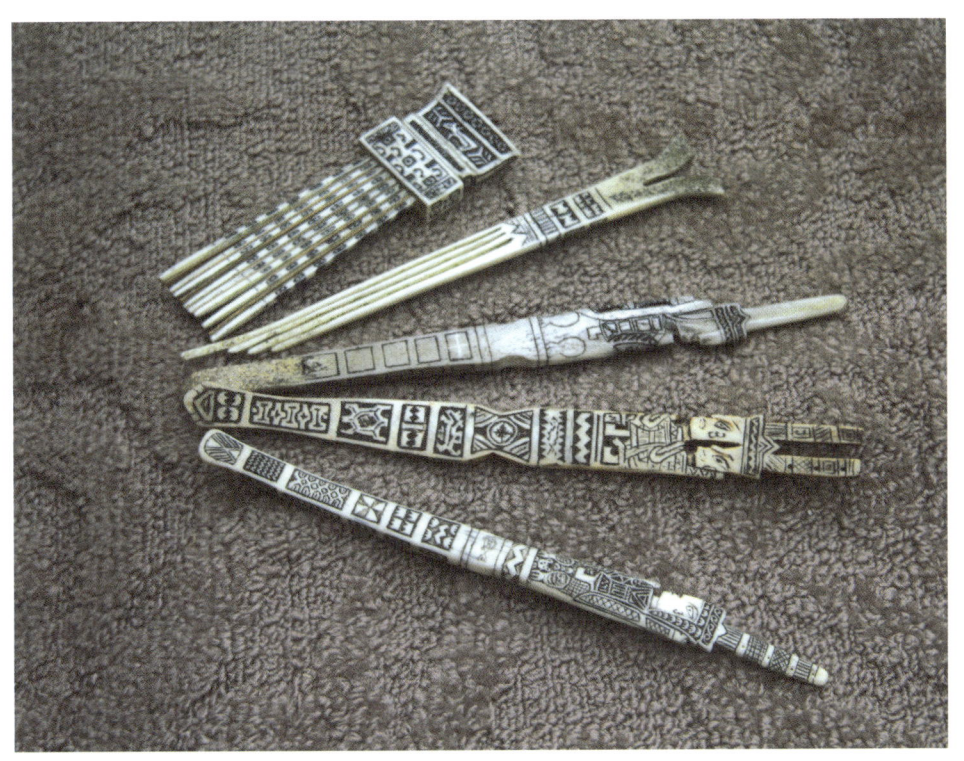

黎族骨器　鞠斐摄于白沙黎族自治县

诏，只要有能够医好公主者，皇帝就将公主许配于他。后来来了一只黑狗陪伴公主，不料公主的病竟然好了，于是公主就嫁给了黑狗，并产下一子。但儿子并不知情，后来竟然将黑狗杀死，引起上苍不满，降祸于人类。于是人类灭绝，只留下母子二人。但母子无法通婚，天帝只得让母亲文面，使得儿子无法认出，于是儿子娶母亲为妻，人类得以繁衍。这可以看作是这一类型传说的变体。①

"兄妹成婚"是世界性的民族传说母题，以往学者大都认为这是先民对远古"群婚"与乱伦时代的记忆。这个结论经过反复流传，在我国流行至今。

黎族学者邢关英在其著作《黎族》中就认为："在氏族产生以前，人类

---

① 参见：刘咸. 海南黎人文身之研究[J]. 民族学研究集刊，1936，1.

社会曾经历过原始杂交和血缘婚阶段。黎族也不例外。例如，黎族有其在远古时期的母子相配、姊弟相配和舅甥婚配的传说。说明黎族远古祖先曾经过原始血缘婚杂交时期。之后，生活在远古时代的原始群，为生计不得不分成若干小集团，人类也就逐渐从杂交第一次产生了婚姻规律，出现了血缘婚姻，形成了血缘家庭……黎族至今尚广泛流传姊弟互婚配的'葫芦瓜'传说，这可能是黎族远古祖先曾经历过血缘家庭阶段的某些反映。"①

这确实是用民间传说附会了理论教条。

所谓"群婚"，使自以为很"文明"了的汉人在看到或听说边疆少数民族没有婚姻的现象时莫名惊诧，而这也是中原周边少数民族统统被贬为"夷""狄""蛮"的重要原因。西方学者在19世纪初次观察域外"土著"民族的两性关系时，也处于类似的精神状态。古罗马人将周边所谓"未开化"的民族均称为"蛮族"，也是这种鄙夷心态的流露。其实，即使是在族外择偶的背景下，也不存在一个氏族的女性都是另一氏族男子配偶的这种现象。20世纪初，经过许多西方人类学家的长期田野考察，终于弄清了母系氏族时代的两性关系机制。在族外择偶制的前提下，性爱完全取决于当事人的两厢情愿。这就从根本上排除了集体"共妻制"与"共夫制"存在的可能。②

在母系氏族社会的初期、上升期和全盛期，人类根本就没有婚姻制度。有的只是接近生命本性的浑然天成的两性关系。这种两性关系就是以今天的眼光来看，也是健康合适的，并不是所谓"群婚"。"群婚"其实就是性乱交的另一种说法，这恰恰是出于对母系氏族社会的无知。我们只需再次提请人们注意一个事实，那就是绝大多数的哺乳动物都没有乱交的现象，为什么人类就一定经历了一个混乱不堪的"群婚"时代呢？

对许多母系氏族的考察与研究表明，所有的氏族都恪守族外性关系的原则，普遍存在乱伦禁忌，包括一直被古代汉人传为"群婚"乱交的黎族。我们相信人类的两性关系就始于母系的族外许可制。至于早期学者们提出的

---

① 邢关英.黎族[M].北京：民族出版社，1990：28.
② 在母系文化向父权社会过渡期，在某些地区出现了兄弟共一妻，或姊妹共一夫的现象，即所谓的"普里亚那婚"。例如，在云南纳西族的某些地区有记载。但这并不是无序婚，更谈不上是群婚。参见宋兆麟."共夫制"与"共妻制"[M].上海：三联书店上海分店，1990.

黎族女性在对歌　焦勇勤摄于东方市

"族内婚"制，只不过是把"群婚"、"乱交"这类贬义概念偷换了一个学术性词语而已。如果人类作为一个物种真的存在过所谓的"族内婚"制，那么它必定在几十万年，甚至上百万年前的动物阶段就已经结束。"优生"首先是自然界普遍存在的法则，而后才是人们用理性和经验总结出来的理论。

二、母系氏族时代的两性关系真相

母系氏族源于一个共同的母系祖先，一个母系氏族通常由一个德高望重的祖母管理，其成员包括若干同一家族的成年男女和儿童。母系氏族繁荣期是对偶性关系盛行期，男子是"从女居"的。黎族在这方面还保留着遗俗，有"男子出嫁"的传说，称古时男女结婚只能是男子嫁到女家，成为女方的成员，双方一旦发生离婚，男子就返回本人原来的氏族。黎族在这方面的遗俗有种种表现，如协助自己的女儿解决婚姻问题，在村寨边为女儿建立"布隆闺"作为留宿族外男子的住处。①

从处于比较典型的母系氏族时代的摩梭人的情况来看，成年男子并不脱离母系氏族。而是晚上出去到外族的情人住处留宿，早晨返回本母系氏族参加劳动。所生的子女都留在女子所在的母系氏族，孩子不认父亲只认本氏族的舅舅。在摩梭人那里，早先甚至没有父亲之类的称呼。

古代的风俗中仍残留母系氏族社会初期单纯的性爱习俗。《周礼·地官司徒下》："中春之月，令会男女，于是时也，奔者不禁。"春秋时期，上至天子后妃，下至庶民百姓，仍保留自由性爱之遗风。据《月令·仲春之月》记载："仲春通淫"之时，人们停止劳作，纷纷前往大牢祠祭祀求子之神"高禖"，天子、后妃也须参加。入夜，男女皆寝于庙后。由此可见，在每个民族的母系文化阶段，都存在过单纯自由的性爱风俗。

《贵州通志》（卷七）："花苗每岁孟春，会男女于野，谓之跳月。择平壤地为月场，鲜花艳装男吹芦笙，女振响铃，旋跃歌舞，谑浪终日，暮挈所私以归，比晓乃散。"

壮族的"歌圩"、布依族的"赶表"、仫佬族的"走坡"、傣族的"泼水节"、侗族的"行歌坐月"等等，都是这种古老遗风的表现形式。如果从百越族群的关系追溯，相信他们都有共同的传承源头。"歌圩"是文献记载的称谓，壮语则称为"窝坡"、"埠坡"、"埠峒"等。每逢圩日，不同村落的青年男女，身着盛装，用对歌的方式寻找情投意合的对象。当某对男女相互中意时，便离开集体，私下幽会。明代岳和声在《后骖鸾录》中，谈及万历年间柳州城外的"搭歌"时曾说："遥望松下，搭歌成群。数十人一聚。其俗女歌与男歌相答。男歌胜，而女歌不胜，则父母以为耻。又必使女先而男后。其答亦相当，则男女相挽而去，遁走山隘中相合，或信宿，或浃旬，而后各归其家，取牛酒财物，满志而后为之室。不则宁异时再行搭歌耳"。"歌圩"实际上是青年男女自由恋爱和婚配的场所。在《刘三姐》、

---

① 苏英博等主编.中国黎族大词典[M]. 广州：中山大学出版社，1994：128.

黎村周边良好的生态环境　焦勇勤摄于昌江黎族自治县

《五朵金花》等电影中，我们还能看到这种类似的对歌的场面。

拉祜族在农闲时，不同村寨的男女青年，白天尽情唱歌狂欢，夜晚燃起熊熊篝火集体过夜。广东某些地区的瑶族，在旧历除夕至正月初二的三天中，凡是成年男女，无论成婚与否，均可参加对歌寻找意中人。

从这些源远流长的习俗上分析，黎族的"玩隆闺"、摩梭人的"走婚"等都只是两性关系的自然呈现形式，并不是婚姻形态。从云南永宁纳西族的习俗更会看得很清楚："男女建立阿注关系是很简便的，只要双方同意就成了。当然，解除阿注关系也是很简便的。如果是女方主动解除阿注关系，便是不开大门，拒绝男子入门就成。假若二人所建阿注关系的时间较久，由于男子经常到女家偶居生活，已把行李放在女家，在他们宣布断绝关系时，男子既可以把自己的行李背走，或者由女阿注的家庭成员送还男子。若是男阿注出于主动那就更简单，男子不再来女家，便意味着解除了阿注关系。"[1]

由黎族、纳西族、拉祜族等少数民族的两性关系形式可以总结以下特征：

首先，双方不是经济共同体。男女双方会交换定情物，有时也会帮助对方做事，但都属于情感交流范围，即使是维持时间很长的情侣也无法形成经济共同体，因为社会不认可。这与当代社会中的情人现象差别是明显的，现在情侣关系的男性一方通常要对女性作出相应的财物补偿或作出类似的承诺。

其次，双方不是劳动共同体。因为双方属于两个氏族，那时的生产与生活劳作都必须以氏族为单位。

第三，双方不是育儿共同体。在母系氏族时代，生物学上的父亲不被承认。"父亲"与"儿子"没有任何利益上的关联。即使清楚地知道父子关系，情感上也很淡漠，无法与舅甥的亲密关系相比。

第四，双方不向任何人或组织负责，性爱关系自愿建立，也自愿解除。不受外力的干预。

上述特征与我们理解的"婚姻"没有什么共同之处。

三、再论为什么各民族早期会出现众多的关于先人乱伦的传说呢？

这是一个极富于挑战的问题。主张"群婚阶段说"的人所依据的正是这些材料，类似于"兄妹结婚"的故事在许多民族广为流传，如何看待这类乱伦的故事传说？

对于这个问题，我们首先应该指出，不是所有的传说都必然应对史实。例如，先民想象当中的绝大多数怪物都不曾存在。

中国古史传说中的许多故事，相信都是不可能发生的。如"玄鸟生商"，因简狄吞玄鸟卵有孕而生商族之祖；如南蛮之女配一只名为"槃瓠"的犬而繁衍后代；如夜朗国的竹传说，始祖男儿出自顺水漂来的三节大竹；

---

[1] 云南省编辑组，《中国少数民族社会历史调查资料丛刊》修订编辑委员会.永宁纳西族母系制调查[M].北京：民族出版社，2009：452—453.

如古高车乃匈奴单于之女与狼交配繁衍而来；突厥也有始祖与狼交配的传说。

难道我们真的会相信曾经有过人兽交的时代？同理，我们为何一定认为"兄妹成婚"的传说就必然存在"群婚"时代呢？

我们认为，乱伦的故事传说正是缘于人类对"乱伦"的原始性恐惧。如前所述，族外婚（在母系社会阶段准确地说是"族外性行为"）是人类与生俱来的原始要求，"乱伦"是人类社会各个演化阶段中都不能容忍的极恶之事（也是大多数哺乳动物的交配禁忌）。先民通过乱伦的故事传说，把潜藏在无意识区域的血亲禁忌，提升为警告性的社会禁令。分析此类故事传说，有这样两个重要情节不可或缺：一是人类或族群面临着毁灭的危险，只有通过乱伦的婚配方式，才能得以挽救。这是后世的人不可能再遇到的特殊情形。因此，其潜在的警告是：这种乱伦行为是绝对不允许再发生的恶行。二是，即便有这样可以原谅的前提，传说中的乱伦者还是受到了神灵的追杀或惩罚。这更加重了警告的严重性。

绝大部分的动物，特别是哺乳动物都存在回避直系血缘间性行为的隔离机制。克洛德·列维-斯特劳斯在《家庭史》一书中对此有犀利的发问："某些马克思主义者捧为至宝的'原始杂居'概念也是如此：因为什么原因史前人类的家庭组织就必须比大猩猩或猕猴的家庭组织更简单呢？"[1]法国著名学者涂尔干也指出："事实上，在我们所知道的最初级的社会中，除了那些具有外婚制特征的禁忌以外，就很难再找到一种看上去与之明显不同的禁忌了。"[2]

原始思维的法则我们至今还不能完全理解。他们在面对极其震撼的事情时，往往陷入对终极答案的想象推测当中。对上古先民来说，最恐怖的记忆莫过于大洪水。我们在众多兄妹婚传说当中，都发现大洪水是这类故事的一个前提条件，包括黎族的传说在内。

这场震慑了先民心灵的大洪水，在原始思维法则下只能被解释为神意：神想毁灭人类，结果却是人类没有毁灭。那么，可怕的神力就与这个侥幸的

---

[1] 安德烈·比尔基埃等编.家庭史[M].袁树仁等,译.北京：生活读书新知三联书店,1998：113.
[2] 涂尔干.乱伦禁忌及其起源[M].上海：上海人民出版社,2003：13.

黎族女性舞蹈　焦勇勤摄于东方市

结果相冲突。于是在原始叙事中，结局便妥协为大洪水后只剩下一男一女。即使是这样的结果，对显示神力与神意来说仍然不够，还要让这仅存的人类处在极其难堪的境地，神才会有所释然。否则在神看来，人类的这一劫还是过得太轻松了。这是先民以己推神的臆测。因此，这剩下的一男一女要么是兄妹，要么是母子。有意思的是，在这类故事传说中，往往是女性角色采取乱伦的性主动姿态，这当然不是母系社会的遗风，此类故事传说流布的时代已是父权社会，女性或明或暗地被置于罪人的地位，就像基督教中的夏娃要为人类的原罪承担主要罪过一样。事实恰恰相反，根据生物学家长期的观察研究，动物在回避近亲交配方面，雌性个体比雄性表现得更为强烈。因为雌性个体对后代花费的代价（如卵子的体积和物质能量、怀孕、育幼等）要远远大于雄性个体，一旦后代因近亲交配而致残、致病或夭折，雌性所遭受的损失和打击要远远大于雄性。所以雌性更为主动地选择回避近亲交配，这符合"双亲投资理论"（paretal investment theory）[1]。

与其说这类故事在反映上古的乱伦现象，不如说是在表达人类对乱伦的一种本能恐惧。而只有神力才能将人类置于这种恐惧当中，这不由得让我们想起古希腊的不朽作品《俄底浦斯王》。"兄妹成婚"就是原始思维在演绎人类的"俄底浦斯处境"，这也是此类传说在世界各地大行其道的精神层次原因。

其次，"乱伦"行为的严重后果，在人类早期（如旧石器时代以前）和动物界，可以通过充分的生命竞争而得以消解。古人已经认识到"男女同姓，其生不蕃"[2]的近亲生育危害。从生命科学的角度说，近亲结婚的后果是降低生命质量，增加罹患各种遗传性疾病的风险。而这种脆弱的生命个体，势必在残酷的丛林竞争中被淘汰，无法把他们有缺陷的基因再传给后代。然而，在社会演进到农耕时代后，人类已经摆脱了自然生物链约束，这些有缺陷的生命个体有更多的机会（如权贵的后代）再传播他们的有害基因。这样一来，"乱伦"行为的后果就比以往严重得多。从而激发出社会文化机制更强烈的制裁冲动，这应该是乱伦传说源远流长的主要原因。

第三，正是父权社会用制度性安排支持保护了乱伦行为。绝大多数的父权社会形态都允许，甚至赞赏近表亲婚姻（如表兄妹之间、表姐弟之间），汉族叫做"亲上加亲"。而这正是母系社会绝对排斥的"乱伦"行为。欧洲各国主要王室，直到19世纪还在大搞这种近亲结婚的政治联姻。有的父权社会，如古埃及王朝更是因为要标榜王室是世上唯一纯净血统的拥有者，而提倡亲兄妹和亲姐弟婚。有学者认为这是曾经辉煌的古埃及文明中道消亡的重要原因。正如涂尔干所指出的那样："实际上，我们知道，很多民族——不

---

[1] 参见朱勇，李进华等.雌性黄山短尾猴回避近亲交配[J].动物学报，2008，54（2）：183—190.
[2] 《左传·僖公二十三年》

黎族院落　　焦勇勤摄于昌江黎族自治县

是原始民族，而是文明程度相当高的民族——不仅允许乱伦，甚至还规定要乱伦。"[1]

所有的田野考察都证明，母系氏族社会恰恰是乱伦行为极为少见的时代，那些族外人，特别是自诩为"文明人"的观察者，不过是看到了完全不同于父权社会婚姻形态的两性关系，而妄加猜测其是"群交"、"群婚"。以黎族为例，从有记录的学者意义上的对黎族的田野考察来看，均没有观察到所谓群婚的现象。相反，倒是有很多关于黎族严格实行族外性关系的记载。所有黎族支系的"玩隆闺"都必须恪守族外往来原则。"外围地区的黎

---

[1] 涂尔干.乱伦禁忌及其起源[M].上海：上海人民出版社，2003：64.

黎族茅草屋　焦勇勤摄于昌江黎族自治县

族凡是同一个黎姓的都不能通婚，例如相同黎姓'拉海'（汉族邢姓）的男女青年不但不能通婚，甚至在路遇时讲话都要互相谨慎，以免他人议论和招来麻烦。"[1]可见黎族的族内性禁忌有多么森严。

一直到近现代，黎族男女之间都有许多相互尊重的习俗和约定，黎族的两性关系绝不像某些外来观察者形容的那样混乱不堪。

> 黎族在日常交往中，男女一向互相尊重，平等互爱，和睦相处，不能混坐在一起，而是男女各一处。在不同辈之间，异性之间，要注意礼

---

[1] 苏英博等主编.中国黎族大词典[M].广州：中山大学出版社，1994：351.

节礼规，不随便开玩笑、讲粗话。人们围坐着聊天，不能从人们中间走过，如不得已而非过不可，要弯下腰，伸出双手，说声道歉。同姓（指黎姓）男女，不能混坐在一起，不能随便开玩笑、讲粗话，更不能唱情歌、谈论两性关系。和女人交谈要用女人特有用语，若讲粗话或不用妇人特用语和她们交谈，在旁的亲友会一走而光，讲话人被社会视为没教养，父母也因此感到羞愧。①

与汉民族的交往密切以后，许多黎族人在自己黎族姓氏的基础上，又起了汉族姓名。他们对内用黎姓辨别氏族所属，并以此为根据约束两性关系。对外用汉姓交流交易。有些不同氏族的黎族人就用了相同的汉姓，依据黎族的"外婚制"法则他们之间当然是可以通婚的。这就使一些肤浅的观察者得出了黎族"行同姓为婚"的虚假结论，有的后学不认真辨析，据此又得出黎族有"族内婚"现象的结论。

"峒"是古代黎族社会普遍存在的社会组织。每个峒都有固定的疆域，峒与峒之间一般以自然界的河流山川为界。同峒之人有血缘关系，一个峒就是一个血缘集团。每峒一般保留有自己的图腾标志。据《黎族》记载："各峒的黎族妇女在文身和纺绣衣裙时，都遵照传统习惯编织绘制各自特有的图式，如青蛙纹等。有些地区还习惯以动物、植物的名称，如水牛、芭蕉、蕃薯等作为同一血缘集团的称号"。随着经济发展、人口增长和人员迁徙混杂，峒内成员的血缘关系渐被地域、经济关系所取代。一峒之内开始存在两个以上互相通婚的血缘集团，但同峒内各血缘集团仍保留有各自的公共墓地与共同的祖先崇拜。因此，乱伦禁忌的范围不再与峒的范围或后来的行政组织形式——村的范围相一致。乱伦禁忌又以祖先（或祖公）来规定，即同一祖先的人不允许择偶、恋爱、通婚。但无论其表现形式如何，乱伦禁忌始终存在，始终影响着情侣们的择偶行为。

黎族择偶范围是否受到姓氏所限呢？据宋代的《诸蕃志·下》记载："黎人行同姓为婚"。而在《海南岛黎族社会调查》下卷，有关陵水县北光乡的调查显示："在黎人内部凡同村不同姓都可以通婚，同姓的则不能通

---

① 王学萍主编.中国黎族[M].北京：民族出版社，2004：154.

日常劳作的黎族女性　焦勇勤摄于昌江黎族自治县

婚。"[1]这似乎是性选择或择偶范围的一个显著变化，其实不然。事实上，黎族均是借用汉姓，姓氏若与血缘集团和范围相吻合，则不可同姓为婚，两者若不吻合，则择偶不受姓氏所限。所以，姓氏和血缘无必然联系，乱伦禁忌乃是最根本的限制因素。

黎姓，黎语叫做"番茂"或叫"捆茂"。广义上指的是不同方言的人，狭义上是指同一个血缘集团的人。

黎族一般是同一个血缘集团（番茂）的人们住在一个村庄，一个地域（即"峒"）居住几个"番茂"。有几个"番茂"，就有几个黎姓，各"番茂"之间可以通婚。同一个"番茂"，因居住的地域不同，使用的汉姓往往也不同。如一个叫"德拉海"的黎姓，在东方姓"邢"，在三亚姓"董"；又如"德龙塘"的黎姓，在乐东姓"杨"，在白沙则姓"郭"；"德旺"的黎姓，在乐东姓"罗"，在三亚则姓"黄"。虽然汉姓不同，但因属同一个

---

[1] 中南民族学院本书编辑组.海南岛黎族社会调查下卷[M].南宁：广西民族出版社，1992：567.

黎姓（番茂），所以不能通婚。

在黎族社会中，几个不同的黎姓（番茂）使用同一个汉姓的情况也很多。如五指山毛道乡的黎族现在全部姓"王"，但他们属"朴基"和"朴冲"两个不同血缘集团的黎姓（番茂），汉姓相同，黎姓不同，所以可以通婚。

从18世纪开始，西方许多人类学者对处于母系文化状态的氏族生活进行了多地多样长时间的田野考察。在他们的实地考察中，从未发现有完全无序的"群交"、"群婚"现象。中国20世纪以来的大规模民族调查研究，也没有发现处于母系社会的少数民族有此类行为。

四、父权社会的乱伦现象再证

有明确记载的具体的乱伦行为，恰恰都出现在父权社会。中国的正史就将许多商周以来的乱伦者记录在案。

最近，由埃及古文物最高管理委员会秘书长扎希·哈瓦斯领队，多国研究人员参与，历时数年，对图坦卡蒙法老家族进行了现代遗传学研究，报告于2010年2月17日发表在《美国医学会杂志》周刊上。

图坦卡蒙法老又称图坦王，于公元前1334年成为古埃及新王国时期第十八王朝法老，年仅10岁，死时不满20岁。考古人员于1922年在埃及南部发现图坦卡蒙法老木乃伊。当时，木乃伊身上缀满珠宝饰物，还有一张精雕细刻的金面具。专家们对图坦卡蒙法老和其他数具木乃伊进行DNA检测和电脑断层扫描，在检测图坦卡蒙法老母亲的木乃伊后发现，她是图坦卡蒙父亲的姐妹。由此确定图坦卡蒙法老确实是兄妹联姻的产儿。埃及法老兄妹联姻的记载和传说被科学检测确认。

扫描结果显示，这位公众想象中优雅的少年法老图坦卡蒙，生前"疾病缠身"，脊柱严重弯曲，双脚畸形，一条腿骨折；DNA检测出图坦卡蒙生前患有多种遗传性疾病。结合早期研究成果，研究人员认定，图坦卡蒙死于严重的疟疾和并发症。研究报告称他"身体羸弱，骨头坏死……右脚缺趾，左脚畸形，要靠拐杖走路"。

美国密歇根大学医学史学博士霍华德·马克尔认为，图坦卡蒙的遗传性疾病应该是其父母近亲结婚导致的，他和父亲一样患腭裂，和祖父一样足部畸形。埃及法老王朝的衰亡，恐怕与他们的"乱伦婚姻"有关。

在任何社会都有可能发生极少数人的乱伦行为，性学家对此有自己的理论解释。这完全不能说明社会主体人群的性取向。

人类历史的最大冤案莫过于后人对母系氏族社会的歪曲和抹黑！

第二节　如何接近远古的历史真相

对黎族社会进行再考察，已经无法接近黎族母系社会的真相。由于黎族一直没有本民族的文字，加之其社会形态自我演进的阶段一直未能超越父系氏族社会，因此，其内部的民族凝聚力相对较弱，容易受到外来文化的影

美孚方言黎族女性　鞠斐摄于东方

活泼现代的黎族儿童　鞠斐摄于东方

响。到了宋代，海南已经出现了"生黎"和"熟黎"之分，之后"熟黎"逐渐汉化，用汉姓，弃黎姓，说汉语（海南方言），着汉服，接受以儒家文化为代表的汉族社会伦理价值观，直至开始轻视妇女。现在，除了在黎族的节庆日官方出面组织活动外，平时黎族人已经不穿本民族的服装。相当多的黎族人已经不会说黎族语言。

在精神领域，道教最先影响黎族。道教传入海南的时间与佛教差不多，海南最早的佛堂道观都出现在唐朝。以大陆佛教影响自盛唐之后远超道教来看，黎族人为什么偏爱道教呢？

道教是大陆华夏民族土生土长的民族宗教，其中保留了先民的诸多原始信仰成分，"巫风"一直很重，这与黎族的精神世界有很多多的相通之处。道教一直到现代也未能完成由"多神教"向"一神教"的转变。尽管道教内部为了宗教理论的系统化，特别是为了与佛教竞争，不断推动道教向"一神教"转变，但民间的广大道教信众却并不买账。在草根力量的左右下，道教不断吸收各地有影响的民间信仰，始终与自然崇拜保持着紧密的联系。这些

基督教已走进黎村　张军军摄于白沙黎族自治县

特征使道教可以很方便的与黎族人的信仰对接。也正因为如此,黎族的原始巫术也很容易被道教改造。

后起的汉化"道公",逐渐取代了黎族"娘母"的位置,成为近现代黎族地区最重要的宗教力量。道公着汉装,用汉语海南方言做法事,所使用的符咒多有汉族文字符号。道教的神灵由此进入黎族人的精神世界。这对我们探讨黎族的前汉族影响时代也造成了诸多困扰。

今天的黎族社会已经被卷入现代化大潮。1956年至1957年,广东省社科院黎族文化考察组在毛道乡调查时发现:"纺织和制陶是女子的事情,凡14岁以上的女子,都能纺织花纹比较简单的桶,有15个中年以上的妇女会制陶器。"[1]在2003年对黎族地区的考察中,我们了解到只有10%左右的妇女还懂得一些传统的手工纺织工艺,真正精通纺织技术的人更少,而民族制陶工艺已基本失传。

---

[1] 广东编辑组.黎族社会历史调查[M].北京:民族出版社,1986:12.

现代化的浪潮正在迅速改变黎区的面貌。黎族传承了上千年的民族文化以及生产、生活方式正面临着严峻考验。其中很多物质民俗和文化民俗的遗产，如不加以抢救性挖掘与整理，必将永久消亡。比如：大量未记录的原生态的歌谣和音乐、各种传统节庆与宗教礼仪、抗风防震的黎族传统住宅"船形屋"、色彩绚烂的黎锦和黎族的民族服装等等，都面临着永远消失的困境。这将不利于中华民族文化多样性的传承和发展。现在还保有文身的黎族妇女，大都在80岁以上。民间歌手、巫师、"鬼公"、织锦艺人等黎族传统文化的传承者也均处高龄，且不断传来有人辞世的消息。

正在消失的还有黎族古歌，特别是记录黎族口传史的"祖先歌"；黎族的腰织机；黎族的传统音乐和乐器；黎族的传统纹饰等等。

我们已经找不到封闭的、传统的黎族山乡去还原她的母系文化状态。通行的人类学的田野考察方法，也不能为我们提供完整系统的母系文化遗存。尽管目前绝大多数学者都支持黎族社会系由母系氏族社会演化而来，但在大量使用黎族母系制概念的同时，多泛泛而谈，或仅仅用零星的资料加以举例说明。对黎族母系文化进行整体研究的尝试困难重重。

在众多学者止步不前的地方举步前行，要冒很大的风险。但这是对黎学研究关系重大的领域，值得我们大胆尝试。由于黎族母系制的整体情况不明，许多枝节的现象在人们特别是在某些黎族同胞中引起了巨大的争议，甚至引起了混乱。例如，具有多重证据的黎族"隆闺"现象，由于没有清晰的母系制大背景的支撑，已经成了一些黎族同胞、甚至是黎族干部的禁忌。他们单纯的将其视为落后、不文明的现象，不愿意提及，也不愿意有人研究，甚至出面否认。其实，黎族"隆闺"制习俗，比起汉族历史上不人道的父权制婚姻要好得多，也文明得多。再如，黎族的图腾崇拜，也因脱离了母系制大背景，而让一些黎族人感到不快，甚至难堪。这些情绪不利于黎族文化研究的健康发展，也不利于黎族同胞的民族自信心建立。

为此，本书将通过下列方法研究黎族母系文化背景下的两性关系，力图较清晰地研究表述黎族母系文化的整体面貌：一、有关黎族的古代文献梳理与解读；二、参考前辈学者对黎族氏族生活的田野考察报告；三、参考各种有影响的人类学理论与考察著作；四、比较同属母系文化阶段的其他民族研究成果，特别是与黎族有族源关系的古百越族群的相似社会阶段的文化样板，其中尤其值得重视的是摩梭人的系统研究考察成果，来进行民族比较研究；五、我国相关母系文化遗址的发掘研究成果；六、近十年来在黎区的考察与访谈见闻。

在基本概念的使用上，本书弃用"母权社会"或者"女权社会"之类的观念，它们的出现明显带有"父权"思维逻辑。我们一般使用"母系文化"、"母系社会"这样的概念。论证"父权社会"阶段时，我们也不使用"父系文化"或"父系社会"概念，而强调使用"父权社会"或"父权文化"。这是为了破除渊远流长的"男女"对举、非黑即白的父权概念体系，也是与本书论证的黎族母系文化对接。

织黎锦　鞠斐摄于昌江黎族自治县

第二章 黎族的母系制背景研究

长期以来，黎族一直被视为落后和不开化的民族，许多她曾经的经历和传奇成了她不文明的证据。诸如刀耕火种、女子"隆闺"①、女子"文身"、已婚妇女不落夫家、敬神怕鬼等等。

人云亦云的讥讽甚至使许多黎族人自己也疑惑起来，害怕谈论自己民族的过去，反倒愿意向外人展示自己民族"汉化"或现代化的成就。

黎族的传统文化真的有那么糟糕吗？答案非也。

她的许多风俗特征都值得本民族的人骄傲。以女子"隆闺"为标志的两性关系的相对自由平等，比起汉族的节烈贞操观要健康自然得多。对自然神灵的敬畏，比现代人对什么都无所谓的人生态度也要好得多。

黎族和许多其他民族早期为什么会出现非婚姻形态的两性关系？这是本书要厘清的另一个重大问题。

母系制的概念（亦有人译作"母权制"）自从西方学者，如摩尔根等人提出后，在社会学和人类学领域产生了重大影响。特别是经由马克思、恩格斯的引申传播后，一时成为中国理论界信奉的人类社会具有普遍意义的发展史结论。然而，20世纪80年代后，母系制的概念受到多方面的冲击。

对人类古代史的研究，曾经出现过两种倾向：一是机械进化论的观点，认为世界上所有民族必将先后经历母系氏族社会、父系氏族社会、奴隶社会、封建社会、资本主义社会、社会主义社会直至共产主义社会。不仅如此，世界各个民族在更细微的文化形态上也将遵循同样的普世之路。例如在

---

① "隆闺"意指姑娘住的小房子；"玩隆闺"指男子到"隆闺"找姑娘。

婚姻家庭领域,都是由群婚(乱交)开始,到母系对偶婚,再到父权婚姻,而后发展到现代的一夫一妻制。这种机械教条的研究思路在20世纪达到顶峰。特别是在中国,由于教条地理解马克思和恩格斯的有关论述,上述结论大行其道。在这一时期出版的有关研究著作中充斥着这样人云亦云的说法。

20世纪末的思想解放与反思运动彻底动摇了以往人们心目中的金科玉律,然而,另一种倾向应运而生,那就是反对或不承认任何有规律性的人类文化现象,把世界各民族的文化发展史都当作不相干的个案来理解,导致对古代人类社会的研究只剩下实证考古一条路可走。这两种思潮的交锋集中体现在对人类母系制文化的研究领域。

在考古界,对人类母系制的划分标准和时间断点时有争议,但对母系氏族社会的存在是没有异议的。"关于史前社会性质的划分标准,即以什么来作为衡量社会发展变化的基本要素,学术界尚无定论。就目前情况而言,主要有两种基本意见。一种传统的观点是以世系变化为标准,即把史前社会划分为两大阶段,即母系氏族社会(母权制)和父系氏族社会(父权制)。世系的变化,归根结底是由社会经济发展水平决定的。但由于种种原因,其往往表现得比较复杂,近年来许多人已逐渐不再采用这种划分方法。另一种以生产关系中的第一要素,即生产资料所有制形式来划分社会发展阶段。有学者还将史前社会划分为原始公有制和私有制两大形态(或两个时期)。原始公有制再细分为部落所有制和氏族所有制两个阶段,原始私有制也再划分为家族所有制和家庭所有制两个阶段。如果以上述标准来考察公元前7500年至公元前5000年一段时间中国的史前社会,那么,可以认为中国各地都处于原始公有制的母系氏族社会阶段。但各地发展快慢的不同,母系氏族社会的复杂程度也有高低的差别。从总体上看,黄河中游的发展程度较高一点,许多地区可能相对要低一点,尤其华南地区则明显较为滞后。"①

---

① 中国社会科学院考古所.中国考古学·新石器时代卷[M].北京:中国社会科学出版社,2010:205.

第一节　母系氏族与母系文化的研究难点

母系文化和母系社会的概念已经产生了广泛的影响。马克思和恩格斯的支持固然扩大了这种影响,但也带来了意料不到的负面效应。由于上世纪中叶中国将马克思主义教条化,导致后来人们对所有马克思观点产生质疑与反思,这其中就包含了母系文化和母系社会的概念。许多学者对上古是否存在母系文化和母系社会持怀疑或反对态度,理由是没有确实的证据。他们举着所谓"实证"和"科学"的旗帜,轻视所有来自传说和民间的材料。似乎如果不见到拍成纪录片的实存母系社会,他们就绝不相信有这么一回事。"任何关于女性统治的猜测都是无证据的"。①

如果这个观点成立,那么将导致两种结果:一,有关上古史中的母系制问题的研究将无法开展;二,这个貌似科学的结论,将新石器时代之前的历史全部清空。这对父权制的历史毫无影响,但母系制的"悬疑"与空白状态其实是强化了父权社会天经地义的结论或印象,对母系制和母系文化的研究伤害极大。

说人类各个民族都将经历共同的分阶段的进化发展之路,确实是犯了教条主义或普世主义的错误。但人类作为生命世界中的同一物种,其各自的演化史没有任何规律性可言这也是令人难以置信的。我们应该努力摒弃这两种极端态度,才能从个案研究入手对人类社会的母系制问题作出有价值的分析判断。

对母系制的研究受到两个方面的巨大冲击:一是正统的历史解释学只认可所谓"正史"记载,极其轻视甚至否认"野史"和民间口传材料的价值。即使是经过严格田野考察工作得出的观察结论,也不为这部分学者所接受。二是来自科学观念的压力。自从上世纪80年代以来,自然科学的价值观取代意识形态导向,开始统领人文学术研究,特别是在人类历史文化研究领域表现得更明显。所有不能科学实证的理论解释,都被质疑或否定,至多只是一种假说。在这种观念支配下,只剩考古学勉强为"科学"所接受。

---

① C·弗鲁埃尔–洛班.对母权制理论的马克思主义的重新评价[J].李有义,译.民族译丛,1980,04:29.

这两种压力相结合、相叠加的结果，很可能是历史研究的消亡。信奉科学主义的人，连"正史"一并怀疑，认为那也是一个人（或一个集团）的虚构和观察的结果，不足为信。信奉正统主义的人，则对出土文物以价值有限的"死物"视之。其实这两种倾向各有各的局限。

考古在世界各地不断有惊人的发现，但是，要依赖考古发现建立或还原系统的古代社会是不可能的。这是因为考古发现只能解释历史的个案和极少数细节，也就是说考古只能打捞起古代史的少数碎片。这些碎片即使是真实的，也因为空白巨大且互无联系，而仅仅可以成全一些出土文物的价值和有限的历史人物名声。而"正史"则因史官及其所处的朝代局限，在史料的取舍上存在许多历史"黑洞"和过度阐释的地方。

一些考古发现恰恰点中了正统史学研究的死穴。

一、偶然发现的殷商女杰——妇好

上世纪在河南安阳发现了妇好墓，其出土了迄今为止商代墓葬中最多的随葬品，包括青铜器、玉器、石器、宝石器、骨器、象牙器、陶器等，共计

妇好墓葬复原图　文丽敏摄于海南省博物馆

1928件。其规模和精美程度世所罕见。

在210件礼器中有190件铸有铭文,由铭文判断出,墓主人是一位叫妇好的女性。尤其令人惊讶的是在墓中出土了大量兵器,有铜钺4件、铜戈91件、铜镞37件、铜飞挞1件。配合已经破译的同期甲骨文,证明这个商代女子竟然是一位统兵打仗的女元帅。她不仅在田野中训练军队,而且曾多次统领商军征伐四方。在征讨羌方的战争中,妇好率领13000名士兵出征。这是甲骨文记载的商朝动员作战军队人数最多的一次。妇好生前使用的大铜钺,一个重(标本799号)9公斤;一个重(标本800号)8.5公斤。可见这绝不是后世人们印象中柔心弱骨的女子形象。

这座偶然发现的墓葬,至少确认了女主人的三个身份:大巫师、大将军和王后。甲骨文记载妇好多次主持重大的王朝祭祀活动。在商代,祭祀是极其郑重的国事活动。《左传》称:"祀,国之大事也。"当时,国家所有的

妇好生前使用的大铜钺
文丽敏摄于海南省博物馆

妇好墓出土精美青铜器
文丽敏摄于海南省博物馆

妇好墓出土的玉碗
文丽敏摄于海南省博物馆

重大政策颁布，战争动员，国事活动，应对天灾人祸，都要通过祭祀来象征性地得到上天的批准。国师（大巫师）的地位和权威独立于国王，且决不在国王之下。

  殷商时期，文武官员的分工已经很明确。文官主祭祀，武官主征伐。妇好一身二任，显示其极不寻常的个人威望。商王武丁对她十分恭敬和尊重。从这些情况来看，妇好必然是在当时和以后相当长的一段时间内声名远播的人物。然而，在正史中，对妇好的记载却是一片空白。显然，并不是妇好的事迹没有条件被流传记载，而是父权社会的史家认为她作为女人的角色过于异常而有意删节，甚至遗忘。然而，他的丈夫武丁在《史记殷本纪》中却得到了不少记述。

  妇好事迹的历史确认有重大的偶然因素。首先是妇好墓被偶然发现了。中国的盗墓贼人，无论是人数，还是活动的时间长度和空间范围，都堪称

妇好墓出土的精美青铜器 2
文丽敏摄于海南省博物馆

妇好墓出土的精美青铜器3
文丽敏摄于海南省博物馆

世界一流。恐怕从有厚葬的年代始，盗墓贼就产生了。殷墟大墓因此十室九空，妇好墓能躲过劫难，实属万幸。不然也不会出现妇好墓独领殷墟出土文物风骚的局面。据考古发掘人员回忆，妇好墓上方不合常理地堆积了5米以上的夯土，以致老挖掘技工都劝考古队不要再挖了，这是房基的死土。幸亏当时主持挖掘工作的郑振香强硬坚持，否则，这个商代文化宝库很可能永不见天日。①

其次，在妇好墓中，出土的青铜器总重达1.6吨，这是迄今为止，中国单个墓葬中出土青铜器最多的大墓。其中190件铜器铸有铭文，这是破译墓主人身份的关键。然而，并不是每座墓葬都青铜器，也并不是每件青铜器上都有铭文。妇好的身份如果再逊色一些，没有带铭文的青铜器陪葬，她就会永远

---

① 参见杜久明主编.中国殷墟[M].上海：上海大学出版社，2006.

妇好墓出土的玉燕
文丽敏摄于海南省博物馆

妇好墓出土的玉牛
文丽敏摄于海南省博物馆

沉睡在历史地平线之下。

第三,在妇好墓发掘之前,已经发现并破译了大量殷墟出土的甲骨文。在这些破译出的甲骨文里,对妇好活动的记载有上百条之多,妇好墓是殷墟唯一的一个可以与甲骨文联系起来互证的出土墓葬,妇好事迹的真实性由此得到历史的确认。如果没有与当时历史档案甲骨文的互证,单凭一千多件出土文物,仍然不能确认妇好的系统活动和多种身份。

以妇好的出土为例,我们是否可以这样发问:到底有多少上古女杰因此被埋没?从这个个案出发,我们还可以追问:商代为什么会出现妇好?她是如何成长,如何被选择的?她与对她毕恭毕敬的丈夫商王武丁的婚姻关系如何?商代的妇女地位如何?等等。这些问题,考古和正史都不能回答。

另一个考古个案是震惊世界的四川三星堆古代文化遗存,一个规模宏大的地下古代王国横空出世。其文明发达程度,工艺制作水平,在那个时代不输给中原地区。可是我们的正史对这个古蜀国依然是语焉不详。如果说,这是文化地理空间的隔膜造成了史无确切的记载,那么,还有没有类似的边缘地带的古代文化至今仍处在历史的黑暗中？出于考古本身无法回答背景性和系统性问题，三星堆古遗址的发掘，带来的只能是更多的疑问。

妇好历史身份的确认本该在中国引起轩然大波，但情况好像并非如此。40多年过去了，就连一般意义上的人文知识分子，对妇好的事迹也所知不多，遑论大众。而三星堆文明由于其独特的形象符号系统迅速蹿红，更有传媒渲染它是外星文明。这两种截然不同的认知命运的确发人深省。

二、黎族古代社会考古成果有限，且没有本民族文字

人们对黎族古代社会缺乏认识与下列两种情形有关：一是其母系文化的底色与已经进入了父权社会的中央帝国格格不入，中原文人对其记载要么不详，要么扭曲；二是黎族居住地处南疆，长期不为中央政权所重视。从考古发掘的角度讲，黎族的古代物质文化遗存非常稀少。黎族长期处于氏族社会，还没有发达的冶炼技术，没有坚固的土木建筑工艺，没有精细的玉石切割与加工工艺，没有奢华的丧葬形式，更没有形成本民族的文字。也就是说，通过考古发现来研究黎族的古代社会几无可能。

根据1957年广东省的黎族地区考古调查，发现海南岛在新石器时代中、后期的原始文化遗址有135处。这些遗址出土了大量的石器和陶器。在498件出土石器中，包含了大量磨制石器，其类型有斧、锛、凿、铲、

昌江保由古文化遗址出土的石核　文丽敏摄于海南省博物馆

犁、网坠、纺轮、敲砸器、砺石等。其中以双肩石斧，石锛，有段石锛和网坠最为普遍。陶器的种类有罐、瓮、缶、豆、鼎、碗、管、饼、耳坠等。但是，这些器物的使用者是否为黎族尚存争议。因为没有直接的证据表明它们的主人是黎族，只能依据黎族是海南岛先住民的判断，猜测它们的使用者可能是黎人。

2006年，考古工作者在昌江保由古文化遗址，发现了距今两万年以上旧

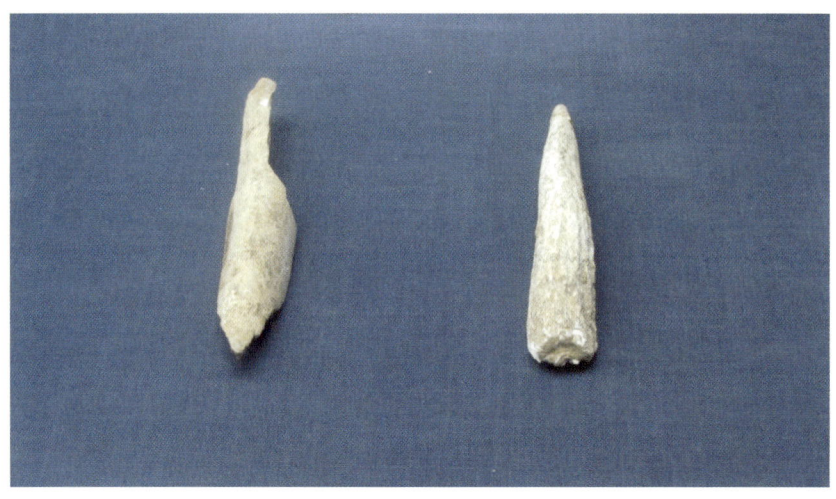

三亚落笔洞发现的磨制骨器　文丽敏摄于海南省博物馆

石器时代人类活动遗址。这是迄今为止，海南岛上最早的人类活动的痕迹。

20世纪90年代，在三亚落笔洞的考古发现，遗存更为丰富。表明早在一万年前，海南岛就有人类繁衍生息。一些学者相信黎族是在商周之际迁来海南岛的，那么，昌江保由和三亚落笔洞的古人类是否为黎族就成为疑问。

在海南岛的考古中发现了大型石铲等农业生产工具，说明数千年前，海南岛主要的早期人类活动区域经历过原始种植业。石制和陶制纺轮的出现，反映当时已经发明了纺织技术，告别了渍树皮为衣的时代，从无纺布开始向有纺布阶段过渡。这一特征即使放在全国的范围来考虑，也是比较早的，这与后来黎族出现优异的纺织技术可能存在关联。石矛、石戈、石制网坠和陶制网坠及贝丘遗址的发现，证明当时已经存在狩猎、采集和渔业经济。

关于海南岛原始文化的相对年代，我们认为，出土磨制石器和夹砂粗陶的文化遗址应属于较早的类型，相当于大陆地区的新石器时代的中期。但其实际的年代可能晚于大陆甚至广东地区，约相当于中原地区的殷商时期或更晚一些。这是由于海南岛孤悬海外，交通不便，与中原文化的交流较少的缘故。

目前所知道的海南考古成果，只能提供给我们这些情况。那么，还有没有办法研究黎族的古代文化呢？

本书必须面对这个严峻的挑战。

清　琼黎风俗图　高脚船形屋　文丽敏摄于海南省博物馆

第二节　黎族母系文化的源头再探

  关于黎族的族源问题，一直有北来说与南来说两种，但国内主流学术观点一般认为黎族的族源出自大陆西南的"百越"地区，为古骆越人的一支。源于浙江河姆渡文化的百越民族，特别是骆越族群，在数千年间不断向西南迁徙，经江西、湖南、贵州、两广、海南、云南、越南，南下东南亚，影响所及直至南洋群岛、印度支那地区和印度中北部的广大地域。现在看来，由于时间漫长，支与源的关系不易辨析，才造成了20世纪初黎族族源问题的争议，即北来说与南来说两种结论之间的冲突。国内一直有研究学者认为，南洋群岛诸民族，特别是马来人，与中国大陆百越民族是同源异流的关系，如林惠祥、凌纯声、徐松石的《南洋民族的鸟田血统》一文指出："我们有许多理由可以断定，今日南洋棕色民族的祖先，最主要的部分，发源于中国的东南沿海地区"。[1] 而DNA研究则证实南太平洋群岛上的毛利人，系5000年

---

[1] 蒋炳钊.百年回眸——20世纪百越民族史研究概述[G].蒋炳钊.百越文化研究.厦门：厦门大学出版社，2005：27.

前自中国东南沿海迁徙而来。①参照这类研究结论，黎族的北来说与南来说两种结论之间的冲突亦不复存在。

参照考古学界对人类头骨的比较研究，将中国人种分为南北两个类群："南部类群——材料主要分布于中国南部沿海地区（浙江、福建、广东、广西）。与北方类群相比，一般具有较长化的颅型，偏低矮的面型，其面部扁平度略趋弱化，鼻根突度更为低平，阔鼻性质更为强烈，身高也低一些。这些变异方向使其比北方的同类更接近分布于热带地区的蒙古人种南亚类。"②显然，百越人是中国典型的南部类群。"河姆渡头骨一方面存在一系列明显的蒙古人种性质，另一方面又有一些类似接近尼格罗——澳大利亚人种的特征。特别是在长的颅型上，它们与纬度更南的福建闽侯石山、广东佛山河宕和广西桂林甑皮岩等新石器时代人的头骨相似。"③"现代华北人与华南人之间确实也存在着差异。即华北人同藏族、东北人、朝鲜人及相当程度上的日本人显示更多的相似性；而华南人则显示了与华南的傣人、南亚人和南岛人以及维达亚人、印度支那人、印度尼西亚人和菲律宾人甚至某种程度上同太平洋的种族的相似性。"④至此，有些学者将黎族人与马来人相联系也就不奇怪了。

一、河姆渡文化与黎族文化的渊源

各种古籍记载、出土文物、文化遗存分析、人类学的关联田野考察、语言音韵学辨析以及最近的基因学测试等都表明：所有百越族的文化均源于河姆渡文化。该文化最早在1973年被发现，通过1973年～1974年和1977年～1978年两次发掘，出土了大量生产生活器具以及动植物遗骸等文物。河姆渡遗址也成为世界闻名的新石器时代遗址。遗址中发现大量干栏式建筑的遗迹。野猪、貉、豺、鹿、麂、猕猴、虎、熊等陆生动物，鱼、龟鳖、蚌等水生动物及猪、狗、水牛等驯养动物的遗骸，草本、木本、蕨类大量植物遗

---

① 转引自何英德.骆越与"南岛语族"的海洋文化的关系[G].蒋炳钊.百越文化研究.厦门：厦门大学出版社，2005：139.
② 中国社会科学院考古所.中国考古学·新石器时代卷[M].北京：中国社会科学出版社，2010：764.
③ 同上书：754.
④ 同上书：766-767.

现存的黎族船型屋　鞠斐摄于乐东黎族自治县

存,特别是栽培稻谷的大批量发现为同时期其他遗址所不见。遗物方面,骨器制作比较精致,有哨、凿、匕、锥、针、梭、锯形器等器物,还有大量的石器和原始陶器。①

值得注意的是,黎族几个重要的文化特征,在河姆渡文化遗存中均有相应的实证。如:干栏式建筑。干栏式建筑是中国长江以南新石器时代以来的

---

① 参见浙江省文物考古研究所.河姆渡——新石器时代遗址考古发掘报告[M].北京:文物出版社,2003.

重要建筑形式之一，目前河姆渡发现是迄今为止最早的干栏式建筑遗址。河姆渡遗址两次考古发掘，在第一、二期文化层都发现了木建筑遗迹。第一期文化干栏建筑遗迹分布密集，建筑木构件种类繁多。木构件主要有长圆木、木桩和木板。两次考古发掘共发现有规律的排桩在25排以上，专家分析河姆渡建筑应是一种把地面架空的干栏式建筑。"这种以桩木为建筑的基础，其上架设大、小梁（地栿）承托地板，构成架空的建筑基座，再于其上立柱架梁的干栏式木构建筑，是原始巢居的直接继承和发展。"①它代表中国古代文明发展趋势的另一条主线，显然与同时期北方仰韶文化的半地穴房屋有着明显的差别。"河姆渡的干栏式建筑是目前中国发现最早、最完整的该类建筑，为史前时代中国南方干栏式建筑的代表。"②

河姆渡遗址背山面湖，西部、南部为山地，北部当时应为低洼的沼泽地。房屋依山而建，背山面水布置，地势低洼潮湿，这样的地理位置最适合干栏式建筑形式。干栏式住屋有许多特色，使居民能临水而居不反能通风凉快，防潮防淹，也可防止内涝，解决一些湿气问题。在陆上的干栏建筑还可燃起熏出浓烟的火以防蚊虫。因是架空方式，既可省去平整土地的劳动，又因居高临下，可防野兽袭击。

河姆渡出土的木桨共8件，采用整块木料加工制作而成，柄部为圆形，桨叶呈柳叶形。有桨必有船，早在7000年前，河姆渡先民就划桨行舟，用于捕捞和邻近氏族之间的交通往来。在河姆渡古文化传播区域出土了多艘独木舟，③这与我们了解的过去黎族生产生活环境十分相似。黎族早就用独木做舟，其居住的房屋也酷似倒置的船。故而有"船形屋"之称。高脚的"船形屋"是黎族古代建筑的最明显标志，也是干栏式建筑类型之一。

河姆渡出土的纺轮、两端削有缺口的卷布棍、梭形器、经轴和机刀等，据推测这些可能属于原始织布机附件，显示新石器时代的河姆渡人已发明了原始的纺织腰机。④在海南岛新石器时代的遗址中也发现了石制和陶制纺轮，而海南黎族自古就以用腰织机织出灿烂的黎锦著称，这恐怕不是偶然

---

① 中国社会科学院考古所.中国考古学·新石器时代卷[M].北京：中国社会科学出版社，2010：27.
② 中国社会科学院考古所.中国考古学·新石器时代卷[M].北京：中国社会科学出版社，2010：458.
③ 蒋炳钊.百年回眸——20世纪百越民族史研究概述[G]. 蒋炳钊.百越文化研究.厦门：厦门大学出版社，2005：24.
④ 中国社会科学院考古所.中国考古学·新石器时代卷[M].北京：中国社会科学出版社，2010：507.

现存的黎族茅草屋　焦勇勤摄于昌江黎族自治县

现象。

河姆渡文明以稻作文化著称,在遗址中发现了可能是世界上迄今为止最古老的稻谷。海南黎族种植稻谷的历史已难以确认,但黎族崇拜稻种的传说源远流长。黎族的重要口传作品《祖先歌》中,就叙述了远古神把人种投生在竹筒里,把稻种置于鸟腹内的传说。人类经由剖鸠取种,得以用种植稻谷来养活自己。稻种于是乎成为黎族的崇拜物。"禾节"作为这种崇拜的古老表现形式,一直流传到现代。这与河姆渡的稻作文化传承可能也有某种渊源。

河姆渡出土的人体装饰品,有璜、管、珠、环、饼等。珠、环等饰品大多用玉和莹石制成。还有一些以兽类的獠牙或犬牙、鱼类的脊椎骨制成的装饰品。根据其形制,许多是作为耳坠来使用的。更有意思的是在河姆渡遗址中发现了可能是世界最早的"耳栓"(古越人的一种耳饰),海南黎族历来以"大耳垂"族著称,其原因就是佩戴较大的耳坠造成的。上世纪初,美国人拍摄的一组黎族照片,还能清楚地看到这一点。

从河姆渡遗址发掘结果来看,河姆渡人的制陶、纺织、骨器制作、竹木器加工都比较突出,这些文化特征恰好类同于黎族很擅长的手工艺文化。

美国传教士拍摄于上世纪初,照片中可以清楚看到黎族妇女佩戴大耳环拉长耳朵的情形。古籍海南黎族的"儋耳"之称确有根据。 图片来自http://www.hinews.cn/

二、古百越族与黎族习俗

从黎族的古今称谓演变中,也能依稀看到黎族与古百越族的关系。"越"是中原地区对古代南方族群的泛称。西周时有"越"、"于越"、"扬越"等诸多称谓,战国时文献中开始出现"百越"一词,而骆越古国的范围大致为北起广西红水河流域,西起云贵高原东南部,东至广东省西南部，南至海南岛和越南的红河流域。《汉书·地理志》注引臣瓒曰："自交趾至会稽七八千里，百越杂处，各有种姓。"

"骆越"古代又称"俚人"。东汉后改称"里人"。"俚人"最早见于范晔《后汉书·南蛮西南夷列传》记载："建武十二年(公元36年)，九真徼外蛮里张游，率种人慕化内附，封为归汉里君"。唐朝章怀太子李贤注曰："里，蛮之别号，今呼为俚人"。东汉至五代时分布在今广西壮族自治区东南部、广东省西南部和北部，以及湖南省零陵、武夷地区。《南州异物志》称："广州南有贼曰俚。此贼在广州之南，苍梧、郁林、合浦、宁浦(今广西横县)、高梁(今广东阳江等地)五郡皆有之，地方数千里"。[①]

至唐代，"黎"开始替代"俚"，到宋代"俚"的族称完全被"黎"取代。顾炎武在《天下郡国利病书》引《南裔异物志》指出："俚在广州之南，俗呼俚为黎"，同时提出在唐代史书中常见的"俚僚"，在宋代却写作"黎僚"，说明"俚"、"黎"概念的演变和传承关系，"黎"即是"俚"的直接继承名称，但是"黎"已经演变成特指以海南为活动中心的向南发展的俚人的一支了，也就是今天的黎族。留在粤西茂名一带的俚人多数已经融入汉族，而另一支向西发展的俚人在广西吸收部分僚人，形成今天的壮族、布依族、水族等民族。

《中国黎族》的作者在考察黎族的族源关系时，也认为黎由骆越地区而来。我们从五个方面对该书及相关学者的考据成果进行综述：

其一为历史地理学方面的依据。《中国黎族》列举了《史记》、《汉书》、《后汉书》、《旧唐书》、《通志》、《资治通鉴》等古代正史典籍的有关记载，证明海南黎族是古骆越人的一支。

其二，从考古学的角度，《中国黎族》作者分析了在海南、广东的雷州半岛、广西西江及钦州地区出土的石器、陶器，表明这些地区

---

① 南州异物志

海南发现的双肩石斧，距今约1万年-4千年　文丽敏摄于海南省博物馆

之间存在着同类型的文物群落。"20世纪50年代以后，在海南岛各地都发现了大量的新石器时代中晚期的文化遗址。根据出土器物所表现的文化性质来考察，与我国两广沿海地区发现的器物同属一个文化类型，特别与广西钦州地区、广东湛江地区（包括雷州半岛）发现的原始文化遗存更为相似。"① 海南发现的新石器时代晚期（6000年前）的石铲与广西邕宁、南宁、武鸣、扶绥、崇左等18个市县发现的石铲相似，这类石铲在河南郑州西郊、临汝县大张、禹县谷水河、广东中部和南部也有发现，表明他们之间有内在的联系。

双肩石器是海南岛石器工具中一种具有特色的石器，数量大，分布广，形式多。我国的双肩石器，主要分布于两广地区。在广西东兴临海河口、南宁邕江及其上游，左右江流域扶绥、邕宁、横县等14处贝丘遗址都发现了与海南岛型相似的石器工具、网坠等。尽管海南岛的双肩石器有早有晚，但与两广大陆有一脉相承的关系，无疑属于岭南百越文化的特征之一。特别是大石铲（高20厘米以上的），多发现于雷州半岛、

---

① 参见：佟显仁，覃圣敏.广西南部地区的新石器时代晚期文化遗存[J].文物，1978，9.

海南发现的大型双肩石铲,距今约1万-4千年
文丽敏摄于海南省博物馆

西江两岸、广西南部以及海南岛,这正是骆越人及先民活动的范围。①

其三,《中国黎族》从比较语言学的角度分析了海南黎族与壮语、侗语等语支的亲缘关系。其基本词汇中有不少是同源词:如"水、火、子女、鸡、臂、来、狗、猪"等。

其四,从地名学上比较了两地称呼相近的地名来源,证明黎族与两广地区的文化血缘关系。例如:黎族和壮族的许多地名字音非常接近,都常用"罗"、"美"、"那"、"和"、"文"、"博"等字音。

其五,从民族学的角度比较了相同或相近的民族民间风俗。如黎族的"玩隆闺"与壮族的"玩公房"、侗族的"坐妹"有近似的地方,而这几个民族又都经历了婚后妻子不落夫家的婚姻阶段,都有文身、鸡卜、干栏式房屋建筑等等。《后汉书》就称:"骆越之民无嫁娶礼法,各因淫好,无视对匹,不识父子之性,夫妇之道。"②这显然是以父权眼光对母系两性关系的歪曲和污蔑,但从另一方面反证了黎族等骆越民族普遍盛行母系制的历史事实。

---

① 王学萍主编.中国黎族[M].北京:民族出版社,2004:4-5.
② 《后汉书》卷76《循吏传》.

当代黎族妇女在织黎锦　焦勇勤摄于五指山市

黎族、壮族自古皆有女性地位突出的特点。上世纪30年代，民族学者徐松石研究壮族文化时指出："男逸女劳亦系僮风，就是到了今日，僮族社会仍然是以女性活动为中心的。"①

海南黎族是现存古老文身习俗的民族之一，这一传统正是从古百越族传承发展而来。"断发文身"在春秋战国时代就已经成为百越族区别于其他族群的标志性特征。与黎族族源关系更近的壮族，直到唐宋时还保留有文身传统。《太平寰宇记》记载：宋代广西邕州左右江各州壮族"其百姓悉是雕题、染齿、画面、文身"。而且，壮族先民的文身图案也与黎族非常接近，

---

① 徐松石.徐松石民族学研究著作五种·上册[M].广州：广东人民出版社，1993：160．"僮族"即今称"壮族"。

美孚方言女性面部及颈部纹　鞠斐摄于昌江黎族自治县

比如，都有仿青蛙的图案。1999年5月柳州博物馆征集到2件从百色某河中打捞出的人面弓形格剑，1件较大，长32厘米，刃宽5.8厘米，无首，茎上部为椭圆柱形，茎上有卷云纹、曲线纹、虚线纹等多种几何纹饰，剑身近格处饰人面纹，面形瘦长，五官清晰，人面两侧有锯齿纹，下接长云纹，直刺一只横卧的青蛙纹。制作年代应在战国前后。

2007年，新华社记者在云南独龙族地区调查时，发现尚有40余位女性文面老人在世。[1]与黎族文身相似，独龙族也是女性文身，而男性不文，只不过独龙族女性集中文在脸部。值得注意的是，独龙族的生活区域也在古百越

---

[1] 李怀岩，刘娟.存世不足40人，"文面女"渐行渐远[N].新华每日电讯，2007，12，24：007版.

族群的范围内。

除此之外,海南还出土了与广西瑶族壮族相通的铜鼓,由于海南一直未发现铜冶炼遗迹,海南的黎族铜鼓只能来自两广地区。广西两江镇三联村崇很坡是出土骆越铜鼓最多的地区之一。崇很坡前后共出土了骆越时代的铜鼓5面,还出土了青铜剑,这些铜鼓的鼓面装饰有蹲蛙和翔鹭纹,属冷水冲型铜鼓。年代应是战国时期,而广西铸蛙铜鼓的历史还应向前提。

三、黎族铜鼓的由来

过去,黎族十分珍惜铜鼓,拥有铜鼓的村峒受人敬重。由于铜鼓来之不易,没有铜鼓的村峒只能用绘蛙形象的大皮鼓代替。海南出土的铜鼓由于数量稀少,一直没有引起研究者的重视。这是一个很大的遗憾。包含在铜鼓文化源流中的历史地缘信息十分珍贵,铜鼓的铸造与使用是古代百越族最重要的文化特征之一,这是国内外学者公认的研究结论。

鼓在龙山文化时期已经相当流行,陶鼓的出现可追溯到距今5000多年前的大汶口文化时期。[1]虽然中华许多民族都很喜爱鼓,但对鼓崇拜到神圣地步的则只有百越的先民。早在晋代,裴渊在《广州记》中就说:"俚僚铸铜为鼓,惟高大为贵。"这是对岭南百越人崇尚铜鼓的最早记载;范晔《后汉书·马授传》也说:马援"于交趾得骆越铜鼓"。郦道元在《水经注》把铜鼓与越族的关系说得更为直接:"铜鼓即骆越(旧本《水经注》中将骆越写作越骆)也。有铜鼓,因得其名。"《隋书·地理志》说:"俚僚贵铜鼓,岭南二十五郡处处有之"。1978年在福建闽侯发现了河姆渡文化后期遗址——黄土伦遗址,出土了距今3400年以上的陶鼓,是作为墓主人的礼器随葬的。[2]这是迄今百越民族崇拜鼓的最早实证。

世界铜鼓出土的三大中心是广西、云南和越南北部(以迄今发现的铜鼓数量为标准),其他地方都是零星分布。这些地区恰好就是古代百越民族生活迁徙的重要地区。海南不但出土过铜鼓,而且,黎族世世代代一直在崇奉和使用铜鼓。这无疑使黎族为古代百越族分支的结论更具可信性。

---

[1] 参见:高天麟.黄河流域新石器时代的陶鼓辨析[J].考古学报,1991,2.
[2] 徐新希.陶鼓、牙璋与闽越文化[G].蒋炳钊.百越文化研究,厦门:厦门大学出版社,2005:78-79.

海南发现的铜鼓大都为广西"北流型"铜鼓，其突出特征是青蛙的装饰形象。这其中孕含的母系文化指向非常值得重视，因为黎族是崇蛙的民族，在黎族的各种生产生活用具和工艺品中，如著名的黎锦，甚至黎族文身图案，到处可见蛙饰与蛙纹。对此我们会在下文中详述。据20世纪60年代广西第六地质队对北流铜石岭进行地质普查的资料，当时就发现了七个采铜古矿井，矿井深达20多米，有许多木质支架。1977年冬和1978年春，广西文物队会同北流文化局，对铜石岭冶炼遗址作了两次试掘。试掘揭露的面积只有250平方米，却发现了炼炉14座，灰坑9个，排水沟2条，搜集到一批鼓风管、炉渣、铜锭、铜矿石、陶片等遗物。海南黎族铜鼓的来历至此已经非常清楚。

海南发现的铸蛙铜鼓
文丽敏摄于海南省博物馆

海南发现的六蛙铜鼓
文丽敏摄于海南省博物馆

古代黎族有血族复仇的现象，黎族称之为"捉拗"。这是有历史渊源的，相信亦来自百越传统。从古以来，越人内部长期内争不已。故史称："粤（越）人之俗，好相攻击"；"越人相攻击，其常事"。专家以骆越人的青铜器研究对照中原青铜文化，得出骆越人"重兵器，轻礼器"的结论。《隋书·地理志》云："诸僚铸铜为大鼓"。其"俗好相攻，多构仇怨，欲相攻则鸣此鼓，到者如云。有鼓者号为'都老'，群情推服。"可见，黎人"捉拗"系从越人"好相攻击"习俗发展而来。

南越俚人首领洗夫人，统辖部落有10万多户。萧梁时代，儋耳地区1000余峒俚人归附于她。这恐怕不能简单地理解为洗夫人的个人魅力，而是她与黎人同属一个范围更大的百越氏族集团，同时也有共通的文化内涵，这就包括了母系文化的价值观在内。对比两汉对海南黎族的暴力征服策略及其导致的连年战乱，我们就会更好地理解这一点。

黎族的民间传说丰富多彩，但由于没有文字记载，其所产生的年代无从考证。许多故事伴随着讲述人的时代意识而不断发生变异，更增加了传说的不确定性。但某些传说的核心内容由于有汉文典籍的互证，或有其他民族的同类型故事存在，得以引人瞩目。最突出的莫过于三个母题：大洪水中葫芦瓜生人（救人）及兄妹结婚；二是雷公护蛇卵生黎族始祖母的故事；三是黎族大力神开天辟地，用箭射落6个太阳和6个月亮，救助黎民。第一个母题在大陆西南少数民族地区有非常多的同类型故事存在，并且在汉族地区也有类似的母题故事流传。"葫芦瓜"是母亲子宫的象征，此类故事具有明显的母系生殖崇拜特征，近百年来各路专家多有论证，已经达成基本的共识；第二种类型见于多种汉文典籍，显而易见为黎族源远流长的图腾生殖崇拜记忆；第三种类型与汉族英雄后羿的事迹吻合，存在明显的承继关系。这些都充分说明，黎族在很早以前就与华夏文明产生了多层次多渠道的汇通交融关系。

四、海南黎族与台湾少数民族

2001年上海复旦大学生命科学学院公布了一项以基因科学为依据的研究成果，得出了对黎族族源具有一锤定音意义的结论。群体遗传学家金力教授和中科院遗传所的杜若甫院士，于1998年前分赴台湾和海南采集了台湾阿美、泰雅、布农、排湾和海南黎族人的血样。DNA研究成果表明，台湾4个少数民族和海南黎族人有着共同的祖先———发源于宁波河姆渡的古代百越人。[①]对采集的血样进行的DNA分析研究表明，Y染色体类型与发源于宁波河姆渡的古代百越人简单的Y染色体类型相一致，而不同于南洋各民族的复杂

---

① 这是国家863计划重点研究课题———中华民族基因课题组成员、上海复旦大学生命科学学院的博士研究生李辉和宋秀峰在这项科研成果专题报告中披露的。著名的群体遗传学家金力教授和中科院遗传所的杜若甫院士于1998年前分赴台湾和海南采集了台湾阿美、泰雅、布农、排湾和海南黎族人的血样。参见《人民日报海外版》2001年11月14日第7版。

类型。

该研究课题,以男性Y染色体多态性位点(SNP)单倍型为工具,分析人类族群进化和迁移的过程。在台湾少数民族和海南黎族男性的血样DNA比对研究中发现,海南黎族人Y染色体SNP单倍型具有3种类型,台湾阿美族人(台少数民族中人口最多者)具有其中的一种,泰雅、布农、排湾族人分别具有其中的两种类型,这说明,台湾这4个族群的Y染色体的SNP单倍型类型和海南黎族人是完全交叉重叠的。但和马来人等"南岛"族群的Y染色体SNP单倍型距离甚远。这项成果已在《美国科学院学报》、《自然综述》、《科学》等国际权威学术刊物发表。

课题组成员李辉博士指出,上述方法对上海马桥出土的马桥文化、良渚文化和战国时期古人遗骸和松江地区的明代墓葬骨骼的DNA提取研究,以及对照马桥、金汇地区现代人取样的DNA研究,所显示出来的该地区现代居民群体多数的Y染色体SNP突变频率等数据特性,正是古代百越人中之东越族群

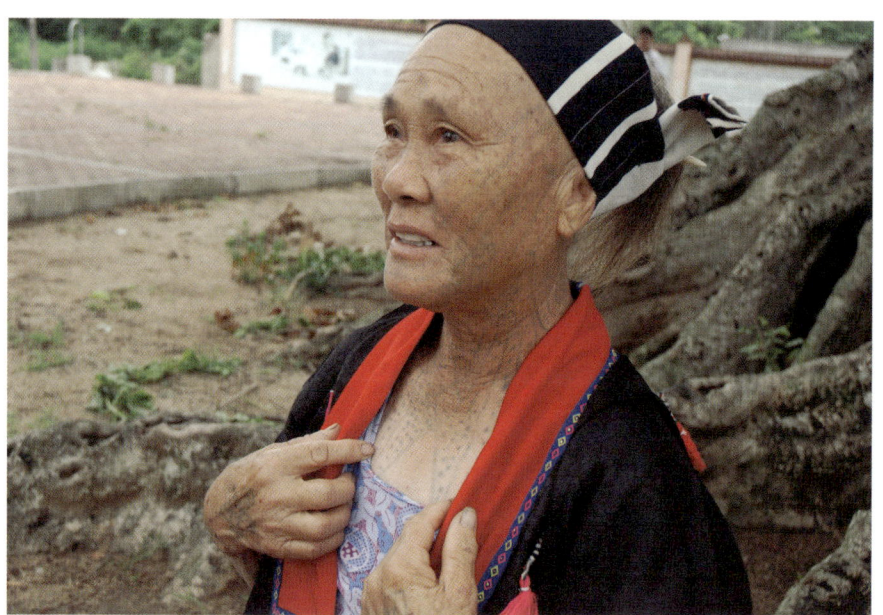

的典型特征，这又和现代黎族、侗族与台湾阿美、排湾、泰雅、布农等族取样分析结果十分近似，而与我国西部氐羌等族群相距较大。

　　基因学的研究成果，也得到了人文学者研究的支持。早在20世纪初，就有学者指出海南黎族与台湾少数民族都来自古百越地区。随着河姆渡文化、良渚文化等考古学研究的拓展，以及南方各少数民族文化人类学研究的深入，有更多的学者认为台湾先住民源自大陆南方的古越人。其中以史式和黄大受合著的《台湾先住民史》为代表，书中的论据不少就引自台湾博物馆研究员阮昌锐的论著《台湾的原住民》。阮主张多地起源而归结到中华文化为

总起源。《台湾先住民史》又进一步引证分析近年的河姆渡文化研究及东南考古研究成果,指出台湾先住民的大部分,就是西周灭商和楚灭越时期,古越族群从大陆华东地区东渡而来。

2001年,来海南参加"琼台少数民族学术文化交流周"的台湾少数族群代表和人类学家,在与海南黎族深度接触后,惊讶地发现两地族群许多相同或相通的文化遗存。《人民日报·海外版》发表的长篇通讯辑录了许多难忘的场面:

> 台胞们坐在依傍槟榔树搭起的竹条凳上,接过黎族姑娘端来的竹筒饭、腌肉腌鱼和糯米酒,一个个情不自禁地叫道:"回到家了!""这些怎么跟我们老家完全一样!""真的就跟我母亲做的一样!"黎苗族婚俗奏乐刚起,泰雅族演出团团长吴廷宏就兴奋地接过民间乐手的木棒敲击牛角、响板,融进了击打演奏。几位年长的台胞对着面前的黎族少女面孔一再端详,喃喃自语道:"真像,实在太像了!"
>
> 当天下午交流团一行人到了五指山市(原通什市)重开研讨会时,台胞少数民族学者全部兴奋地争先恐后发言,气氛和海口研讨时大不一样。阿美族的吴明义院长首先站起来讲,今天在两三个地方看到的黎族女孩子,和我们那边阿美族比较白晰的那些女孩子太像了,脸型、眼睛、五官简直完全同类型!吃的东西、吃的方式也完全一样,那种饭是要用手"擒拿"的,我至今还是习惯于父母传下来的这种方法。
>
> 阿美族的帝瓦伊撒耘校长更进一步概括了几像:人像,从来没有见过这么相像的孩子;吃的东西像,我们觉得回到了老家,吃到母亲做的饭了;行为方式像,舂米、饮酒、吃槟榔、看病以至婚俗迎亲、丧葬方式都像。——原来此行中几位台胞学者和大陆的史式教授等还一同深入到了五指山里的黎家走访,更多地耳濡目染了黎寨俚俗。回到了研讨会上,五指山市出身黎族的黄副市长又详细介绍了当地黎族民间犹存的"合亩制"(集体互助)生产方式、婚丧习俗仪式等等。台胞学者们更是融汇贯通,觉得收获良多,原有的"本地自生"等观念明显地让位于两地血缘相亲的认识。
>
> 阿美族台胞发现黎族同胞和他们惊人地相似,排湾、泰雅、布农等族台胞也纷纷表明和海南黎苗族在生活、生产方式上有诸多相同点。花莲县一位中学女教师、排湾族台胞谢玉妹,参观了五指山市的民族织锦所和民族博物馆,对随行的央视《海峡两岸》栏目组女记者翟玉述说,

昌江地区黎族妇女　焦勇勤摄于昌江黎族自治县

看到这里的黎族妇女织锦、还有舂米酿酒，就像回到了小时候老祖母和母亲身边一样，（排湾、泰雅族妇女都极重视"腰机"织锦），我打算下次带着丈夫和孩子再一起来到这里，重温咱们民族祖传的文化。恰好也就在这民族博物馆里，该市政协主席、黎族干部王永兴兴奋地对记者说，看到台胞演出团里排湾族头领穿的衣服，短裤外面围着绣衣，黎族老家就有这种服饰！琼台民族同胞相互间的认同感使大家顿觉亲情无限。①

---

① 张国祯.五指山圆山寻根脉——琼台少数民族文化交流纪实[N].人民日报海外版，2001，11，14：第7版

黎族人搭建茅草屋　焦勇勤摄于昌江黎族自治县

五、海南黎族与其他少数民族

其实，百越族群分布的范围可能还远不止如此，有国内学者研究表明：

> 我国壮侗语族的壮、布依、傣、侗、水、仫佬、毛南、黎8个民族；泰国的2个民族：泰、佬；越南的10个民族：岱、侬、泰、布依、热依、泐、佬、山斋、拉基、布标；老挝的6个民族：佬、普泰、泐、润、央、赛克；缅甸的掸；印度阿萨姆邦的阿洪人，共28个民族，有着十分密切的关系。①

黎语属汉藏语系壮侗语族（或称侗台语族）中的黎语支。壮侗语族在国内包括壮、布依、傣、侗、水、仫佬、毛南、黎、村等到语言（瑶族的"拉珈"话也属于这个语族，在国外则还有泰、老挝、掸等语

---

① 范宏贵.同根生的民族——壮泰各族渊源与文化[M].北京：民族出版社，2007：1-2.

搭建茅草屋　焦勇勤摄于昌江黎族自治县

言）。壮、布依、傣（以及国外的泰、老挝、掸）等语言属壮傣语支（国外通称"台语"）；侗、水、仫佬、毛南等语言属侗水语支；黎语和村语属黎语支。经过一些初步的比较，表明黎语与壮、傣、侗、水等语言有很多相同或相似的地方，足以证明它是壮侗语族中的一个语言，同时它又有许多独自的特点，明显地区别于其他语言，而与村语自成一支。

……

黎语的词汇跟壮傣、侗水两语支比较，有几个主要的特点：

1、壮傣、侗水等语言汉语借词比较多，早期汉语借词已融化于本民族语词之中，与本民族固有词完全一样。黎语虽然有不少汉语借词，但相当部分是近期才从汉语海南话吸收过来的新借词，早期借词较少。

2、黎语有独特的基数词（一至十、百、千等），而壮傣、侗水等语言的数词大部分都与汉语相同。

黎族船型屋　　张军军摄于东方市

> 黎语跟同语族诸语言相同的词都属于基本词汇，……
> 黎语大部分地区相同的词当中，有为数不少的量词，却找不到一个与壮傣、侗水等语言相同。这说明，黎语与壮傣、侗水语支分离以前，还没有出现量词。这个特点正好与汉语量词的发展史也是相似的。①

> 据倪大白先生研究考证，在黎族、壮族、布依族、傣族、侗族、仡佬族、水族、毛南族、泰族、掸族、佬族的语言中，水、火、眼、稻谷、死、树、头发、狗、水蛭、蚂蚁的发音是基本相同或相似的。②

---

① 王学萍主编.中国黎族[M].北京：民族出版社，2004：72—73.
② 倪大白.侗台语概论[M].北京：中央民族大学出版社，1990：191—195.

以上引述不但说明了黎族与壮侗语族（或称侗台语族）其他民族的血缘关系，也说明了黎族是较早一支从百越族群分离出来并迁往海南岛的民族。

国内外有许多学者从各个方面研究论证了这些民族之间的文化血缘关系。其中从语言音韵学角度进入的最多。依学者范宏贵的研究结论，黎族的族源关系最早可以追溯到百越族群，其地域就是浙江地区的河姆渡古文化遗存。这与复旦大学基因工程学者的鉴定结果完全一致。黎族和其它可辨认的27个民族，又都源于百越族群中的西瓯人。至少在商周时期，西瓯人已经开始向西南迁徙，并在云、贵、川地区与其他民族交融杂居。在范宏贵的研究中，黎族是第一个从西瓯人中分化出来的民族，他们独立迁徙的时间不晚于商周时期。这也与大部分学者对黎族登上海南岛的时间确认差不多。在这之后，西瓯人又继续分化出壮、布依、傣、侗、水、仫佬、毛南等民族。至此，黎族的族源关系已基本清楚。

黎族的母系文化传承必然来自古百越地区，并且与后来的百越族其他分支如瑶、侗、壮、傣、苗、布依、普米、仡佬、哈尼、毛难、彝、纳西等民族文化，仍有许多相通相容之处。例如，干栏式建筑早在6000多年前的浙江余姚地区的河姆渡古文化遗存中已有发现，并在百越族分布地区广为传播。对此古籍《魏书·獠传》中已就有记载："獠者，盖南蛮之别种，自汉中达于邛笮川洞之间，所在皆有。种类甚多，散居山谷，略无氏族之别。又无名字，所生男女，唯以长幼次第呼之……依树积木，以居其上，名曰干兰，干兰大小，随其家口之数。"[①]

第三节　源远流长的黎族蛙崇拜

对黎族的蛙崇拜现象，许多学者都注意到了，但尚没有深刻揭示蛙在黎族先民心目中到底扮演了何种角色。

要找出黎族蛙崇拜的源头，就要跳出一时、一地、一族的封闭研究思

---

① 《魏书·獠传》

路。经仔细比对研究,我们发现了隐含在黎族文身中与"百越文身地"——壮、侗、傣族之间文化基因的传承关系。这种关联的源头甚至可以追溯到长江中下游地区的河姆渡文化和黄河流域的仰韶文化、龙山文化。我们有理由推断,由甘肃、青海起步的马家窑文化,逐渐经四川向东南传播。而浙江的河姆渡文化则向西南地区传播,它们在云南、贵州及两广地区碰撞融合。其传承的核心线索就是"蛙神"崇拜,也就是人类学上所指的"大母神"(或始祖母)崇拜的变体。

一、蛙崇拜

蛙崇拜的古代民族学资料非常丰富,遍及世界各地,尤以中国为突出。其核心指向就是女性的生殖崇拜:蛙腹似母腹。这是原始思维模式之一的相似律的典型体现。

对于古百越族的蛙崇拜,已有学者进行了一定的研究工作。古百越族是中国乃至世界上较早种植水稻的民族,在河姆渡文化遗址中出土了中国发现的最早的稻种。在长期的生产实践中,百越族人发现青蛙的某种声音预示着雷雨或干旱即将来临,但他们又不明其中的生物学奥秘,以为青蛙能呼风唤

蛙结合体铜像　图片来自 http://blog.sina.com.cn/

雨，并兆示着水稻收成的丰歉好坏，因而对青蛙加以崇拜。如骆越族后裔壮族的表现最为突出。闽越族是百越族中的一支，很早就开始水稻种植。早在商周时期，闽越族的蛙崇拜就已深入人心。在福建闽侯的黄土伦文化遗址出土了许多蛙形饰物，常见的是蛙头饰和蛙纹，像半坡文化遗址出土的文物一样这些形象和符号多出现在陶器上。① 中原人入闽后，也主要从事水稻种植，自然承袭了闽越族的青蛙崇拜。到晚清，对青蛙图腾的崇拜依然兴旺。闽江流域建有多处蛙神庙，溪口村的"张公庙"便是其中之一。②

以前学者的这种解释其实只触及了古老蛙崇拜的一个方面，且并非其最古老的起因。青蛙保护农作物，明显是一种晚出的诠释，是古老的女性生殖崇拜逐渐被人遗忘后的替代性解释。因为种植业的成熟期已经是父权时代初期的事了。

属于百越一支的黎族，其蛙崇拜源远流长。这需要我们重新梳理一下中国新石器时代对蛙与蛙纹丰富多彩的表现和演变形式。

只要我们关注中国新石器时代史就会发现，蛙与蛙纹是那个时代与鱼纹、鸟纹并称的三大纹样。这三大纹样大都出现在当时的陶器上。最早的蛙形象有差不多6000年的历史。这是迄今为止有据可查的中国最古老的蛙崇拜现象。从现在发现与研究的情况来看，鱼纹产

甘肃马家窑出土陶器上的蛙形象　http://www.majiayao.com/

---

① 黄明珍.闽越原始宗教文化再探[G].蒋炳钊.百越文化研究.厦门：厦门大学出版社，2005：223.
② 参见陈剩勇.试论古代越人的"蛙图腾"[J].浙江师范大学学报：哲社版，1987，1：80—81.

南平市樟湖镇溪口村的"青蛙节"　己丑斋主人摄于溪口

生的年代略早于蛙纹，但蛙纹发现的种类与数量都超过鱼纹。鸟纹的出现则要更晚一些。甘肃马家窑、青海乐都的柳湾、陕西华阴西关堡、河南渑池等地均有数量众多的蛙纹彩陶出土。

　　对于鱼纹的含义，专家们已经给出了为学界广泛认可的答案，那就是一种原始女性生殖崇拜的表现形式。鱼纹的形状酷似女阴，鱼又有数量极多的产卵特征。这是先民选择鱼作为女性生殖崇拜对象的方便理由。亦有学者指出蛙和蛙纹的表现与鱼纹一样，也是女性生殖崇拜的对象。在不少母系氏族社会的考古发现中，还有鱼纹和蛙纹并存的彩陶出现。"姜寨出土的鱼蛙纹彩陶纹饰，还形象地反映了当时举行"鱼蛙祭"以祈求生殖繁盛的习俗。马家窑文化遗存彩陶上形式多样的大量蛙纹，也揭示了远古先民以蛙为象征实行生殖崇拜和举办蛙祭的情形，在蛙祭上并有男性舞蹈队献舞，例如青海大通县上孙家寨出土的马家窑类型舞蹈纹彩陶盆对此就有生动的描绘。"①

---

① 黄剑华.金沙遗址出土金蛙之寓意探析[J].东南文化，2004，1.

溪口"青蛙节"的青蛙　己丑斋主人摄于溪口

那么，海南黎族的蛙崇拜与大陆由来已久的蛙崇拜之间有何确切的联系吗？

这促使笔者将目光扩展到中国百越族聚居的广大西南地区。自古百越族群的突出特征便是"断发文身"，今广西、云南、贵州地区的少数民族都有文身的记载。如傣族、瑶族、侗族、壮族、基诺族、独龙族、佤族、景颇族、怒族、德昂族、布衣族、布朗族、崩龙族和凉山彝族等都曾经有过文身习俗。对应黎族的文身历史，显然应该有更久远的根源。黎族的文身很可能不是产生于其移入地——海南，而是早在其移出地，大陆西南的百越族聚居地区，黎族就已经开始文身了。文身传统应当是黎族从"百越"地区带入的。也不排除百越族早在其发祥地——河姆渡地区就已经开始文身的可能。

蛙崇拜的另一个源头，是在河姆渡文化遗存中发现的。虽然发现的石蛙数量不多，但也足以证明，黎族的源头河姆渡人也是崇蛙的。直到今天，属古河姆渡地区的人们仍然有崇蛙的习俗，并辐射到周边的广大地区。

每年农历七月二十一日，是福建省南平市延平区樟湖镇溪口村的"青蛙节"（可与壮族的"蚂拐节"互证）。这一天，人们要举行盛大的迎蛙神活动。据说，在迎神活动前数日，会有一种背绿腹白、脑后有黑色圆点的青蛙聚集到张公庙，有几只还会附着在神像上。因此，当地的人们将张公视为蛙神。迎神时，人们会将青蛙放在神像的肩上，陪同蛙神巡游。蛙神巡游的方式、礼仪都与一般的迎神活动差不多，但村民们竞相朝蛙顶礼膜拜，显然异于其他地区的民俗，当源于更为古老的闽越传承。而将张公附会成蛙神应当是晚近出现的说法。从2002年起，村里开始将张公生日农历七月二十一日命名为"青蛙文化节"，这一节庆如今已经列入福建省非物质文化遗产名录。

清代施鸿保在《闽杂记》中就记述了许多闽越崇蛙的传奇故事，有的还以亲历的方式叙述：咸丰六年（1856年），施鸿保因事到汀州，汀州府幕僚王砥斋告诉他这么一件事，道光十三年（1833年）王砥斋在延平当幕僚时，恰逢永安、沙县的土匪围攻郡府，城池岌岌可危，守城官兵势单力薄，惶惶不安，只好到蛙神庙烧香祈祷。太守朱沁石突然间发现有一蛙停在衙门院内的竹枝上，便将这只青蛙供在官司署，朝夕祷告。两天后，"蛙神"倏然不见，而援兵正好赶到，解除了长达一个多月的围困。郡人都认为是蛙神保佑才使城池幸免于难，在太守的倡导下，纷纷捐银兴建蛙神庙。这个传说的历史背景虽然很晚，但传说发生的深层心理原因显然历史悠久。

无独有偶，在广西的一对巨蛙和一位大人物也有不解之缘。恭城瑶族自治县是一个古城，位于广西东北部。现存的周渭祠等是修建于明代的古建筑，被列为国家级重点文物保护单位。周渭祠门楼，是全庙的精华所在。门楼面阔五间，重檐歇山，五层斗拱逐层出挑，屋顶飞檐高翘。由座斗、交手斗、鸳鸯交手斗三种形式组合成的严谨而有规律的重檐，形似蜂窝，人们称之为"蜜蜂楼"。斗拱单体形似鸡爪，使上层重檐气流畅通并产生回流，不时发出轰鸣之声，令雀鸟们不敢在此筑巢造窝，这对建筑起到了自然的保护作用。轰鸣之声的出现，以前没有科学的解释。但人们传说是屋檐上的两个巨大的"神蛙"发出的。

这对巨蛙长约60厘米，彩色雕塑，白腹青背身上有斑点，在门楼两侧的重檐下对称地俯伏。这里的蛙崇拜，除了与壮、瑶地区深厚的蛙崇拜遗风有

海南保亭黎族文化广场上的巨型蛙雕　图片来自 http://www.hq.xinhuanet.com/

关,也与祠堂主人的品格有关。周渭是北宋监察御史,为官刚直不阿,廉洁奉公,为人民解除疾苦,为后人称颂。当地人用神蛙来烘托清官的高尚。

以上几则蛙崇拜的传说,都有一个共同的特点,就是将古老的蛙崇拜融入新的解释,蛙神的功能主要转向为"保护神"。这与神话思维的规律是一致的。女娲由生育型始祖母神演化为炼石补天的人类"保护神"亦经历了如此过程。

云南丽江纳西族崇拜的图腾除虎、狮以外还有蛙,他们身上披的羊皮要剪裁成蛙的体形。纳西族东巴经象形文字舞谱中还显示出,人类舞蹈的起源是由于看到金色神蛙的跳跃而受到启发的。

青蛙是两栖动物,下得水,上得岸,这让对洪水有着深刻记忆的先民钦羡不已。且青蛙又因其肺小且皮薄,吸氧有限,需要依靠表皮黏液帮助吸收氧气，而天之阴晴影响到黏液浓度，若浓度大则妨碍吸氧，叫声变得沙哑，意味着天要大旱。先民即以为蛙可呼风唤雨，预告天气。蛙因而成了古代记录与传说的主角之一，在许多先民眼中，更是具有"蛙神"的崇高地位。

从身材比例上看，蛙腹巨大，形似孕妇，且产籽（卵）量大，这是我们推测崇蛙现象实际是女性生殖崇拜的重要理由，当然还有在时间上与母系文化的历史相契合。我们对蛙神为女性的推定，在广西壮族的祭蛙活动中得到了印证。这与黎族只有女性文身，且其中多见蛙纹，即可互证。海南黎族的崇蛙的习俗，除了在文身及织锦的图案上有所表现外，还与源远流长的雷神崇拜有密切的关联。

二、由蛙崇拜引而来的雷神崇拜

有证据显示百越族的蛙神崇拜，随着蛙神与雷神形成互动关系，逐渐演变为蛙神—雷神一体崇拜。在百越族地区，对雷神的崇拜十分普遍。宋人周去非《岭外代答》中说："广右（今广西及广东的西部地区）敬事雷神，谓之天神，其祭曰祭天。盖雷州有雷庙，威灵甚盛，一路之民敬畏之。"在壮族人的传说中，青蛙就是雷神的女儿①。在海南黎族和广西壮族的古老民间传说中，都有雷神和青蛙为母女（或父女）的故事。刘世馨《粤屑》云"雷祖庙有铜鼓三……其一面边蟆六，其一面边蟆五，有时或多一，或少一，皆不可云"。广西大新县壮族地区流行的《蛤虫的由来》故事说，蛤蟆是天公的孙女，人们见到她时，总不敢用脚去踩去踢，怕天公怪罪。红水河两岸的不少壮家村寨中，老年人常常教诫小孩子不能伤害青蛙、蛤蟆。民间流行着："打蛤蟆要遭雷公劈"之类的谚语。②可见，古代蛙崇拜与雷神崇拜在两广地区是共生关系。在黎族流传广泛的《雷公根》故事中，雷公发出巨大雷音的工具就是一面大鼓。

海南及与大陆相连的雷州半岛是中国著名的"雷区"（古代"雷州"的命名与此地区的气候特点密切相关），隆隆的雷声必定给信奉万物有灵的黎族先民留下了巨大的心灵震撼。黎族广为传播的谚语有"天上怕雷公，地

---

① 请注意这类故事传说中青蛙的"女性"性别。
② 参见：丘振声.壮族蛙图腾神话［J］.北京：民族艺术，1992，4：1—18.

上怕禁公"之说，就是一个有力的例证。黎人长期以来积累了许多关于"雷公"的传说、禁忌和谣谚，如他们将偶然发现的石器时代的打磨工具（特别是刮削器和砍砸器）看成是雷神行雷降雨时的遗留物加以崇拜，叫做"雷公斧"或"雷公铲"。①雷神是黎族信奉的众多神灵中最有威力的一个。不仅如此，在黎族的信仰与传说体系当中，雷神还有明显的氏族图腾神特征。如果黎族的文化未受外来文化冲击，雷神很可能演化成黎族信仰中的主神。

过去黎族在碰到一些无法裁决的疑难问题时，往往求助于一种形式上的"神意裁判"。雷神就是黎族"神意裁判"的首选神灵。

《民间异俗》记载了黎族老人对文身的解释："我们黎民是天上雷神的后裔，你不见雷神的形状，不是遍体有着花纹吗？我们的祖先从娘胎里生出来身上就有着花纹的，无论怎样拭抹，也拭抹不掉，因为这是天生如此，不是人工刺成的。后来，不知怎的，新生的小孩，忽然没有花纹了，我们为求表示是雷神的真正后裔，所以在每个人的身上都刺上花纹。"在黎族中广为流传的洪水过后姐弟成婚的故事中，也特别指明这是奉了雷公的旨意；《琼州府志》也载："安定县故老相传，雷摄一蛇卵，置黎山中，生一女，号为黎母，食山果为粮，巢林木而居。"与此相似的另一则雷神帮助黎族灾后获得重生的故事中，雷神则具有准图腾的作用：

> 很久很久以前，地上长着一个葫芦瓜。它不断长大，长得比山还要高大，神仙把葫芦瓜开了个口，把用泥土捏成的哥妹两人放进去，又把泥土捏成的水牛、黄牛、猪、狗、猫、四脚蛇、螳螂……等一雌一雄的动物放进去。当时，暴发一次大洪水，葫芦瓜随着洪水漂流，洪水退后，天上出了五个太阳、五个月亮，很快就把水晒干了。
>
> 经过日和水的作用，葫芦瓜内的其他泥动物都变活了，跳了出来，只觉得天气热，太阳晒在身上像火烤一样。晚上，当月亮出来后，月光亮得连眼睛也睁不开的时候，神仙就问道："谁能把太阳和月亮去掉几个呢？"
>
> 山猪应着说："我的牙齿长，可以去吃下来。"

---

① 海南省地方志办公室.海南省志·民族志［M］.海口：南海出版公司，2006：73.

哥哥和妹妹叫山猪快点去吃，可是山猪说："我吃下来你们要给我稻吃才行。"

哥哥和妹妹都答应了，并说："五个太阳晒得太热了，吃掉四个！"山猪便去把四个太阳吃掉了，把四个月亮咬碎了，变成许多星星。山猪回来了，可是当时没有稻给它吃，兄妹两人只得许诺它说："这样吧，你以后看见哪里有稻就到哪里吃好了。"所以，现在山猪到处吃人们种的稻子。

那时候，哥哥和妹妹看见到处都是荒芜的土地，他们走过了一个山又一个山，走过了一条河又一条河，到处找不到一个人，不禁哭了起来。恰好天上的雷公从这里经过，听见了哭声，就下来问他们为什么哭。他们说："现在世上只有我们兄妹俩人。到处都是荒草杂树，今后怎样过日子呢？"雷公说："不要怕，我帮助你们。这样好了，你们就结成夫妻吧！兄妹俩听它这样说，急起来，忙说："不行，我们是兄妹，不能成为夫妻，雷公会劈死的。"雷公说："你们不要怕，我就是雷公，不会劈你们。"他们只是摇头，不相信。雷公为了使他们相信，就发起威来。一会儿，天上响起"隆隆"的声音，一阵比一阵更响，震得地也动起来。不久只见河水被分开，树木被劈倒。雷公笑着对他们说："看见了吧？相信我好了。"

于是，他们听雷公的话，结成了夫妻。后来生了一个男孩，长得白白胖胖的，夫妻俩欢喜无限。这时雷公来了，问他们："你们日子过得很好吧，生个小孩子就交给我吧。"他们心里慌起来，忙说道："还没有生孩子。"雷公说："已经生了，我知道了，交给我哟，我可以变出很多人来，你们就不会愁没有人了。"

他们不肯将孩子交出来，雷公只得抢抱出来，他们急得抱头大哭。雷公把小孩砍碎，然后用筛子来筛，只见筛出的肉块一下子就变成四个男子和四个女子。雷公把衣服给他们穿，第一个男子穿上衫和裤，便成为汉族人。要给第二个男子时，布不够了，只能给两块布片，前后各一块系在腰间遮盖下体，做成"吊裆裤"穿，这个便成为"杞黎"。等到给第三个男子时，布更少了，只能做成三角裤的样子，这个便成为"孝黎"。最后一个男子只得一小块布，做成的三角裤比"孝黎"的还要小，这个便成为本地黎。

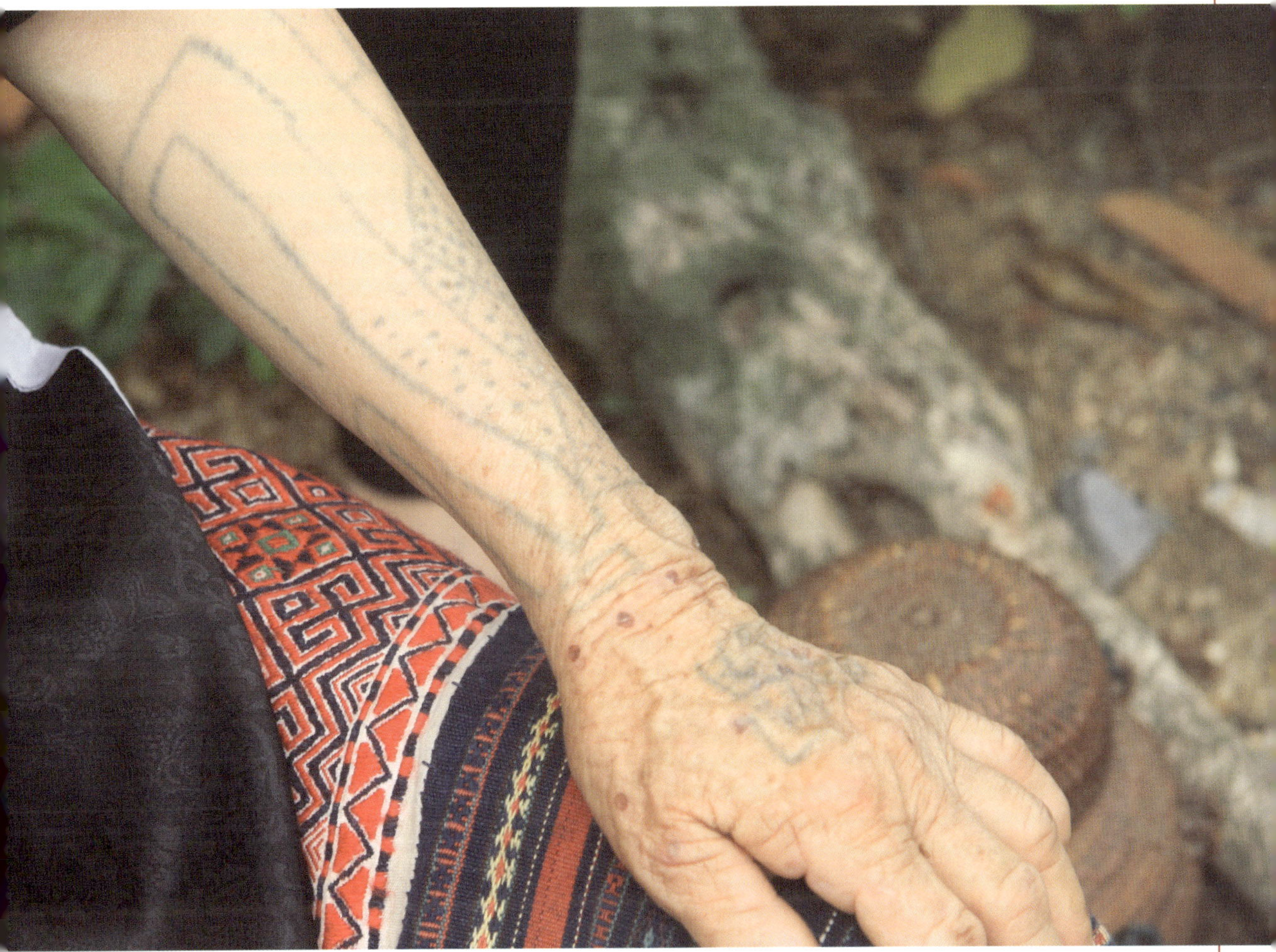

黎族妇女手臂纹　鞠斐摄于昌江黎族自治县

　　四个男子和四个女子相配成婚，以后生子生孙，子子孙孙一代一代地生存下来。①

　　黎族的文身图案，主要由点、线、圈构成。已有学者论证了线及由线条构成的图案多与蛇崇拜有关。而圆圈及圆圈所构成的图案则应与蛙和雷神相

---

① 海南黎族苗族自治州文化局.黎族民间故事集[M]."人类的起源"，广州：花城出版社，1982：1—3.

润方言黎族妇女的面纹　鞠斐摄于白沙黎族自治县

关。可以证明"雷纹"就是"蛙纹",雷鼓就是蛙神与雷神合体的象征物。此前,已有学者注意到了这个现象。①

黎族也把自己珍惜的大鼓叫做"雷鼓"或"蛙鼓",一方面是指鼓的功能与祭祀雷神有关;一方面是指鼓的特征——洪亮的声音与雷声相似。从使用的仪式和功能来看,明显与雷神崇拜有关。原始民族的思维方式是相通

---

① 徐一青,张鹤仙.信念的活史:文身世界[M].成都:四川人民出版社,1988:147–148.

勤劳的黎族女性　焦勇勤摄于五指山市

的,《山海经》说:"雷泽中有雷神,龙身而人首,鼓其腹则雷。"这里的雷神发声方式与蛙何其相似?又与鼓何其相似?

这位在传说中有着遍体花纹的雷神很可能就是蛙神在黎族文化传播中的变体。我们可以推测,黎族女性的文身就是对青蛙的模仿(这一点亦有学者指出,参见前述),并试图由此获得青蛙非凡的生殖能力。

我们再简要梳理一下以蛙崇拜为核心的女性生殖崇拜的原型演变轨迹:

孕妇→蛙腹→铜鼓(铜锣)→雷神;

至此,我们可以很清晰地看出黎族文身的悠久起源和隐含其中的女性生殖崇拜意图。黎族女性文身中蛙形纹样的由来,也应该有了一个比较深刻的解释。

第四节　在比较民族学方法中寻求突破

确定了黎族的族源关系，我们就可以在一个更广阔的学术视野里，通过比较民族学的方法间接推定黎族在相关时代的生存状态。

按照弗雷泽等人的论证，整个人类的精神发展史可以精简为三个阶段，即巫术阶段、宗教阶段和科学阶段。按他们的表述，经仔细分析比对，我们找出了如下的可以对应上述三个阶段的其它交叉重叠关系：

从两性关系的视角来看，对应的就是母系文化时代、父权文化时代和两

性趋向平等的时代。

从工具和技术的角度说，对应的即是石器时代、铁器时代和机器时代。

从生产方式的角度说，对应的是渔猎采集经济、农牧业经济和工业经济。

从社会构成方面来说，对应的是氏族共产社会、阶级社会和"后阶级社会"。

从文化传播的角度看，对应的是口语传播、文字传播和多媒体传播。

从两性关系来看，对应的是"从母居"制、"从夫居"制和"自由居"制（或称"夫妻居"制）。

从家庭角度看，对应的是母族家庭、父族家庭和核心家庭。

从姓氏血缘世系的角度看，对应的则是母系制、父系制和双系制。

这些阶段的划分当然不会那么严整分明，为了理解方便，兹列表如下：

历史阶段特征	巫术时代	宗教时代	科学时代
主导文化形态	母系文化	父系文化	科学文化
生产工具	石器时代	金属器时代	机器时代
劳动方式	渔猎采集	农牧业	工业时代
社会形态	氏族共产社会	阶级社会	后阶级社会
社会传播方式	口语传播	文字传播	多媒体传播
居住方式	从母居	从夫居	自由居
家庭特征	母族大家庭	父族家庭	核心家庭
亲缘选择	母系制	父系制	双系式

这是我们开展进一步观察论证的理论框架。

我们研究的黎族母系制文化背景即处于黎族发展史的巫术时代；母系氏族文化是其主导的文化形态；生产工具属石器时代（含整个旧石器时代和新石器时代早、中期）；劳动方式和性别分工为男子渔猎，女子采集；无阶级的氏族共产社会；文学艺术处在口传阶段，尚无文字；无论女子还是男子，均为从母居的母族大家庭成员；子女均从母姓。

研究黎族母系背景下的两性关系，不仅具有历史意义，而且有着深刻的现实意义。由于文字出现在父系社会，在世界各国以文学记载的人类文化成果，都有意无意地突出了以"男性优越"论为基础的男权价值观，进而将女性贬损为天生弱于男人的"第二性别"（波伏娃语），再把男性对女性的社会统治说成是天经地义的。这种性别歧视至今弥漫在现代社会文化的方方面面。如果我们可以大体还原黎族母系文化的基本面貌，了解那个时代两性关系的和谐平等状态，就能对父权社会天经地义的说法产生深刻的质疑，为未来的男女平等找到真实且具体的历史起点。

确定原始的母权制氏族是一切文明民族父权制氏族以前的阶段的这个重新发现，对于原始历史所具有的意义，正如达尔文的进化理论对于生物学和马克思的剩余价值理论对于政治经济学的意义一样。①

恩格斯100多年前讲的这一段话并没有过时。我们相信，离开了对母系文化的探讨，所有对人类史前社会的研究都无法真正展开。

在还原黎族母系氏族的生存背景时，我们是在三个层面上展开考察研究的，在这其中，汉族与黎族的关系始终是我们关注的焦点，也是本书的基本框架；黎族与壮族是地缘和族源关系最近的民族，黎族与壮族的比较为本书第二层次框架；黎族与纳西族的比较是本书的第三层次框架，着重点在于母系氏族的比较研究。一是因为纳西族的母系氏族保存较完整，调查较充分；二是纳西族是否属于百越族虽没有定论，但纳西族长期生活在古百越族迁徙地区，不可能不受百越族的影响；三是人类母系氏族的生成机制是相通的。

对黎族母系制的研究一直是黎族研究的薄弱环节，学者们面对大量零碎的黎族母系文化材料，要么不加分析的认定黎族就是母系社会，要么只是在各专题研究中含糊地使用这些材料。前一种态度过于武断。由于没有系统的母系文化背景分析，对黎族母系文化的由来、演变、衰落无从把握，对黎族母系社会的认定就变成了说服力最差的举例式的肯定，给反对者留下了太

---

① 恩格斯.家庭、私有制和国家的起源[M]. 中共中央马克思 恩格斯 列宁 斯大林著作编译局，译.北京：人民出版社，1972：16.

多的质疑空间。后一种态度过于保守，将性质相同或相近的材料割裂开来使用，不但降低了这些材料的价值，还容易引起材料之间互相冲突。

厘清黎族的母系文化背景对黎族研究的进一步发展十分重要。

勤劳的黎族女性　焦勇勤摄于昌江黎族自治县

哈方言妇女的服饰　鞠斐摄于东方市

第三章 黎族母系文化源流辩

第一节　母系文化的建构基础

哈方言妇女的服饰
鞠斐摄于白沙黎族自治县

为什么会出现母系氏族社会？或者为什么母系氏族社会会先于父权社会出现？母系氏族社会的基础是什么？图腾崇拜与母系制是什么关系？巫术是否曾经具有突出的母系文化特征？这些都是我们不能不正视的问题。不能确切地回答这些问题，我们对黎族母系文化探究就成了无源之水，无本之木。

黎族的族源关系非常复杂，以至于个别学者认为整个黎族并不是一个民族。不同支系之间的差异不仅表现在服饰、礼俗这类容易辨认的方面，也表现在信仰、语言等内在方面。现在，我们一般把黎族分为"哈"、"杞"、"赛"、"美孚"、"润"等五个分支。上述这五个支系的名称主要是根据他们的方言特征，加上相互之间的称谓的汉语音译确定的。① 即便划分了这五个支系，仍然不能清楚地区分与涵盖所有黎族群体特

---

① "哈方言黎族"以前又称为"**侾黎**"（**侾**，这里是黎语音译念hā，而汉语本念xiāo）或"夏黎"、"霞黎"、"遐黎"；"杞方言黎族"以前又称为"岐黎"；"赛方言黎族"以前又称为"加茂黎"或"德透黎"；"润方言黎族"以前又称为"本地黎"。

征。例如，在"哈"方言支系中，还可以分出"四星黎"，又称"四叉"、"四差"。这在清代李调元的著作《南越笔记》中已有记载。更为复杂的是在"四星黎"内部，又有更小的族群差异存在，如"抱由"、"罗活"、"志强"等，他们又有方音、服饰、风俗等方面的不同。

早在秦汉之际，汉族开始向海南岛迁徙。海南岛两大民族的冲撞交流由此开始。渡过琼州海峡的汉族移民，利用各种手段迫使或诱使黎族向南退让。在唐宋时代便形成了"黎在南汉在北"的基本格局。至明清更进一步变成黎族在中南部山区，汉在四周沿海的状态。

宋朝，海南岛的汉族人口急剧增加，岛上的经济、文化进一步发展。黎

润方言妇女服饰
鞠斐摄于白沙黎族自治县

族地区的开发出现了新的局面。邻近汉区的地方已开始种植水稻、苎麻用来与郡人互市。黎区出产的香料、黎单、黎幕等手工艺品，行销广西等地。但在黎族内部，不同地区的社会经济发展不平衡现象更为显著。史籍上开始出现"熟黎"、"生黎"的不同称呼。"熟黎"受州县政府直接统治，部分首领蓄养奴婢，封建王朝用官爵笼络收买他们充当统治黎族人民的工具。在这部分黎族地区，占主导地位的已是以农业为主的地主经济。"生黎"居住在偏僻的山区，不纳税，不服劳役，无论在生产和生活上都保留着较多原始的东西。这使得黎族文化在不同区域、不同阶段，呈现出更加复杂多变的状态，大大增加了我们今天研究与观察的难度。

润方言妇女服饰
鞠斐摄于白沙黎族自治县

润方言妇女服饰
鞠斐摄于白沙黎族自治县

赛方言妇女服饰　焦勇勤摄于东方市

杞方言妇女服饰　张军军摄于琼中黎族苗族自治县

　　经由"他者"眼光认真地看待黎族社会时，黎族社会本身正在经历由"母系文化"向父权社会过渡的复杂阶段。不但黎族五个支系之间的过渡文化很不平衡，就是同一支系内部，因为地缘与部族差异，表现形态也很不一样。在同一时间段，甚至同一地区，黎族社会的许多考察样本都有母系文化与父权文化并存的现象。赞同黎族社会"母系制"与赞同黎族社会父权制的人都很容易在各种考察报告中找到各自的证据。例如：解放前，同为白沙县细水乡和南溪乡的黎族，其定婚方式就很不一样，细水乡多为父母作主；而南溪乡则多为青年男女自己作主。[①]依靠考察材料自身确定发生的历史顺序

---

① 《中国少数民族社会历史调查资料丛刊》修订编辑委员会，广东省编辑组.黎族社会历史调查[M].北京：民族出版社，1986：149-150.

美孚方言妇女服饰　鞠斐摄于东方市

关系变得非常艰难，甚至是不可能的。

  黎族是海南有史可证的先住民，而且黎族一直到20世纪初被卷入"现代化"浪潮之际，也没有完全脱离母系氏族文化状态。由于黎族没有自己的文字，本民族的历史要么出自"他者"的观察记录，要么有赖于本民族的口传。前者的客观公正性一直有问题，后者的"叙事"则一直处在不断的变化当中，其时代定位十分困难。黎族古代的两性与家庭关系由此蒙上了一层神秘的面纱。

  直到20世纪初，才有真正意义上的人文学者开始对黎族进行认真系统的考察研究，包括国外的学者，例如法国人萨维纳及德国人史图博的研究调查。萨维纳1925年开始来海南岛进行调查研究，1929年出版了《海南岛志》

一书，这本书对海南岛上包括黎族在内的民族文化语言状况及风土人情多有描述。史图博于1931年和1932年两次深入黎族地区进行人类学考察，1937年根据自己的考察资料整理出版了《海南岛民族志》一书。而在这个时期，大部分的黎族地区已经进入母系文化向父权社会过渡的时代，其标志性的现象是"从夫居"的父系形态婚姻开始占据主导地位，虽然，"玩隆闺"和"不落夫家"的现象还普遍存在。这已经给黎族的远古史研究带来了困惑。黎族存在过的母系制，究竟是片断的、局部的，还是整体的、历史性的？

根据各种母系文化理论派别的研究成果，经由作者的梳理与思考，对母系氏族社会形成的动因作如下表述：

"人猿相揖别"后，人类进入的第一个社会文化发展阶段，必然是母系氏族社会，这也是人类"文明"的最初形态（可以称为"史前文明"，但不可以称之为"未开化状态"或"野蛮时代"）。在世界许多民族的早期文化遗存中，我们都能发现她的踪迹。相反，还没有哪个民族有确凿的证据，能把自己的民族史的上限定在父权社会之内。汉族也不例外。

母系文化的核心特征是自足的女性生殖崇拜，这种生殖崇拜排除了男性在生殖过程中的作用，由此奠定了女性在母系文化时代的独特地位。

一、自足的女性生殖崇拜

"帝"是中国古汉语里的近乎神圣的字眼。远古神话诸如炎帝、黄帝、帝鸿、帝俊、帝江、帝尧等等，名字缀以"帝"者很多。无论夷、夏，均是如此。后世更把"帝"抬高到无上地位，成为人和神可以获得的最尊贵的位置，如"皇帝"、"天帝（上帝）"。

那么，"帝"的本义是什么？

考古工作者在距今7000多年前的裴李岗文化遗址，发现了黄河流域年代最早的一件陶塑人像（河南密县莪沟北岗遗址，于1977年~1978年出土）。头像用泥质灰陶制成，高约4CM，颈以下部分残缺；头像呈扁头平顶，鼻翼较宽，目凹陷，其突颏缩嘴的造型明显具有老年妇女的形貌特征。专家推测可能是当时受人尊敬的氏族老祖母形象。在仰韶文化范围内，以西安半坡出土的圆雕头像年代最早，距今约6800年。头像高4.6CM，用细泥捏塑而成，陶色灰黑，雕塑工艺较粗糙。面部呈方形，五官系用泥条或泥片捏合而成，双唇已脱落，眼眶及耳孔等部位系挖刺而成，头顶到颈部有贯穿小孔。其捏塑手法与形貌特征，与裴李岗出土的雕塑人头有许多共通之处，不少研究者认为这件头像亦为母系氏族时期老祖母的形象，反映了妇女在当时享有崇高

女性生殖崇拜遗迹　http://news.eastday.com/

的社会地位。距今约6000年前的庙底沟文化遗址，也出土了一件类似的陶塑人像（地点在临潼邓家庄，1978年出土）。以泥质灰陶捏塑而成，出土时仅存上半身，脸型较丰满，头戴无沿帽；胸部偏上处，左右各有一圆孔，两臂已缺；从保存状况来看，仿佛是女孩的胸像。

这些远古雕像，都呈现出较典型的女性特征，而此期的男性雕像则了无踪迹。

如果这些女性雕像还不能充分说明问题，那么下面引述的考古发现指向

就更明确了。

青海省民和县出土了一件女性特征更为突出的人体造型陶器，经有关专家考证，这是中国黄河流域出土的又一件女性人体造型的古陶器，属马家窑文化马厂类型，具有非常高的史料和文物价值。这件陶器高125毫米，口径为100毫米，通体素陶。在勺形器体柄部，一具三面女性人体堆塑生动呈现。这一人体堆塑具有高耸乳房和女性生殖器典型造型，生动反映出4000年前黄河上游母系氏族社会对女性图腾文化的崇拜。

1974年~1978年，考古学家在青海乐都柳湾原始氏族墓地的发掘中，发现了一件人像彩陶壶，器表塑绘一裸体女像。其面部在彩陶壶颈部，陶器的腹部巧妙的表现为女性躯体的腹部，乳房、脐、阴部及四肢袒露，女像乳房丰满，用黑彩绘突显乳头，夸张的捏塑表现女阴，又用黑彩勾勒出轮廓。这是确定无疑的表现女性生殖崇拜的中国母系社会艺术品。

20世纪80年代，考古工作者在辽宁省喀左县发掘出土了著名的红山文化遗址。遗址位于辽宁西部凌原、建平两县交界处的牛河梁地区，距今约5000年左右（据碳14测定，早于公元前2300年的殷契时代）。牛河梁遗址最重要的发现是"女神庙"和积石冢遗址。这座被称为"女神庙"的基址，应当是红山文化母系氏族之"始祖母"的崇拜遗迹，它由一个主室、几个侧室和前后室构成。主室西侧出土了带彩绘的泥塑人像，包括头部、肩、臂、手和乳房等部分残件。较完整的人像头部存高22.5 CM，面部宽16.5 CM，与真人大小相仿。人像肩部残缺。所发现的女性人像残件属于5至6个女性个体。在这个遗址中还发现了祭祀用器物，南部12米处还有一灰坑，内有羊骨和其他兽骨遗存，显然具有祭祀性质。专家们认为，牛河梁的这一遗址是远古祭祀"女神"的庙宇。

值得注意的是，红山文化器皿纹饰中的"▽"形，和殷、周甲金文中的"帝"字的主要组成部分"▽"相同，有学者考证都是女性生殖器象征。

黎族的女性生殖崇拜痕迹表现在许多方面，容后详述，此处仅举一例。龙被是黎族女性创造的纺织精品，曾经长期作为朝廷贡品，同时也是黎族重大祭祀活动的必备品。在龙被的几种主题图案中，"祖先图"即是其中之一。直到明代，黎族"祖先图"的基本模式为，一明一暗两组人物形象，主次分明。主体人物形象阴部明显开口，为女性；陪衬形象阴部呈圆突状，是

黎锦织成的龙被

为男性。再联系"祖先图"的约定，此为表现黎族女性生殖崇拜无疑。

在最早的原始思维情况下，人们认为生育是女性单独完成的，因此，最早的生殖崇拜都是女性崇拜。在新石器时代的彩陶上多有倒三角形的花纹，即是崇拜女子生殖器的象征。倒三角形是女性长有阴毛的阴阜，也是女性正面裸体比较醒目的生殖部位，因而被直观地用来表示对女性非凡生殖力的赞美。在世界其他文化中，用抽象符号来表示女性生殖器的除倒三角形外，还有橄榄形、椭圆形和菱形，这后三者其实都是女性阴门的象征。这必然对应着盛行于上古"母系文化"时代的女阴崇拜。女阴是生命之门户，而繁衍人口乃初民的当务之急，受到崇拜是必然的。老子所谓"玄牝之门，是谓天地

女性生殖崇拜遗迹

女性生殖崇拜遗迹　广东丹霞山

根"说的就是这个意思。

　　对此,考古学家和历史学家卫聚贤的解说是:"在新石器时代的彩陶上多有三角形如'▽'的花纹,即是女子生殖器象征。此三角形后演变为上帝的'帝'字。铜器的'▽己且丁父癸'鼎,上一字'▽'为帝"。在金文中,▽亦作▼,都系"帝"字。"且"即祖,为男根(象男人性器的勃起)。"▽己且丁"即"妣己且丁",妣亦女阴。妣写作"匕",象形,今女阴粗俗字音犹作"匕",流布细民之口。▽或▼则以符号代之。"帝之用为天帝义者,亦生殖器崇拜之一例也","在初意本尊严,并无丝毫猥亵之义。"①

　　更明显的证据是,红山文化遗址有陶塑孕妇像出土,女陶像的阴部有一个压印▽,用以表示女性生殖器所在。云南白族地区的剑川石窟有称作"阿

---

① 巴新生.西周伦理形态研究[M].天津:天津古籍出版社,1997:11.

云南剑川石宝山石窟女性生殖崇拜遗迹　http://www.jianchuanxc.cn/

姎白"的石刻，女阴正作"△"形（与上引稍异的是，在此为正三角形）。阿姎白是剑川石宝山石窟中一块三角形石头，作为"女阴的象征，三角形石头中间雕凿一缝，以象征沟裂。……受到白族妇女的虔诚奉祀"，祀求生儿育女。"'阿姎'是白族语'姑娘'的意思，'白'是白语'开裂'、'裂缝'之意，'阿姎白'就是姑娘身上开裂的地方[①]，即女性生殖器的婉转称谓。

与海南黎族有文化渊源关系的台湾高山族排湾人崇拜百步蛇及鹰，此二物皮或毛都有褐色▽花纹。排湾人认为百步蛇年老缩短化鹰。"排湾人心理上都以三角形纹表现女性生殖器。在太平洋诸岛的一些居民，也有女子在生殖器边刺三角形纹的习俗。"

帝之初义为女阴并非妄测。

---

① 施丕振.阿央白[J].文史天地，2005，6：63.

考古学家在法国西南部发现了世界上最古老的艺术作品–近4万年前的古人类刻在岩壁上的女性生殖器。 图片来自人民网 http://pic.people.com.cn/

考古学家在法国西南部发现了世界上最古老的艺术作品–近4万年前的古人类刻在岩壁上的女性生殖器。 图片来自人民网 http://pic.people.com.cn/

"帝"既然是女阴,那些头顶着▽徽号的古天帝必然和女性生殖崇拜相关连。诸如炎帝、黄帝、太昊、帝俊、帝颛顼等等,历来被视作男性者,其原始性别应重新考虑。母权制的崩溃使她们的女性性别被掩盖。从神话的视角说,此即"女神的失落"。

以往,我们只把文字产生传播后的社会称作"文明时代"或"文明社会",这是不对的。这样的错误判断把许多像黎族这样的有着丰富文化传承的民族置于"野蛮"的想像模式中,使世界发生了许多灾难。西班牙殖民者对美洲原住民的暴行就是借助这种思维法则出笼的。

最早的人类"文明"模式之所以是母系制的是因为生育曾是决定早期人类氏族生死存亡的最严峻的考验,世界上没有哪个氏族不曾被这个问题折磨困扰。这是生殖崇拜的由来,也是全世界上古文明围绕的核心价值尺度。古代的黎族当然也不例外。

  黎族对子女的养育非常重视,把子女视为自己生命的延续,家中之财富。爱护子女,胜过爱护自己,宁愿自己受饥挨饿,也不让子女受苦。为了子女的幸福,不辞劳苦,日夜操劳,把养育子女当做自己最大的职责。在黎族社会里,虐待或抛弃子女的情况是不存在的,生男生女都一视同仁。即使是收养的,也与亲生子女一样对待,一样疼爱。①

  生殖崇拜的过程由女性生殖崇拜阶段开始,而后向男性生殖崇拜阶段过渡。

  生殖崇拜之所以能成为母系文化的核心精神主要源于原始社会严酷生存条件对人类自身再生产带来的强大压力。据古人类学家估计:在一百万年前地球上的总人口约在30~50万之间,到公元前一万年,这个数字不会超过300万。也就是说大约在90万年的时间里,全世界人口仅仅增加了5、6倍。由此可以推算,人类在漫长的时间里人口几乎处于零增长状态之下。湖北雕龙碑新石器时代墓地未成年个体占44.4%;安徽尉迟寺更高,达到54.5%。②考虑到未成年人的骨骼更不容易保存,这个比例实际上还应该更高。在山东发现了距今6500年的"大伊山人"女性石棺墓葬群,研究人员通过对骨架的科学检测和研究发现,她们中年龄最大的一位不过35岁,最小的一位只有13岁,还有一座婴儿墓,骨架早已风化殆尽,表明当时人的寿命非常短。

  再看半坡人的生存状况:经清理,姜寨遗址的半坡型墓葬有死者420人,其中婴儿就有230人,占总数的56%。另据半坡250座墓的统计,以瓮棺形式埋葬婴儿75人,约占总数的30%。有的研究者将两地的情况合并考察,认为当时的婴儿死亡率不会低于40%,也就是说,所有出生者中只有约一半能活到成年。

  研究者根据横阵墓地人骨年龄鉴定结果,推算居民平均寿命为20.3或21.8岁。③

---

① 王学萍主编.中国黎族[M].北京:民族出版社,2004:152.
② 中国社会科学院考古所.中国考古学·新石器时代卷[M].北京:中国社会科学出版社,2010:776.
③ 中国社会科学院考古所.中国考古学·新石器时代卷[M].北京:中国社会科学出版社,2010:261.

考古调查和其他证据表明，原始人的平均寿命在25～30岁左右。也就是说，女性由成年到终其一生，都处在不间断的生殖哺育过程当中。但是，旧石器时代女性的流产率、婴儿死亡率惊人的高。在今天非洲的某些贫困地区，约有20%到40%的育龄妇女从未有过"活产"的记录，婴儿死亡率高达45%。以此推算旧石器时代人类的生育状况，我们就可以理解原始人对生育的执着信念。遇到自然灾害，整族的原始人灭绝亦非少见之事。生殖崇拜，是上古各种人类社会组织，都普遍出现的文化现象。远古的丛林或荒原生存环境，给了先民生存和自身再生产极大的压力和挑战。据人类学家和考古学家估测，原始人的平均寿命在20岁左右，婴儿死亡率高达60%以上。例如北京山顶洞人就没有发现超过40岁的个体，这也意味着远古女性很少能活到绝经期。在漫长的远古阶段人类的人口增长率长期维持在零增长甚至是负增长，必然导致先民对生命与生育的极大关注。生殖崇拜就是在这样的背景下产生的。这在许多考古发现和原始民族考察中都得到了验证。学者对此也很少有异议。

女性生殖崇拜正是母系制得以建立的基础。女性生殖崇拜与男性生殖崇拜在表现形态与手法上有重大不同，这说明其内在的价值根据应该完全不同。如果母系氏族社会时期对生育的认知（比如，男女交媾是生育的必然前提），与后来的父权社会基本一致，那么很难想像女性生殖崇拜会发展到繁荣期。

有多方面的理由相信，在女性生殖崇拜形成期，氏族先民并不认可男女交媾是生育的必然前提。相反，他们认为生命是由神灵带来的。换句话说，由于女性生殖崇拜的强势存在，

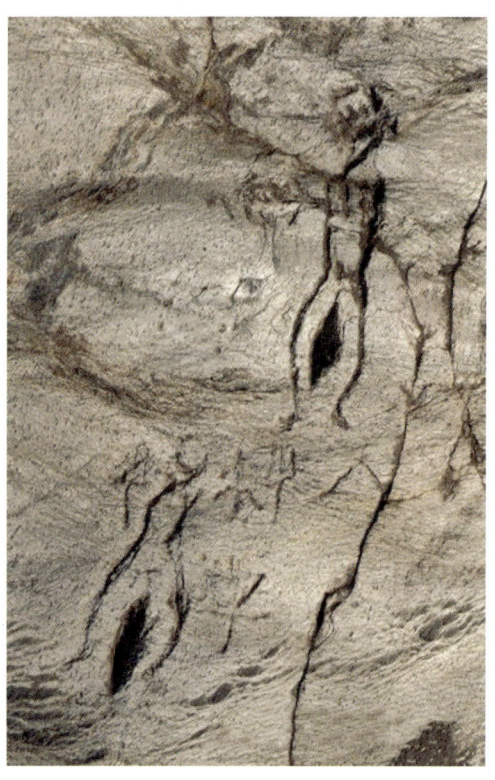

4000年前河南茨山刻在岩石上的呈女性生殖崇拜特征的岩画。　图片来自新华网
http://news.xinhuanet.com/tech/2009-02/01/content_10749414.htm

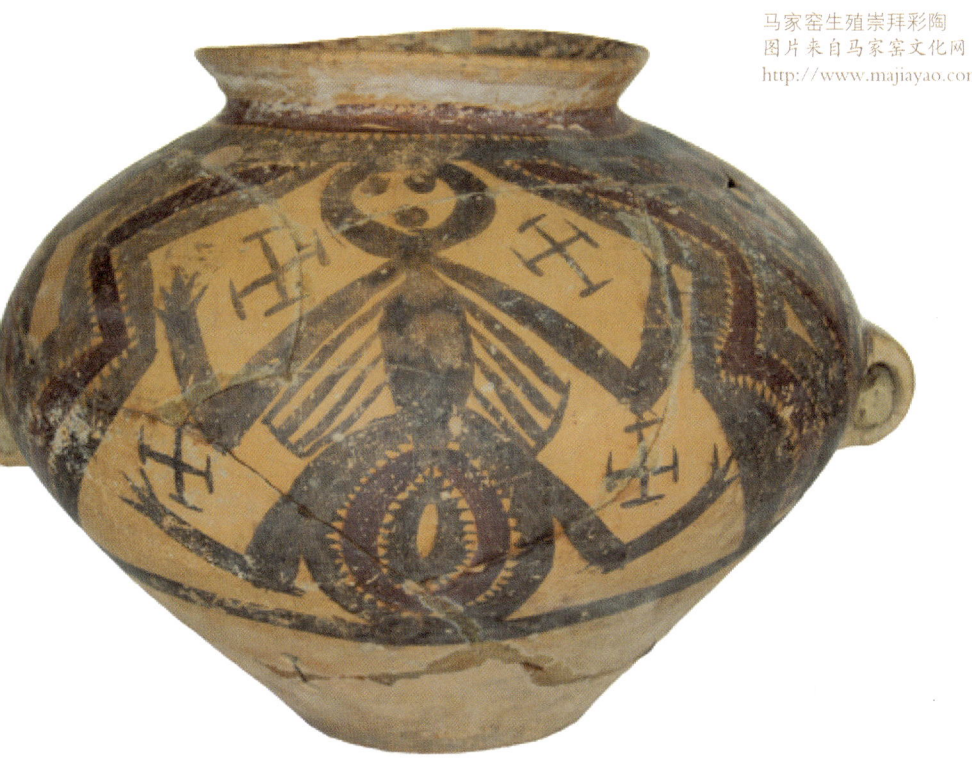

马家窑生殖崇拜彩陶
图片来自马家窑文化网
http://www.majiayao.com/

性与生殖的关系在那时被人为地分离了。性成了先民的快乐之源，也成为催生世俗文学艺术最重要的温床。而生育则独立于男女性爱成为母系氏族社会最神圣的事情。这是母系氏族社会的支柱性观念，对理解母系社会的构成十分重要。

有关"黎母"的故事在黎族人中广为流传，并在宋以后的典籍中多次出现。这是黎族目前有记载可证的最古老的传说。这位被尊为黎人始祖的女性，当是黎族人对原始女性生殖崇拜的回忆。至今海南岛最高的山峰仍被称为"黎母岭"。采于琼中县番龙村的黎母神话讲道：

女性生殖崇拜雕像
图片来自http://blog.sina.com.cn/

  远古年代，山清水美的海南岛还没有人类。天神雷公，经过此地，认为这是一个繁殖人类的好地方，便把一颗蛇卵放在岛中的高山上，经过九千九百九十九个日夜，蛇卵孵化出一个女孩，她住山洞里，天鸟天天咬来树果喂养

她,十八岁时,自己采摘野果,以树为屋,雷公命名为"黎母"。后来,黎母搭救了过海采香的男子,借助雷公所赐牙齿变成的小船的魔力,逃过大洪水,并在雷公主持下结婚开始刀耕火种生活和繁衍后代。黎母死后,子孙后代为了纪念自己的祖先,便把这座高山叫做黎母山。

这则故事从古至今,流传甚广,在汉语书写的史志文献中亦多有记载,目前所见以北宋刘谊《平黎记》最早。而"过海采香的男子"的情节,显然是近代才附会上去的,要比兄妹成婚的传说更晚。也许是为了突出民族融合、中华一家的现代主题。

黎族对生育的事情看得很重,在保亭县三道乡地区曾发现了"黎族崇拜女性乳房的基石"，①妇女怀孕，俗称"女子打包"。黎族视为大喜事。怀孕期间丈夫要悉心护理，特别关照。

黎族早期的"玩隆闺"习俗，男女交往以"玩乐"为主要方式和目的，并不以婚姻家庭的建立为直接目的，也就意味着不以生育为目的。这可以从大量关于"玩隆闺"的别称中窥见一般（放寮又称隆闺、布隆闺、豆欧、汤娘、陶汤翁等，均为音译，都是走夜路找姑娘的意思）。所以，此时的择偶并不是后来意义上的婚姻。隆闺房也不是婚姻与家庭场所，纯粹是为了方便青年男女谈情说爱而特别建立的私密空间。

在古代，黎人的性生活均始于玩隆闺。玩隆闺纯粹成为一种感情与性爱的男女之间的私人活动，并不在当事人及各自所属的家庭集团间产生经济与社会关联，其建立与终结始终取决于当事人双方的意愿。维持时间也因人而异，从几年、几月到几天不等。所以，玩隆闺具有了自由意愿性、非连续性等特征。正是隆闺房的建立使父母与子女的分居成为可能，极大地方便了黎族青年男女的自由交往。

人类生育的复杂过程，使分散居住的各氏族先民，不容易察觉男女交媾与怀孕生育之间的必然联系。人类不像其它动物有固定的发情交配期，人类每次性行为导致受孕的机率较低，女性的怀孕期较长，这些都成为先民忽视交媾与怀孕之间必然联系的因素。著名人类学家马林诺夫斯基，在对南洋群岛原住民的考察中就实录到当地人否定男性生育作用的证据。"这个外人要问女祖的丈夫，要问她怎样有孩子的时候，更会碰见一套完全眼生的观念；那就是，在土人看来，父亲是不相干的；生理上的造育，没有那一回事。"②

"（澳大利亚）阿龙塔人否认怀孕与男子的作用有任何关系，而被认为是某一图腾祖先的神灵进入母体的结果。正因为如此，即使当一个阿龙塔人的妻子生了一个混血儿时，其父亦不感到任何惊异或忧虑，而可能认为这仅仅是由于她吃了欧洲人的面粉的缘故（阿龙塔人的皮肤为深棕色）。"③中

---

① 王学萍主编.中国黎族[M].北京：民族出版社，2004：200.
② 马林诺夫斯基.巫术、科学、宗教与神话[M].李安宅译，上海：商务印书馆，1936：142.
③ 转引自朱狄.原始文化研究[M].北京：生活·读书·新知三联书店，1988：86.

国学者在对摩梭人的考察研究中也发现了同样的情形。①

有许多证据表明，女性生殖崇拜排除了男性在生育中的作用，而把生育归功于神灵与女性"合作"的结果。一些人类学家对原始部族遗存进行了大量的长时间观察，得到了相应验证。这是一类直接证据例如，马林诺夫斯基等人对南洋群岛原住民的入驻考察研究。

第二类证据是相应时期出土的女性生殖崇拜文物。这类以雕刻为主的文物在世界许多地区都有发现，直接以女阴或孕后期状态的女体为表现对象。例如前文所述半坡、柳湾、牛河梁等地发现的女性人像。

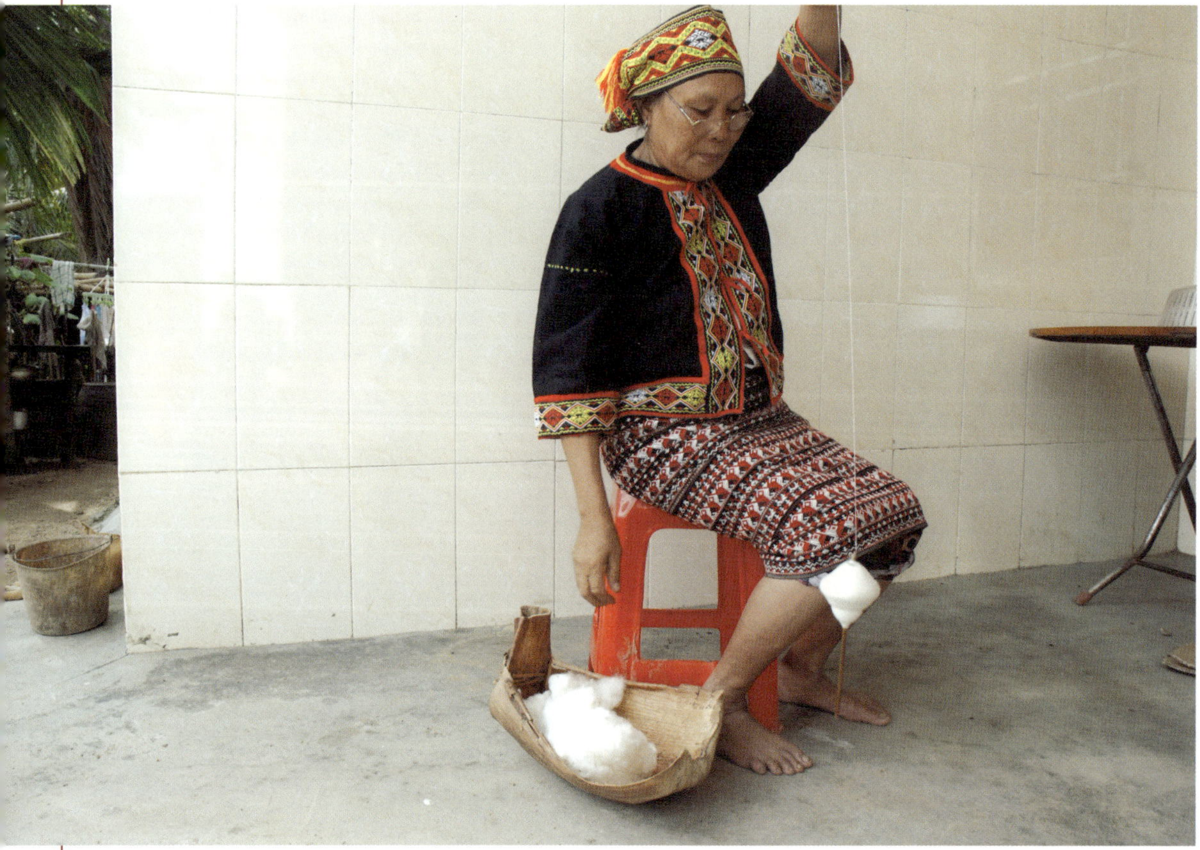

---

① 参见：宋兆麟.走婚的人们[M].北京：团结出版社，2002：45.

在兴隆洼文化类型白音长汗遗址中，也出土了一尊女神雕像，"雕像立于屋内石板灶的后侧，正当房址中心处，下部埋入该处地面以下10厘米，面对灶址及门道。此雕像黑灰色，造型古朴，高35.5厘米，宽12厘米，腹背厚15.7厘米，面部刻出双目和鼻翼，口以一道浅划痕为标志，躯体表现出下垂之双臂和隆起的腹部，下肢更趋简化，似呈跪踞状，下端制成楔形以便栽立。显而易见，雕像刻画的是一裸体孕妇之形象，故有'女神像'之称。可以肯定，这座房址最后被用来祭祀这尊女神。类似的女神石雕像在附近亦有出土，所以，以女神雕像为内容的祭祀活动至少在西拉木伦河一带的兴隆洼文化中当具有一定的普遍意义。"①

"写实的女性裸体像在维也纳附近的威冷道夫，摩尔维亚的布尔诺，苏联的科斯塔基和加加里诺，以及贝加尔湖畔的玛尔塔都有发现。"这些女裸像被称为"远古的维纳斯"。

"威冷道夫的维纳斯"，是在奥地利维也纳附近的威冷道夫发现的，属奥瑞纳文化期。原料为石灰石，高11厘米。这是用一块卵形石雕成的。原石上有个天然小孔，正好在肚脐的位置上，正是这一个小孔才使用者选取了这块石头。这个雕像没有五官，但是头发却雕刻得很仔细，梳成整齐的小卷。乳房硕大，臀部丰满，腹部圆涨，足部断缺了，手臂很细，搭在乳房上。"莱皮乌凯的维纳斯"高15厘米，属帕里高底文化（有人认为它应归奥瑞纳文化），质地为象牙。雕像的乳房和臀部更肥大，头部呈现为一个小圆球。有鼻子和眉弓，细弱的前臂搭在胸前，大腿很粗，小腿合并在一起变成一个尖楔，无足，所以能插在地上或底座上。法国发现的"西里瓦维纳斯"模样非同一般。她跪在地上，臀部翘起。这是生孩子的

牙雕　法国雷斯匹格出土

---

① 中国社会科学院考古所.中国考古学·新石器时代卷[M].北京：中国社会科学出版社，2010：164.

姿势。健壮的腰部,从比例上被拉长了,腹部隆起,乳房小而圆,上下臂都很粗短,手和头断损了。此外,在意大利巴尔兹·罗西遗址、捷克的维斯托尼斯遗址发现的"维纳斯"也很有特色。由于她们共同强调了生殖器官及其有关部位,常被视为生殖女神或与人类的巫术有关。①

古代腓尼基人的伊丝塔牙雕女神像(英国不列颠博物馆藏品)亦有类似的形象特征,她的头长与身长之比仅为1∶3.1。按现代对女性身材的审美标准来衡量,近乎丑陋。臀部宽大,差不多是肩宽的两倍,双乳大而突出,阴部有呈倒三角排列的鬓毛,其雕刻方法颇似中国古代工匠对狮鬃的表现。还有在北美阿拉斯加普努克岛上发现的几尊牙雕女裸体像与上述特征相同。乳房大,腹部高,呈临产状态,属爱斯基摩人史前作品。美国学者艾斯勒在《神圣的欢爱》一书中,列举了大量在欧洲发现的石器时代女性生殖崇拜证据。②

这些女裸像大都庄重神圣,显示出生命创造之神的特异风采。对生命之门(外阴口),生命之房(孕腹)、生命之泉(乳房)的崇拜,在世界各古代文化发祥地都有不少实证。

从这些原始艺术作品中,我们可以排除关于男性介入的猜想。女裸像虽然着重表现女性生殖器,但那是膜拜的对象,而不是亵渎的对象。古特洛伊城发现的女神像(约4000年前)对阴门的夸大几近于整个头部的大小,很象是在下腹开了一扇三角窗。在这个三角形凹部当中还有一"卍"形标记。而该雕像对人体其它部位的刻划都很模糊,手足几近于无。特别令人惊讶的是,在三角形边缘雕刻有清晰的鬓毛,可见这位远古匠人不在女性的面容上下功夫,并非不懂雕琢细节,而是他的注意力集中在女性的生殖部位。这种夸张显然不是男性的色情想像,我们熟悉的近现代男性的色情想象对象,都不采取这样的表现方法。换句话说,这些女裸像并不是用来给男人激发性兴奋的,而是先

陶塑 美索不达米亚查格巴遗址出土

① 朱伯雄主编.世界美术史纲·第一卷[M].济南:山东美术出版社,1988:38、76.
② 参见艾斯勒.神圣的欢爱[M].北京:社会科学文献出版社,2004.

民想像中的神圣的生命之门。实际上，孕期女体对男性来说发出的不是性引诱信息，而是性禁止。因为从生物意义上说，孕期性交不仅毫无意义，反而对胎儿和母体有害。父权社会后，女性地位急剧下降，凡是女裸体都具有了"被男人看"的色情含义，女裸体随之向丰胸细腰的性感形象转变，现在这种色情化的女裸体充斥大众传媒。这可以成为"始祖母型"上古女裸体的反证。

支持这种结论的另一个证据是此期绝少发现男性的裸体像，更不用说男女交媾类的作品了。男性裸体像在新石器时代才开始大量出现，并由此产生了各种关于性与性交的岩画和雕塑作品。如广西宁明的花山岩画、内蒙古阴山岩画等。显然，在女性的生殖崇拜时期，男性未被纳入神圣的视野，因为，如果要表现男性生殖崇拜或两性生殖崇拜，对性交的刻画便不可回避。这从另一个方面印证了"孤雌生殖"观念在远古母系时代的存在。

陶塑 伊朗萨拉卜遗址出土

我们推测，黎族在宋代或更早，受汉族影响就已经开始向父权社会过渡。加之长期的迁移生活，使有关的母系氏族时代的艺术品失传。因此，现在能了解到的生殖崇拜形式是双性的或男性的。

第三类证据是古代的故事和传说。研究者专门梳理了"感生型"神话。以女性无交媾有奇遇而怀孕生育为故事原型，即始祖母型。在世界各个民族早期神话传说中都有遗存。

始祖母的神性不仅在于她是母亲，更重要的是：她是一位自足的母亲，她不需要男性就能完成神秘的生命创造任务。

中国的始祖母神是女娲。"俗说天地开辟，未有人民。女娲抟黄土作人，居务，力不暇供，乃引绳于泥中，举以为人。"这是对始祖

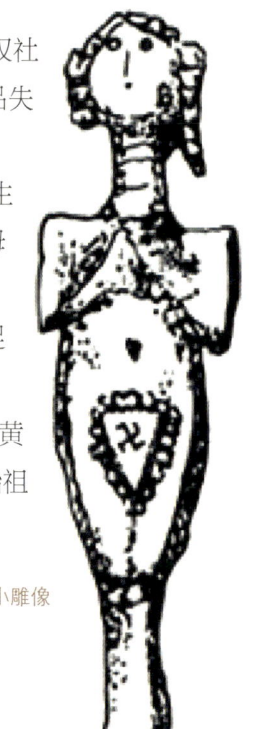

特洛尹遗址出土的小雕像

母非凡生育能力的夸张想象。始母神独自创造生命的伟力得到其他神灵的感应,中国上古传说中的圣人帝王几乎都有无父而生的奇特经历,《公羊传》说:"圣人皆无父,感天而生":

大迹出雷泽,华胥履之,生伏栖。①

炎帝神农氏,姜姓。母曰女登,有娲氏之女,为少典妃,感神龙而生炎帝。②

附宝见大电光绕兆壮举权星,照郊野,感而孕二十五月而生黄帝轩辕于寿邱。③

黄帝时,大星如虹,上流华渚。女节梦接,意感而生白帝朱宜(少昊氏)。④

瑶光之星如儿,贯月正白,感女枢幽房之宫,生黑帝颛顼⑤。

姜原出野,见巨人迹,心忻然说,欲践之。践之而身动,如孕者。期而生子(后稷)。⑥

三人行浴,见玄鸟堕其卵,简狄取吞之,因孕生契。⑦

(尧)母陈锋氏女,曰庆都,感赤龙,孕十四月而生尧于丹陵。⑧

(舜)母曰握登,见大虹意感而生舜于姚墟。⑨

禹母修已,吞神珠如薏苡,胸拆生禹。⑩

鲧娶于有莘氏之女,名曰女嬉,年壮未孳,嬉于砥山,得薏苡而吞之,意若为

马家窑生殖崇拜彩陶
图片来自马家窑文化网
http://www.majiayao.com/

---

① 《太平御览》卷78,引《诗·含神雾》
② 《史记·补三皇本纪》
③ 《汉学堂丛书》辑《河图稽命》
④ 《玉函山房辑佚书》辑《春秋纬元》卷上
⑤ 《太平御览》卷79,引《河图》
⑥ 《史记·周本纪》
⑦ 《史记·殷本纪》
⑧ 《汉书·人表考》卷一
⑨ 《竹书纪年》(今本)
⑩ 《世本·帝系篇》(张澍 集补注本)

人所感，因而妊孕，剖胁而产高密。①

母刘媪，尝息大泽之陂，梦与神遇。是时雷电晦冥，父太公往视，则见交龙于上。已而有娠，遂产高祖。②

这些传说中的圣母，虽大都有一位世俗的丈夫，但在产"圣子"过程中，起作用的却只是"圣母"和神秘莫测的"圣物"。甚至再仔细追究一下"圣物"的形象亦多与女性性征有关，例如巨人的脚印状、鸟卵、神珠等。不过从圣母所生皆为男性圣者的角度看，则已有了父权观念入侵的迹象，圣母流于男性圣者的陪衬地位。这与基督教圣母处女而生耶稣的意向是一致的。

著名社会学家马林诺夫斯基在分析了这些现象时说："最使我们发生趣味的是：神话所述的始祖群永远都是籍着妇人出现，她有时被图腾兽伴着，未尝被丈夫伴着。有些神话鲜明地描写始祖传种的方法。她最初传嗣的方法，是不小心地赤露于雨中；或在山洞里仰卧着，被石钟乳穿伤；或在水中浴身，被鱼咬破。她就这么被大自然'开发'了之后，一个魂灵小孩就要钻到她的子宫，使她受孕。因此，神话所显示的，不是父亲的创造能力，乃是女祖自然的生育能力。"③

在原始人眼中，女性不仅与自然保持着神秘的感应关系，而且由于她们是人的生命形体创造者而居于自然的中心，女性与大自然的紧密包容关系是使女神创造精神得以超越肉体、从而超越男性的根本原因。男性由于被摈弃于生命创造活动之外而显得只是大自然中的过客和寄居者，要不是他们肩负着氏族安全保卫的重任，他们在氏族中的地位就会丧失殆尽。"过去摩梭人认为，生育是妇女的事，与男子无关。后来逐渐发现，男子在生育中也是不可缺少的因素。"④摩梭人直至现在还流传："男人不娶妻，女人不嫁夫，是摩梭的老规矩。"⑤

在中国古代多有"女国"、"女儿国"、"女人国"、"女子国"的故

---

① 《吴越春秋·越王无余外传》
② 《汉书·高帝纪》
③ 马林诺夫斯基.两性社会学[M].李安宅，译.北京：民间文艺出版社，1986：104.
④ 宋兆麟.走婚的人们[M].北京：团结出版社，2002：45.
⑤ 参见宋兆麟.走婚的人们[M].北京：团结出版社，2002.

事传说,那里的女性均采取神秘的孤雌生殖方式,这种传说在世界其他民族的神话传说中亦不鲜见。我们有理由相信,人类最初的文化时代,是以女性生殖崇拜为中心形成的。"在旧石器时代雕像中,占多数的不是穿衣服的,而是裸体的女人像。"① 而"先有女裸体像,后有男像,标志着女权制向男权制过渡。"②

黎族民间传说虽然还没发现特别突出的"孤雌生殖"神话,但像"葫芦生人"、"竹筒生人"、"蛋生人"等传说其实就是"感生神话"的变体。

根据赫西奥德的《神谱》,世界是这样被创造出来的:最先创造出来的是浑沌(chaos,卡俄斯),而后是胸怀宽广的大地(Gaea,该亚,大地女神)。该亚大地最先生育了与自己体态相同的布满星辰的乌拉诺斯(Uranus,苍天)。苍天把大地完全覆盖。那里成为神的住所。而后该亚生育了高耸的群山,这里成为居住其中的自然女神纽墨菲(Numphs)触摸的欢乐场所。该亚再以"孤雌"方式,生育了深不可测的蓬托斯(Pontus,海)。可见在这个《神谱》中,古希腊的天地是被生育出来的。该亚不仅创造了天父乌拉诺斯,并与之结合,生下了12巨人族,这便是大名鼎鼎的提坦神族(6男6女)。这些提坦神们彼此兄妹或姐弟结合,又生出了日月星辰、山川河海、风云雷电等。天父乌刺诺斯为了保住自己的统治地位永远不会被推翻,便将提坦众神囚禁起来。最小的提坦神克伦诺斯在地母的支持下,联合兄弟姐妹打败了天父乌刺诺斯,做了新一代的天神。克伦诺斯与妹妹瑞亚结合生下三男三女,他也害怕子女夺权,便将他们吞入腹中。小儿子宙斯被母亲保护起来,长大后救出众兄弟姐妹,合力击败自己的父亲克伦诺斯,获得神界的统治权。在古希腊神的谱系中,普罗米修斯与众多男女神和巨人族都是该亚的

---

① 苏联科学院.世界通史·第一卷[M].北京:生活·读书·新知三联书店,1959:65.
② 《世界上古史纲》编写组.世界上古史纲[M].北京:人民出版社,1979:121.

后裔。从发生学的逻辑上来说,人类的最初起源也是"始祖母"型的女神,"始祖母"型女神是人类与神的共同母亲。

诚如恩格斯指出的那样,女神的崇高存在,源于"妇女不仅居于自由的地位,而且居于受到高度的尊敬的地位。"[1]女神,由威严的自在自足存在变成美丽的可爱的仙女,表明女神地位的倾覆。

正因为女神崇拜说到底是超乎于性意识之上的生命创造崇拜,因此,女神之美就必然是超乎于肉体制约的超自然之美。换句话说,初始的女神之美无须对男子的性欲求负责,无须以男子认定之美为美,是一种具有崇高感的自在之美。后来在男子爱欲目光缠绕下挣扎不出的是仙女,她们的惊人美貌

石奥　地利维伦多府遗址出土,也称维伦多府维纳斯
图片来自 http://www.techweb.com.cn/

---

[1] 恩格斯.家庭、私有制和国家起源.《马克思恩格斯选集》,第4卷[M].人民出版社,1972:43.

反映生殖崇拜的石刻件
图片来自 http://blog.sina.com.cn/

与青春永驻,表明她们只不过是男子性幻想的产物,与早期先民的女神崇拜不可同日而语。区别这一点对于厘清女性美的历史变迁线索至关重要。

女性美最初是伴随着始祖母与生殖女神的身体出现的。这种女性美不仅与女性特定的形体——孕期相关,也与女性所表征的母性生命精神相通。正是在这个意义上,女性美远远高于同时期的男性美。也正是在这个意义上,我们称此期的文化主导特征为母系特质的文化。

原始的女性美由于与种族繁衍的目的合一,具有相当强的主动性与创造性。女性是创造生命的生命,这是当时男性自愧弗如的神圣权力。在原始人的眼中,整个自然界就是神秘的生命繁衍转换的舞台。能够创造生命的人,即使不是神灵也是与神灵相通者。而女性神秘的创造力正式来源于她们神圣的身体。世界各地出土发现的女神雕像就是负载着这样独尊的生殖崇拜信息。膨大的乳房、膨大的腹部、膨大的臀部,洋溢着生命扩张的活力,是种族未来的希望所在,是自然界无所不能的精灵神秘出入之所。所有现世的人都从那里来到这个充满恐惧、欢乐的世界。女性躯体——这个神圣诡秘的容器紧紧地吸引着原始人的注意力,左右着他们张开羽翼的幻想,最终成为原始人第一个对之顶礼膜拜的神像。

对世界各民族早期神话传说的考察表明,最早的原始神灵具有两个共性特点:一是神灵为女性;二是主掌生命创造繁衍之职。这与原始艺术中的裸体女雕像的特征相契合,因此生殖创造精神是原始女性美的核心当是可信的结论。女性的人体美受生殖崇拜的强有力制约,成为今天看来不具美感的孕妇形象。

生殖崇拜之所以能成为女性美的核心精神主要源于原始社会严酷生存条

件对人类自身再生产带来的强大压力。渴想食物、祈求生育（神灵赐予），当是原始思维的两大支柱。此时，性愉悦依然存在，不过在生殖崇拜的制约下，显得非常次要了。从许多现存古老遗风的部族活动来看，性狂欢节这类发泄情感的仪式，很可能在原始人中以性游戏的方式存在。

总之，原始思维对男性生殖生育功能的否定，导致性与生殖脱节，导致对女性生殖力的单方面崇拜，也导致女性人体美的超验性的升华。

西方学者约瑟夫·甘柏在研究西洋文明的变迁时指出，创世神话大致经历四个阶段。那就是——

（一）世界由无配偶的妇女神创生；

（二）世界由女神受孕于配偶而创生；

（三）世界由一男性战神自一女神身体上打造而成；

（四）世界由一男神独力创造；[1]

在中国的神话传说中，也能依稀看到这种后人有意的改编。独立自足的创世女神——女娲，被"嫁给"与她本无关系的伏羲。这种女降男升的

---

[1] 托卡列夫、梅列金斯基.神话与神话哲学[M].魏庆征,译.北京：中国民间文艺出版社，1986：3.

父权思维到东汉到了极点。《拾遗记》云:"伏羲龙身,女娲蛇躯"①。一"龙"一"蛇",褒贬鲜明,高下立判,是中华男神集团取代女神统治地位的标志之一。

中国先秦至汉唐,一直有关于"女岐"的神话在民间流传。"女岐"又称"九子母",是先民崇拜的生殖女高。《汉书·成帝纪》载:"元帝在太子宫生甲观画堂,为世嫡皇孙。"颜师古注引应邵:"画堂画九子母。""九子母"亦以无夫而生多子而显其神,以致屈原在《天问》中质疑:"女妓无合,夫焉取九子?"

无夫生子的传说在世界各民族早期神话传说中都不鲜见。如希腊人的地母神该亚、腓尼基人的生殖妇神伊丝塔、古塞西亚的女始祖神塔比提、阿兹台克人的圣母神等等。

黎族也有类似的感生型神话。与黎族族源、人种起源有关的神话传说表明,"蛇灵"、"天犬"代替男性在黎人源起上占有十分重要的位置②。黎族的某一支系有以"蛇"为图腾的可能。

东巴所藏的纳西族史诗《什罗古母统》(什罗身世)和《什罗统本》(什罗历史)中,记载东巴始祖什罗出世以前,已经有七代祖先,皆属女性;什罗出世后有九代祖先,皆属父系。形象地诠释了该民族由母系制向父系制转变的历程。

后来,父权文化在面对古老的"孤雌生殖"观念时,采取了顺势而为的策略。将传说中的自足的始祖母形象,置换为一个男性圣者的母亲。她的不寻常的生育经历成为男性圣者身世不凡的证明。故《说文解字》在解释"姓"字时说:"人所生也。古之神圣母感天而生子,故称天子。从女、从生,生亦声。春秋传曰:天子因生以赐姓。"这与基督教对圣母的解释是完全一样的,标志着远古大母神形象的终结。

黎族人包括男性,过去都十分喜爱孩子,将其视为神送到的礼物。从不考虑孩子与自己是否有血缘关系。即便已经进入父权婚姻的过渡阶段,仍然在很长时间内没有汉族的血亲认子观念。只要是妻子所生的孩子,都是自己心爱之子。而寡妇再婚,如果能带孩子来,就更受男方欢迎。这种超越了

---

① 《文选·鲁灵光殿赋》注引.
② 参见《黎母山传说》、创世史诗《五指山传》、《蛇女婿》、《三妹与南蛇》等.

"雄性妒嫉"的精神心态,超越了父权制婚姻对男性血亲后代的执着念头,显然只能从母系文化长期浸润和遗传中寻找答案。

二、图腾与母系生殖文化的关系

有关图腾的学说已在人文社会学界广为流传,虽然部分学者对其起源、内涵争议甚多,但对图腾崇拜是一种祖先崇拜则大都持认同的态度。

> 所谓外婚制,是指禁止同一氏族(clen)的成员彼此媾和的规则。不过,以前人们对氏族这个词的使用往往十分含糊,所以在此有必要对其加以界定。
>
> 我们认为,氏族是指一群个体,他们自认为彼此是亲戚,但是,惟有依据一种非常特别的记号,他们才承认这种亲属关系,这便是他们具有相同的图腾(totem)[①]。

涂尔干认为图腾就是先民对自己种族来源的认同,因此,一个独立的氏族不可能有两个图腾。多图腾的现象只能说明该民族开始与他民族融合,因而,也是图腾文化和母系文化衰落的征兆。此说很有道理,值得重视。

与女性合作创造生命的"神灵",即是早期氏族图腾崇拜的遗迹。准确地说,女性是与本氏族的图腾神一起,完成了神圣的生命孕育和降生过程。随着氏族不断兼并的过程,特别是父权文化价值观念的崛起,许多图腾神或退位、或被融合、或负面化,导致图腾与氏族的密切联系中断。但这种思维痕迹仍然存在。仔细品味"我们都是龙的传人"这样的表达,原始图腾的意味犹存。

在黎族创世史诗《五指山传》中提到,古时一个女人在水潭边洗衣服,无意中触到潭中的龙,生了9个孩子(一说为10个)。小儿子骑在龙背上玩耍,被称为"九龙"。这个"九龙"与其他兄弟成为黎族始祖,九龙则成为黎族的第一任首领。在此,黎族同样利用了"孤雌生殖"神话,为黎族男性祖先走上神坛寻找到了不平凡的根据。黎族由此成了"龙的传人"。

[①] 涂尔干.乱伦禁忌及其起源[M].汲喆等,译.上海:上海人民出版社,2003:4.

反映女性生殖崇拜的陶器　图片来自 http://blog.sina.com.cn/

庙底沟文化的彩陶纹饰则与之大不相同，蛙纹和鸟纹是其主体图案，因此，有的学者认为鸟或许是庙底沟文化先民的图腾。甘肃、青海的马家窑文化中鸟纹和蛙纹变得十分发达，尤其是蛙纹，有的学者由此推论马家窑文化的图腾是蛙。

从古史研究上来说，认定古代民族存在图腾制度主要是根据其始祖传说。如传说中"玄鸟生商"，因始祖母简狄吞玄鸟卵有孕生商族之祖，于是认为商族图腾为玄鸟；如夜郎国的竹传说，始祖男儿出自顺水漂来的三节大竹，遂认为竹为夜郎之图腾；古高车乃匈奴单于之女与狼交配繁衍而成，所以认为狼是高车人的图腾；突厥也有始祖与狼交配的传说，因此也被认为是狼图腾的民族。还有古史中记载的人兽合体形象也常常被认为是图腾制度的产物。

　　以女性为主体的神圣生殖观念，改变了人类对其自身的看法，并进而导致长达数千年"人类"概念的实质性瘫痪和瓦解。即每一氏族的"真正祖先"是一种神圣的动物（或植物），每一氏族的图腾具有唯一性，战败氏族的图腾会被战胜氏族的图腾所取代。苗族神话传说对自己的世系由来有"神父狗母"之说①，摩梭人的女祖则与猴子生下了后来的摩梭人②。祖先图腾崇拜的功能是使氏族成员相信，他们每一个人的出生都是祖先图腾转世的结果。这种思维方式与母系生殖崇拜精神具有一致性。即女性是与祖先图腾合作完成了氏族生育繁衍的使命。黎族也有类似的传说。黎人创世史诗《五指山传》中即言，黎人是天帝的女儿"婺女"与天狗的后代。在长达1544行的黎族古歌《祖先歌》中，"天狗下凡"是长诗十个组成部分之一。这与南方一些民族的类似传说相同，也与古籍中记载的南蛮之女始祖配给一只名叫"槃瓠"的狗而繁衍后代相同。在其他黎区也有人采集到了蛙为黎族人祖先的传说："有一妇人因吞食神果，而产下一只青蛙，后来，青蛙长大了很有本领，他通过了非凡的考验，得以同一位漂亮的姑娘成亲。他们的后代便是黎族人。"③这里的"妇人"显然就是无夫生子的始祖母形象，青蛙则有了黎族图腾神的意味。

　　原始氏族时期图腾崇拜的普遍性在许多学者的考察中得到了证明。例如摩尔根在《古代社会》一书中提到了327个有图腾物的"加诺万尼亚族系"，其中以动物为图腾的就有242个。有学者认定图腾崇拜晚出于女性生殖崇拜，其实未必，图腾崇拜一直就是女性生殖崇拜的伴生现象，而不是与之相对立的东西。在女性生殖崇拜期间，图腾与女性一起构成了人类繁育的两大要素。

　　杨知勇在总结了西南十余个少数民族的生育观念后指出："西南民族图腾与人结合和感生神话中，有一共同现象，都是人类的女性与牡性动物结合或受图腾动物的感应而生子。"他还认为人类"生育观的发展经历了三个阶段：一是自然生人（包括诸神造人）的化生生育观；二是图腾与女性结合生

---

① 谷德明编.中国少数民族神话[M].北京：中国民间文艺出版社，1987：609.
② 谷德明编.中国少数民族神话[M].北京：中国民间文艺出版社，1987：452.
③ 唐绪祥.中国少数民族身体装饰[J].《装饰》1997（1）：64.

人的感生生育观；三是男女交媾生人的性生育观。"①我们认为杨知勇的三阶段说中的第一阶段并不存在，因为古代还从未出现过"自然生人"观念，神造人就是一种非自然形式的想象，怎么能归结为"自然生人"呢？"神造人"说本身也有两种形态，不能混淆。一是女神造人，与杨知勇的第二阶段说其实是一回事，发生在同一历史阶段。而父神造人的情况比较复杂，有的可能是母系时代传说的回响，有的则可能是父神权威的阐释，如基督教的上帝造人说。但是他总结的第二三阶段的人类生育特征我们是赞同的。

即使到了父权神话时期，也难以见到男性与雌性动物结合生子的传说。原因很简单，人们实在无法在这种情境下生发出或浪漫或神圣的故事。因为此时的人类已经认为自己比所有的动物都高贵许多。与动物有性的关系已是令人作呕的念头，图腾和万物有灵的观念一去不复返了。也正因为如此，母系氏族时代的图腾观念一直受到了后世的歪曲和压制。但是，这种整个民族

---

① 杨知勇.西南民族生死观[M].昆明：云南教育出版社，1992：52、2.

的"集体无意识",仍然会在许多地方顽强地显现出来。今天,海内外华人均以"龙的传人"自诩,便是这种遥远的精神遗韵。

图腾与母系文化的渊源之深,可以用涂尔干下面的一段话来诠释:

> 我们相信,无可争议的是,图腾就其起源而言完全是依据母系传递的;因而,氏族也就完全是由女方的后裔组成的。对于这个问题没有必要钻牛角尖儿,以下理由就足以证实我们的假设了:
>
> 1. 社会的发展愈为初级,母系氏族也就愈为常见。母系氏族在澳洲是十分普遍的,可以占到达4/5;在美洲已经较为少见了,其比例不超过三比一甚至二比一。而印第安人显然已经达到了比澳洲人更为高级的社会状态。
>
> 2. 人们从未见到父系氏族转变为母系氏族的情况;对于这种嬗变,没有人举出直接观察到的任何一例。相反,我们可以肯定,从母系到父系的转型倒是经常发生的。
>
> 3. 从父系到母系这样一种转变似乎也是无法解释的。什么能够使父方群体在一定程度上放弃孩子,反而冠之以外来的图腾,并委之以该图腾所带来的全部道德义务和宗教义务呢?
>
> 实际上,凡是在父系亲子关系传承已经确立起来的地方,图腾制度都已经衰落了,这是无可争议的。①

黎族的动物崇拜对象很多,例如,黎族神话传说中,就有人与龙、狗、蛇、龟、鸟婚配的故事。②在东方黎族地区,人视蛇为先祖。如果人们无意中冒犯或伤害了蛇,要举行隆重的巫术仪式,备好酒、饭团,杀猪一头,在巫师带领下,来到出事地点,向蛇赎罪。口称:"祖先呀,祖先!我们不小心伤害了您,请勿怪罪我们吧!"③

在黎族女性的文身图案中,出现得最多的一种仿生形象就是蛙纹。以前对黎族织锦图案的分类很多,命名复杂。中央民族大学的学者经过比较分析后,认为这些图案基本上都是蛙纹的演变。从而理清了这个领域的研究线索,也为黎族蛙崇拜提供了更为宽广的研究视野。

---

① 涂尔干.乱伦禁忌及其起源[M].汲喆等,译.上海:上海人民出版社,2003:26-27.
② 参见《黎族简史》编写组.黎族简史[M].广州:广东人民出版社,1982:25.
③ 梅伟兰.试论黎族的蛇图腾崇拜[J].广东民族学院学报,1990(2):64.

昌江地区黎族妇女面部蛙样纹饰　　焦勇勤摄于昌江黎族自治县

    王学萍主编的大型画册《黎族传统文化》，收入黎锦照片80余幅，依据画面表现的内容，加以说明，有"动物图"、"龙纹图"、"赛牛图"、"奔鹿图"、"甘工鸟图"、"树木花卉图"、"植物纹"、"藤子图"、"百花图"、"舞蹈图"、"婚礼图"、"牧归图"、"农耕用具纹样"、"采集丰收图"、"人丁兴旺图"、"人勤牧兴图"、"青春幸福图"、"吉祥如意图"、"云母平安图"、"波浪纹图"、"几何图"等。更多的是"人纹图"。从表象看，这些命名似有道理，但仔细探究纹样内容的深层结构，就会发现，所有的纹样，无一幅不与蛙纹样有着或明或暗的内在联系。该书中的"人纹"，除个别

昌江地区黎族妇女面部蛙样纹饰　　焦勇勤摄于昌江黎族自治县

外,都是"蛙人纹"。许多图案的主体部分是蛙或蛙人纹。而"几何纹"的主干是蛙或蛙人纹的变形。一部分花卉纹,例如"百花图",实际上是"蛙人纹"的几何图案化。……

从数量上看,蛙纹及变形蛙纹占据黎锦纹样的主体;从文化内涵上说,各种蛙纹历史悠久,意义深邃;从表现手法上评价,蛙类纹造型多样,生动形象,美观大方。可以说,蛙纹是黎锦纹样的主导,灵魂。[1]

---

[1] 祁庆富,马小京.黎族织锦蛙纹纹样的人类学阐释[J].艺术探索2005(1):68、73.

蛙纹筒裙　鞠斐摄于东方市

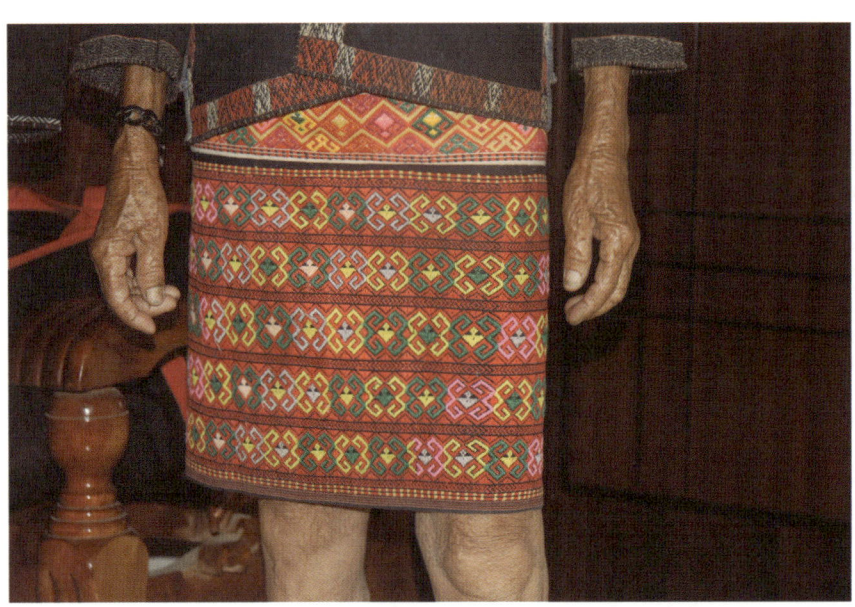

不仅如此，"在各支系的黎族筒裙、铜鼓、皮鼓及各种日常用具上，都绘有各种青蛙图案，黎村必有一个以青蛙形象做鼓耳的大皮鼓。黎族人民认为青蛙有很神秘的效能，它能呼风唤雨，保证粮食的丰收，是黎家的崇拜对象，因此，不能捉食青蛙。"[1]如果我们整体考察一下黎族文化的各个方面，就会发现只有蛙的形象贯穿了所有的领域。如文身、织锦、刺绣、铜鼓（锣）、手工艺品，甚至在水缸、米缸等生活陶器上都有所表现。黎族学者邢关英指出，蛙是黎族的图腾之一。[2]黎族赛方言织锦图案中，蛙纹是最常见的。赛方言黎人认为青蛙，一是代表母爱，二是可以"避疫"。[3]这两大特征应该就是导源于图腾崇拜。

蛙腹部肥大，体征颇象孕妇，《金瓶梅》中尤把女性外阴称为"蛙

---

[1] 符加积编.黎族史料专辑·第七辑[M].海口：南海出版公司，1993：194—195.
[2] 参见邢关英.黎族人的自然生态环境意识[M].《1995年海南社会经济发展研究》，海口：南海出版公司，1996.
[3] 参见：《海南省志·民族志》南海出版公司，2006：288.

画在墙上的变形蛙纹（或称"人纹"）　鞠斐摄于昌江黎族自治县

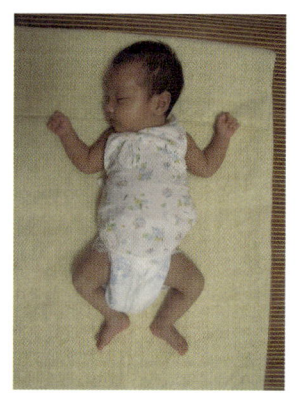

人类新生儿睡姿仍保有类似"蛙人"的形态　文丽敏摄于新埠岛

口"。青蛙产卵数量大，蝌蚪的神奇变态特征，胎儿也是生活在水中（羊水），初生儿在很长时间里（特别是在睡眠状态），都形似青蛙，这些都是先民能够观察到的，而且因为对繁衍的渴望，会使他们特别关注这些现象，并引发猜想，进而形成联想式崇拜。现代医学通过B型超声波发现，胎儿在母腹中的形态，双臂侧上举，双下肢弯曲，酷似青蛙。

　　实际上，直立形态的蛙稍加点染与抽象就有蛙人合一的效果，黎族和其他一些少数民族的传统图案，就是这样表现"蛙神"或人蛙合体观念的。这个形象代表着大母神（或始祖母）非凡的生殖能力。"人蛙一体纹的出现，表明在母系氏族社会的晚期，蛙不仅具有象征女性生殖器的意义，而且发展出了象征女性的意义。"①

　　上古先民们正是顺着这个思路，完成了自己的崇拜对象从"蛙"到"蛙神"的演变。这个过程形象地保存在马家窑文化的系列遗存文物之中。

---

① 赵国华.生殖崇拜文化论[M].北京：中国社会科学出版社，1991：191.

马家窑出土的陶器上的蛙纹
图片来自http://www.majiayao.com/

马家窑出土的蛙盆
图片来自http://www.majiayao.com/

　　距今5800年左右的一件马家窑早期彩陶盆,盆底绘一只硕大的蛙,两只大眼睛,四肢舞动,蛙的周围绘水波纹(参见图"马家窑出土的蛙盆")。马家窑文化演变到马厂类型时期(距今3800年左右),彩陶上开始出现变体的蛙纹。这些"蛙"的形象不同于马家窑文化早期的具象蛙,而是已经抽象化了的蛙形纹。其基本特征是不重刻画头眼,只表现腿部。蛙的后肢伸开酷似人的腿。马家窑先民们以抽象的表达手法,突显青蛙有力的腿部,这便是中国蛙纹的原型。虽然我们不能肯定黎族文化在其演进过程中是否接受了马家窑文化的影响,但这并不妨碍在原始思维作用下,各氏族先民们在面对同一现象时,产生类似的文化与艺术表现方式。许多人把黎锦和黎族文身中的蛙纹称为"人形纹",确属误判,这是典型的"蛙人合体纹"。如果他们能将黎族的这些纹样与马家窑文化中的蛙纹作个对比,相信就会改变原来的看法。这不是我们孤立的意见,最近已有学者指出了这一点[①]。正是这种"蛙

---

① 参见:祁庆富、马小京.黎族织锦青蛙纹样的人类学阐释[J].民族艺术,2005,1.

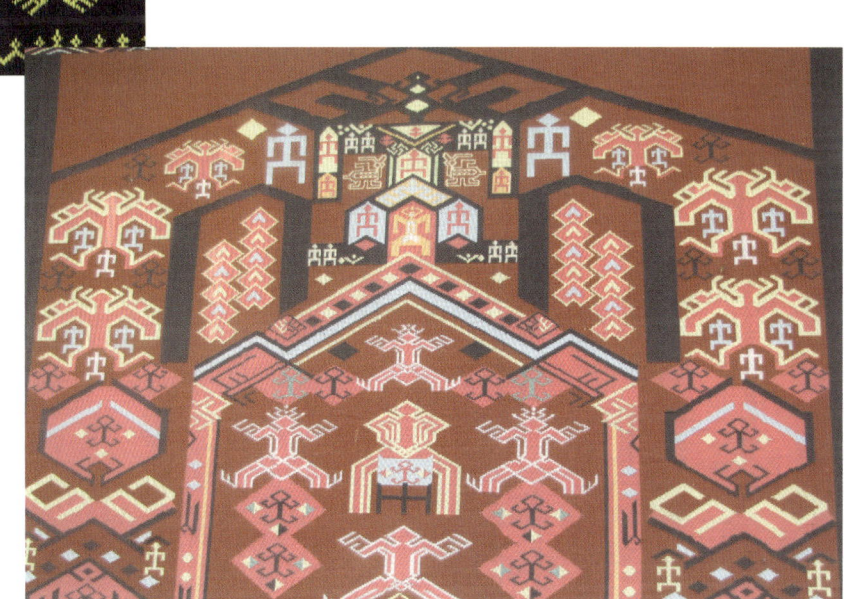

黎锦中常用蛙纹（人纹）形象　文丽敏摄于海南省博物馆

人纹"经过长期抽象演变，成为黎族织锦中最基本的连续的菱形图案，也就是黎族文化的基本符号元素。

在马家窑文化后期，陶器上蛙的腿关节处又伸出了脚爪。大多数的蛙体没有表现头部，少数表现头部，也不再是蛙的头，而是人首形状，这说明先民所画的已经是人格化了的蛙神。直立的"蛙神"身上有了越来越多的腿，最多的有五对。值得注意的是，在黎锦和黎族筒裙中出现的连续的蛙纹与此有异曲同工之妙。

中国马家窑文化研究会副会长钱汉东先生认为，在蛙纹漫长的发展演变过程中，蛙纹自然地逐步演变成了龙。蛙是中国龙的原型。[1]蛙的崇拜在上古中国有着广大的分布领域。有学者在考察了普米、哈尼、纳西、土族等民族在蛙崇拜风俗后，指出："结合这些研究成果，纳西族、普米族、土族和甘青地区一些汉族中的蛙崇拜遗迹，可追寻到他们源于同一文化同一族属的

---

[1] 参见：钱汉东.马家窑蛙纹：中华龙的起源[N].文汇报，2006，7，9．

蛙纹黎锦
张军军摄于乐东黎族自治县

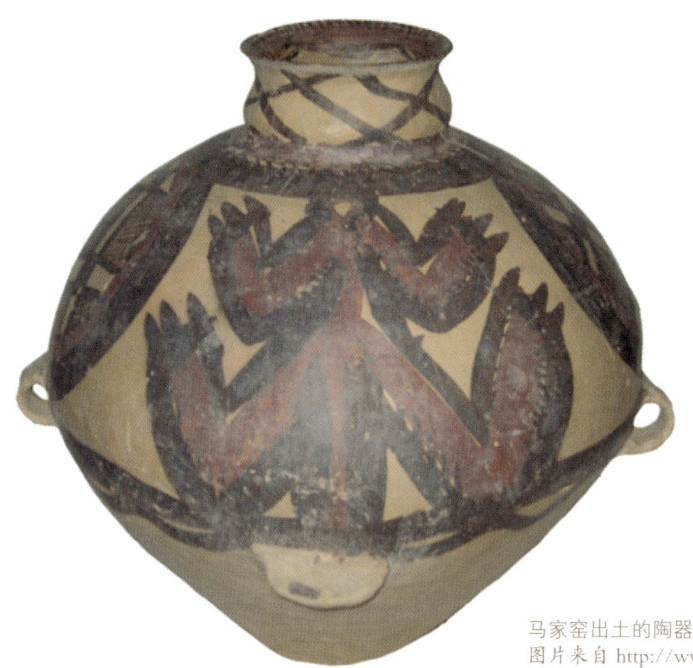

马家窑出土的陶器上的蛙纹
图片来自 http://www.majiayao.com/

渊源关系,我们可以大胆推测先羌先民可能是以蛙为氏族图腾的。"[1]

在良渚文化早期的吴县张陵山发现了珍贵的玉制蛙形器,诞生在5000多年前,是中国发现最早的玉蛙。[2]联想到良渚文化与崧泽文化的承继关系,及其与河姆渡文化的地缘上的相互影响关系,则古百越人(含黎族)崇蛙的历史亦越来越清晰。

从考古发现提供的大量实物资料来看,蛙纹是中国母系氏族社会文化遗存中的第二种基本纹样,与其笼统地说它们是氏族图腾的象征,不如说它们是原始女性生殖崇拜观念的反映更为准确。从表象上看,蛙腹和孕妇的腹部形态相似;从内涵上说,蛙产子繁多,有很强的繁殖能力。蛙因此成为原始女性生殖力的象征。如果说鱼纹展示的是对女阴的崇拜,蛙纹体现的则是对

---

[1] 鄂崇荣.试论中国少数民族中的蛙崇拜[J].青海社会科学,2004,9.
[2] 中国社会科学院考古所.中国考古学·新石器时代卷[M].北京:中国社会科学出版社,2010:686.

蛙面蹲坐石人，河北滦平出土
图片来自 http://www.jianshenian.com/

月蛙纹
于海南省博物馆

女性怀胎子宫的崇拜，这是人类女性生殖崇拜母题发展进程的写照。

中国古文献中，有不少关于蛙的记述。如《淮南子·精神训》中"日中有踆乌，而月中有蟾蜍，日月失其行，薄蚀无光"。《淮南子·说林训》中又有"月照天下，蚀于詹诸"之说，詹诸也就是蟾蜍。张衡《灵宪》中说"羿请不死之药于西王母，羿妻姮娥，窃以奔月，托身于月，是为蟾蜍"。《太平御览》卷四引《春秋演孔图》说"蟾蜍，月精也。"现在我们再来看这些源于民间的古代传说，便不再有无稽荒唐之感。月与蛙都有在晚间活动的特征，月是夜空中最引人注目的天象，而蛙是母系氏族最尊崇的动物，这两者的结合合乎情理。

位于河北省滦平县的后台子遗址，出土了7尊石雕像，其一为蛙面石人（见附图），其余均为裸女雕像。"完整的裸妇像有4件，3件的高度都在33厘米左右，如果按面宽和体厚的尺寸，则这4具雕像恰好分成两大两小，所有的人像均刻出五官和微隆的双乳，上肢弯曲，双手按于腹上，下肢呈蹲或

四川金沙出土的金箔蛙
图片来自 http://www.jinshasitemuseum.com/

河南二里头遗址出土疑似蛙形牌饰，与四川金沙出土的金箔蛙参看，可发现明显的承继关系
文丽敏摄于海南省博物馆

坐姿，多数还表现出鼓起的腹部。"①蛙崇拜与女性生殖崇拜的关系清晰可见。

"蛙祭"在中国古代曾长期流行。甲骨文中就有祀虾蟆以求雨之类的记载。这一遗俗在汉代仍十分盛行，董仲舒《春秋繁露》卷十六对此作了记述。黎族也有祭蛙求雨的习俗。据海南省民族研究所高泽强研究员调查，保亭杞方言黎族在祈雨时，要捉两只小青蛙系于木桩上，念咒祷告。据说两日后必有雨下。

古代南方各民族敬崇蛙的习俗，在后世仍有广泛的流传。在湖南长沙马王堆一号汉墓出土的帛画上，便于弯月上画了一只口吐云气的蟾蜍。这一主题的画面也出现在考古发现的汉代壁画和出土的画像石、画像砖上。蒲松龄《聊斋志异·青蛙神》中也记述了"江汉之间，俗事蛙神最虔"，并有"赛蛙神"的巫术活动。

蛙与女性、与孕育、与月亮的联想，逐渐使其演变成中国的"阴"元素符号；而鸟与男性、与太阳的关联，使其演变成中国的"阳"元素符号。

古代川黔地区是百越文化与蜀文化、中原文化的交汇处，其相互影响的痕迹十分明显。崇蛙的习俗可能经由此地传播。如前文提到的在四川的三星堆遗址和金沙遗址都出土了石刻或金箔制蛙。在广西也流传着很多与崇蛙有

---

① 中国社会科学院考古所.中国考古学·新石器时代卷[M].北京：中国社会科学出版社，2010：340.

自然界中正在抱对的蛙,与铜鼓上表现的"累蹲蛙"形态一致。
文丽敏摄于新埠岛

广西左江岩画
图片来自 http://bbs.fusui365.cn/

关的故事和习俗,壮族尤其突出。在神话里,蛙是老大雷公与三妹蛟龙私通所生之子,本与其父住在天上,后被派到人间做天使,所以花山崖壁画上它的形象大多在江边山崖上。按壮人观念,山顶为通天之柱,故蛙神在此下可通其母,上可通其父,可使双亲风调雨顺,水不泛滥成灾,让壮人人寿年丰。广西左江岩画,绘制了众多祭祀者的形象,构图多为一种格局:一群较小的蛙人围绕着一个硕大的蛙神。蛙神头插羽翎,蛙神四周的小蛙人簇拥着蛙神舞蹈。有学者认为岩画上"无论是正面舞人还是侧面舞人,都全身赤裸,酷似青蛙的形状,反映了壮族先民崇拜青蛙的遗风。壮族先民以蛙为图腾,在其创世史诗《摩兵布洛陀》中有所反映。"[1]

《隋书·地理志》说:"俚僚贵铜鼓,岭南二十五郡处处有之"。铜鼓已成为百越族群最突出的物质文化和精神文化的载体。范成大在《桂海虞衡志》中描绘:"其(铜鼓)制如坐墩,而空其下,满鼓皆细花纹,极工致,四角有小蟾蜍。"周去非在《岭外代答》中记载:"其(铜鼓)制正圆,而平其面,曲其腰,状若烘篮,又类宣座,面有五蟾,分踞其上。蟾皆累蹲,一大一小相负也。"而所谓"累蹲蛙",其实是先民用艺术的形式对蛙生殖形态的有意刻画,其与所表现的生殖崇拜相一致。

---

[1] 参见:顾朴光.中国面具史[M].贵阳:贵州民族出版社,1996:82-83.

鼓面上有铸蛙冷水冲型铜鼓
图片来自 http://guangxi.baike.com/

鼓面上有铸蛙的北流型铜鼓
图片来自 http://guangxi.baike.com/

  在古百越地区出土的铜鼓中，蛙饰与鸟饰是其两大突出特征。在我国目前已经发现的1460多面铜鼓中，蛙纹铜鼓有470多面，其中广西是该类铜鼓的主要分布区，蛙纹铜鼓有306面，占蛙纹铜鼓总数的65%，而广西地区正是黎族迁往海南岛的通道。海南黎族的蛙崇拜与广西壮族地区的蛙崇拜必然同出一源。

  目前，我国对铜鼓的研究还仅限于就铜鼓本身的质地、出土地点、纹样、铸造工艺、金属成分等进行分析研究。而对铜鼓的使用场合、崇尚原因、装饰符号的原始含义、何人使用何种铜鼓等，都缺乏深入细致的探究。在中国铜鼓分类的八大类型中，至少有4种类型都有比较突出的蛙装饰。冷水冲型，广西、云南、四川、越南等地有发现，鼓面一般铸有四蛙；北流型，一般在鼓面边沿饰有小蛙四只；灵山型，鼓面边沿多有六只三足蛙造型；西盟型，鼓面常见有二蛙、三蛙叠踞。就蛙饰的差异而言，冷水冲型铜鼓蛙塑像形体硕大、空身扁腹、两眼间突、四足挺立，身披弊形纹带。每面铜鼓固定为四只，制作精致、华贵、美观。北流型铜鼓蛙塑像一种是素面小蛙，一般每鼓是四只，形象笨拙、呆板，表面无纹饰；一种是大蛙背上驮

自然界中正在抱对的蛙，与铜鼓上表现的"累蹲蛙"形态一致。文丽敏摄于新埠岛

鼓面上有累蛙铜鼓的细部

小蛙的"累蹲蛙"。①灵山型铜鼓蛙塑像几乎均为六只，三只单体蛙和三只"累蹲蛙"相间环列，其后腿并拢而成三足蛙，背部饰辫形纹、同心圆纹、复线半圆纹，后腿臀都起密线螺旋纹。

铜鼓与蛙崇拜的关系如此密切，以至有人认为蛙就是铜鼓精灵。唐刘恂在《岭表录异》记录了一则传奇故事："僖宗朝，郑絪镇番禺日，有林蔼者为高州太守。有乡墅小儿，因牧牛闻田中有蛤鸣，牧童遂捕之。蛤跃入一穴，遂掘之，深大，即蛮酋冢也，蛤乃无踪。穴中得一铜鼓，其色翠绿，土蚀数处损阙，其上隐起，多铸蛙黾之状。疑其鸣蛤即鼓精也。"②关于蛙铜鼓，清代至民国的记录更多。《南宁府志》卷五四中，有《铜鼓歌》描述了当地农民耕作时偶得蛙铜鼓的情景，"南北东西位蟾蜍，左右四耳分轮廓"③。徐松石《粤江流域人民史》中也说到，"在梁峒见到一座（铜鼓），上有蟾蜍六个，胴旁有大纽四，小纽二，鼓面直径五十六英

---

① 这其实是自然界蛙类繁殖时产卵和排精的形态（参见附图），称为"抱对"。与其称作"累蹲蛙"，不如叫做"抱对蛙"。百越族先民绝不会误解这种青蛙姿态，对这种蛙繁殖状的刻意描绘，正是母系生殖崇拜的内在需要。
② 唐刘恂《岭表录异》
③ 蒋廷瑜. 铜鼓[M]. 北京：人民出版社，1985：27.

海南发现的北流型铸蛙铜鼓
文丽敏摄于海南省博物馆

鼓面上有铸蛙的西盟型铜鼓
图片来自 http://guangxi.baike.com/

寸……"可见，在百越族先民眼中，蛙类形象与鼓有着极为不寻常的关系。

黎族村峒过去也都珍藏有绘着青蛙形象的皮鼓或铜鼓。黎人在村内还要为此专门建一座竹楼来悬挂皮鼓或铜鼓。凡重大活动，如庆典、节日、祭祀、战争等都要击鼓。《琼州府志》记载，原昌化县、感恩县在明清两代都有铜鼓出土。1950年，昌江、陵水等地还出土过铜鼓。琼中、保亭、乐东、白沙、通什等地铜锣较多。在这些铜鼓或铜锣上，大都有立体雕塑或浮雕青蛙像。

海南出土的铜鼓多属广西北流型。如1967年昌江出土的铜鼓，面径100CM，高56CM，足径98CM，鼓面上有四只立蛙造型，现藏于海南省博物馆。

古来就有蛙为"铜鼓之精"的说法。蛙鼓腹而鸣，夜间可声传数里。东南许多少数民族，包括黎族正是以铜鼓或铜锣来模拟"蛙神"的方式来祭蛙。铜鼓（铜锣）因代表了蛙神而成为黎族的镇寨之宝，铜鼓（铜锣）需采自海南岛外也使其更加珍贵。清张庆长《黎岐纪闻》记载：黎人"俗好铜锣，小者为钲，亦锣类也。有余家购而藏之以为世珍。大抵旧藏者佳，新制不及其值。或抵一牛或数牛，或有抵数十牛者，则益宝贵之。藏锣多而佳者为大家。"

铜锣可以视为是铜鼓的变体。"尤其铸有青蛙形象的铜锣，被视为珍贵

铸蛙铜锣
文丽敏摄于海南省博物馆

黎族使用的大皮鼓
文丽敏2011年5月摄于海南省博物馆

的财富和身份的象征,并称之为为'锣精'。在大皮鼓上,若绘有青蛙形象,也是黎族社会中最为珍贵的鼓。"[1]陵水黎族聚居区曾出土了15面铜锣,其中英州镇鹅仔村黎达民的家人在50年代初捕鱼时捞到的一面铜锣做工十分精细:直径57厘米,中间有浮雕日光纹,6芒状,21道弦纹,边缘有4蛙三足作站立状。另外在岭门农场边头作业队的田圮村、新村镇的土产仓库、英州镇鹅仔村的南侧荒坡、英州镇福湾村后的沙滩,分别发现出土了4面铜锣,边缘都雕有4蛙4足或6蛙3足站立像。

"在乐东、东方、昌江一带的黎族地区,人们常用贮水的大水缸的缸身上塑有青蛙图雕;黎族传统的织锦上(含筒裙)织有精美的青蛙图案;妇女的文身有些部位也文上青蛙纹。如此等等,可见黎族人对青蛙的特殊感情,它应该是图腾崇拜的反映。"[2]然而因为海南岛封闭的地缘条件使黎族拥有铜鼓大为不易,大部分黎族村落便以绘有蛙神形象的皮鼓代替。

上古先民之所以对蛙如此关注,除了上述蛙与女性生殖的联想之外,还有一个重要的原因,那就是各民族先民共同经历与记忆的大洪水。这是一场

---

[1] 孙绍先等,黎族女性文化专题研究[M].南方分报社,2008:73.
[2] 参见高泽强:《祭礼与辟邪:黎族宗教文化初探》,海南省哲学社会科学2005规划课题HNSK05-42.

全球性的灾难。各国古文献和各民族传说中有关大洪水的记忆不胜枚举。从女娲补天到大禹治水，从兄妹成婚到挪亚方舟，莫不如此。大洪水的故事已成为公认的世界性的元叙事原型之一。

在马家窑遗址所在地，现在还能看到岩石上遗存的洪水冲刷的痕迹，那场水患的严重程度超乎人们的想像。在这样的历史背景下，如何驾驭洪水成为当时先民焦虑的最迫切的问题。由此我们想到，鱼、蛙的另一个共同特征，即它们都是水生动物。在先民眼中，鱼、蛙都有着对水天然的亲和力，这对饱受洪水肆虐之苦的先民来说，亦是一种精神上的激励。中国原始文化后起的鸟纹原型虽不是纯粹的水生动物，但鸟一般也不怕水，更有水禽一族戏水如履平地。中国上古先民崇拜的三大动物原型都克水（后来的龙也克水），这一定不是巧合。

在广西壮族地区，广泛流传着许多关于蛙与本民族繁衍生息直接相关的神话传说。大致可以分成两类：一是关于蛙与生育女神或祖先的创世神话；另一类是关于蛙与民族习俗的传说。在这些神话传说中，值得我们注意的是蛙人婚媾的传说。广西隆林地区流传着《青蛙仙子》的传说：作为人类代表孤独生存的老三一家，正面临着无后绝种的险境。一只黑青蛙幻化成人来到老三家中，与勤劳的老三婚配，生儿育女，挽救了即将灭种的人类。 在广西百色地区流传的故事《蛤蟆皇帝》，说的是有一家的三媳妇生下了一只蛤蟆，家人烦恼不已。蛤蟆长大后，想娶公主为妻，于是变成一位英俊少年，赶往京城，经过一番磨难和考验，如愿娶到公主，并成为把国家治理得很强大的贤君明主。 这类神话故事其实都揭示了这样一个主题：青蛙是壮族的图腾祖先。除了蛙人婚媾的神话故事外，壮族地区至今仍流传着许多蛙与稻谷

蛙型饰件　滦平出土
图片来自 http://www.cssn.cn

崇拜有关的歌谣和故事。如流传于广西大新地区的《会说话的青蛙》、广西东兰县里龙村流传的《蚂拐歌》等都描述了青蛙对于人类获得稻谷丰收的神奇作用。蛙鸣与雨水的密切关系,使先民相信青蛙有呼风唤雨的神力,而青蛙捉食害虫的高超本领,更增加了青蛙成为农业保护神的分量。在这类传说中,青蛙的生殖力被扩大到植物,并被赋予了非凡的智慧,成为农业与民族的守护神。

　　蛙崇拜已经渗透在壮族人民生活的各个方面。其中最著名的是在红水河两岸的东兰、巴马、凤山和天峨一带壮族地区,每年都要举行盛大的祭祀"蚂拐"的仪式,当地人叫做"蛙婆节"。壮族俗称青蛙为"蚂拐",但对祭祀盛典中的"蚂拐"则尊称为"蛙婆"。"蛙婆"是壮族人心目中吉祥平安的象征,是壮族尊崇的大母神的化身。整个活动以祭祀"蛙婆"为主,一般从农历正月初一开始,长达一个月之久。仪式包括"巡找蛙婆"、"祭祀蛙

广西东兰县巴英蛙婆节现场　韦蓓摄　图片来自东兰党建网

婆"、"蛙婆出巡"、"礼葬蛙婆"四个组成部分。

巡找蛙婆。正月初一清晨，全村的男青年争先到田野里找青蛙，第一个找到青蛙的人，被认为是今年福星高照之人。他应立即通报乡人，并放七声土炮，向雷神报喜。这还意味着他与青蛙成婚，成了雷神的女婿，故称"青蛙郎"。

祭祀蛙婆。一般由"青蛙郎"作为主祭人，人们将蛙婆放在一个精雕细刻的小棺内，外罩彩纸扎成的花轿，把蛙婆抬到村寨的公共聚会场所，悬挂在大厅梁上，同时人们敲击铜鼓，燃放鞭炮，合唱世代相传的《蚂拐歌》。

蛙婆出巡。人们抬着蛙婆走街串户，到各家去祈福，祝贺新年，每家都要向蛙婆赠送米或钱，有些户主还送粽子和彩蛋。这些东西事后要全村人共食。据说经蛙婆祝福后这些食品可延年益寿、祛病强身。当晚男女青年为蛙婆守灵，通宵达旦唱山歌。

东兰民间蚂拐节舞　韦正勇摄　图片来自东兰党建网

礼葬蛙婆。这是蛙婆节的高潮，主祭人在广场中央竖起一根长长的竹杆，上扎红、蓝、白三色长幡，下置高架，悬吊铜鼓。大家抬着蛙婆的灵棺，排起长队，唱《青蛙歌》，绕着田地一周，然后抬到蛙婆墓隆重安葬。

就整个"蛙婆节"而言，作为崇拜对象的蛙婆在壮族人的心中地位崇高。是壮族人心目中的"始祖母"。在"蛙婆节"节庆活动中，所有内容都是围绕祈求生殖——农作物的丰收、六畜兴旺以及人类生命的健康这条主线来展开的。

壮族的蛙崇拜有非常久远的历史。广西花山壁画是我国目前发现的最大的崖画群，作于春秋战国至汉朝时期，分布于左江及其支流的宁明、凭祥、龙州、大新、崇左等地区，形成约200多公里长的画廊，学者推断崖画的主人正是迁徙至此的古百越人，也就是黎族、壮族、瑶族等族群的先民。这些崖画场面宏大。画幅中多数人像，双脚下蹲叉开，呈蹲距形，双手向上曲平举，与人头呈山字形。整个人像酷似青蛙姿态。①这种姿态正是海南黎族各种青蛙图案的突出特征。

蛙神应当是黎族壮族等百越族群崇拜的"大母神"的原型之一。

三、母系生殖崇拜文化的辐射

女性生殖崇拜经由原始的"神化"思维，向其它领域辐射扩散。女性的生殖"神力"与女性的创造力相融合，这是早期造物女神出现的原始逻辑。女神既然可以创造人的生命，那么依照原始思维相似律她当然也可以创造其他的生命形态。值得注意的是，在母系文化时代，所有的自然界现象都被视为生命形态。

在先民的意识中，物质世界是一个互相关联的生命整体，它们的生命也是被某一个神灵给予的。在早期神话传说中，我们发现了大量造物女神的传说。先民认定她们"生下了"某种物质，而不是用肢体去制作。这是男神们自愧弗如的本领。

女娲是始祖母神兼造物女神。《山海经·大荒西经》载："有神十人，

---

① 丘振声. 壮族蛙图腾神话［J］. 民族艺术，1992，4：1–18.

名曰女娲之肠,化为神,处栗广之野,横道而处之。"《说文》十二释"娲"为"古之神圣女,化万物者也。"

先民把目力所及的物质现象都解作一种神秘的生命感应现象。而物质现象的生命化,必然在其想象中接受通行的"孤雌生殖"规律,从而把各种天象和地物归于元母非凡的生育力,即使后来父权神话大都给造物女神安排了一位同样神圣的丈夫,但显然还是遮盖不住造物女神的光彩。因此不能不以继起的父权神话人物盘古、烛龙等取而代之。

《述异记》卷上载:"南海小虞山中有鬼母,能产天、地、鬼。一产十鬼,朝产之,暮食之,今苍梧有鬼姑神是也。虎头龙足,蟒目蛟眉。"古籍中有多处提到太阳、月亮系女神所生。"扶桑后君生十子,皆以日名,号十日;而九日为凶","羲和者,帝俊之妻,生十日"故又称为"羲和之子","帝俊之妻常羲生日十有二,此始浴之。"

中国古人把物质世界的初始状态称为"浑沌"(或混沌,"浑敦"),或者把化生各种物质的原始物质称为"元气"。后起的造物神盘古即是从浑沌或元气中孕育而生。则这位世称"万物之祖"的盘古并不是初始造物神。那么元初造物神是谁呢?那就是"巨灵":"巨灵与元气齐生。为九元真母"(疑即是能产天、地、鬼的"鬼母"),"有巨灵者,遍得元神之道,故与元气一时生混沌"则可以认定:巨灵就是化生万物的元气,是孕生混沌的九元真母。那么从造物的次序上说,盘古本身也是元初造物女神——巨灵的杰作。巨灵亦有直接创造的壮举,"有巨灵者,遍得坤元之道,能造山川,出江河。"

黎族的始祖母是一个叫"婆女"的天帝的女儿,在黎人创世史诗《五指山传》中,这位黎族的始祖母也有惊人的创造能力,"我婆有远见,造日挂天边"。天象中最引人瞩目的太阳是始祖母创造出来的,其功能性的想像甚至超过了汉族补天的女娲。与此相映成趣的是配给这位始祖母的"我公"(即天狗)则造的是月亮,显示出明显的女主男从式的原始思维法则。这与汉族后来的日属男、月属女的男性思维法则刚好相反。

在另一则民间故事《月亮为什么只在夜间出来》里,与汉民族早期将太阳视为女神一样,黎族人也把太阳当作自己的"婆祖"。这则故事说,太阳因为勤劳,大地便同她结婚,她是黎族人民的婆祖。所以她白天出现在天空给自己的子孙后代照明。[1]在此,这个黎族的女太阳神也有了黎族始祖母的含义。由于黎族支系众多,一直未能形成统一的社会组织形态,使得彼此之间缺乏密切的交流,在对同一类事情的解释上经常出现差异性明显的说法。这可能也与他们曾是不同图腾氏族的情况有关。

《甘工鸟》海南岛黎族民间传说叙事诗[2]

黎族有丰富多彩的口传文学遗产,关注大量流传至今的黎族歌谣,你会发现黎族人反复歌吟自己的母亲,而对父亲则提的很少。如

哭哥歌

我的哥啊,
我的老哥,
母亲就生咱兄弟俩。

---

[1] 广东民族学院中文系. 黎族民间故事选 [M]. 上海:上海文艺出版社, 1983: 239.
[2] 杜桐. 甘工鸟 [M]. 广州:广东人民出版社, 1960.

哥啊,
咱们只有两兄弟,
像连在一起的茅草夹,
像一颗稻穗上的谷子,
像相连的针与线。

母亲早就说,
咱俩的命运相连;
母亲早就嘱咐,
多一个兄弟多一份力。
到现在你却倒下了,
脚伸直直离我而去了。
你留下一大堆衣物,你怎么这样忍心走了?
你让我失去力量,
像无助的猪一样乱窜;
你让我没有了方向,
像游魂在野地里乱跑。①

这首《哭哥歌》是2009年在三亚地区采录的,依然保留了浓郁的借兄丧思母的情结,父亲如何却并未提及。

雷公是最受黎族崇拜的神灵,故有"天上雷公大,地上舅公大"之说。在后世人们的心目中,雷公已经具有确定的男性神的身份。然而在以往黎族的口传文学中,雷公却具有明确的女性身份。流传在白沙地区的民间故事《雷公蛋》,叙述了人们发现并抬回巨大的雷公蛋的经过。这个巨蛋在人们的精心看护下,生出了9个可爱的娃娃。这与古籍记载雷公摄一蛋在黎母山中,蛋生人而成为黎族始祖的传闻可以互证。

在西洋的一幅名画中,地母神露出半截身体,央求宙斯宽恕她的巨人族孩子。在许多神话传说以及艺术家的创作中,地母神该亚总是只露出上半截身体,而腰以下的部位都被艺术家们有意地埋藏在大地以下。

---

① 苏庆兴主编. 三亚黎族民歌[M]. 上海: 学林出版社, 2011: 146-147.

该亚属于创世自然神,在先民眼中,万物都是有灵性的。原始先民惊异于天地之间自然万象的或壮观、或变化莫测,或狰狞可怖的现象,他们还没有能力去设想它们的来龙去脉,只是直观地表现为对自然万象的崇拜,把自然万物看成和自己一样是有生命,有七情六欲的活物,设想出一批自然神怪,创造出自然的神话传奇。因此早期自然神话中的鬼神精灵都以非人的面目出现,是为自然神话的重要标识。

该亚是大地的象征,她的形象就是大地,因此她早期是不具备人的形状的,风是她的呼吸,山脉是她的骨骼,地震是她在发怒。中国的始祖母神女娲原初形象为"人首蛇身",西王母为"人首兽身",都是这种原始思维方式作用的结果。而大批早期女性神灵的存在,使我们有理由相信自然神话阶段必然呈现为女性主导的色彩。黎族也不例外。

四、女巫的诞生

母系文化意义上的"孤雌生殖"观念使上古女性有了"通神"的地位。由此形成母系氏族社会的第二根支柱,那就是巫术。

巫术是先民与神灵沟通的必要方式。大部分的学者都认可"巫术时代"是以万物有灵为存在基础的。在母系氏族先民看来,世间万物都是有灵魂的,包括草木、石头。巫术时代的神灵与后来宗教阶段的神灵大不一样,他们既没有以人为尺度的善恶之分,也没有等级制式的权力隶属关系。他们各自为政,以自我为中心,相互作用,相互影响。人的生存必然要侵害周围神灵的利益,例如人要吃肉,就损害了动物的利益,人要吃菜,就损害了植物的利益。因此,人要想过平安日子,必须研究周边神灵的情感需求,作出必要的姿态性补偿(有时也必须予以物质补偿才行)。这项特别而又复杂的工作,必须要由特别的人来承担。

那么,谁最适合担当这项与神灵打交道的事情呢?

从大的方面来说,女性显然比男性更适合承担这项责任。因为女性在生育中已经与神灵合作了,她们必定拥有与神灵沟通的特别天赋。在对许多通行巫术的原始部族的考察当中,学者们都发现,女巫的出现一般都要早于"男巫"。

"孤雌生殖崇拜"既然被视为是一种超自然的神秘创造力,那么与之相

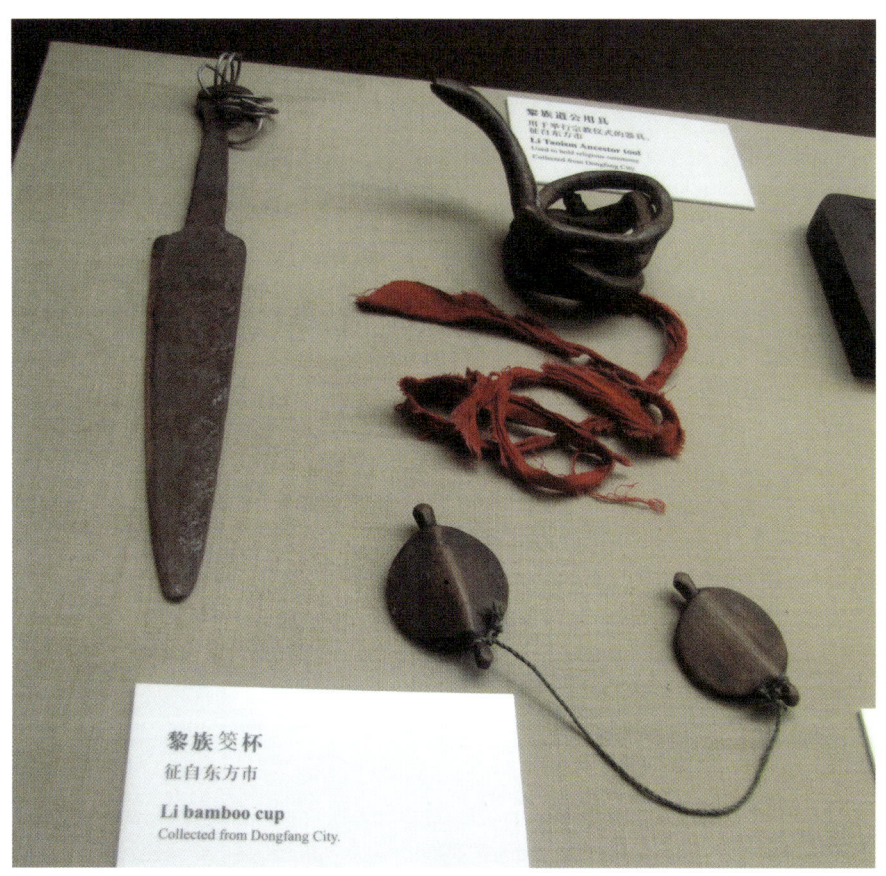

黎族的占卜用具　文丽敏摄于海南省博物馆

关的女神之美就又具有了高高在上的俯视世俗的威严感。对女裸雕像的变形处理，不仅遵循着生命孕育形态法则，也遵循着超自然的威严原则。这种威严原则意味着女性自身所具有的与神秘世界的相通性。由于生命哲学在原始人那里具有至高无上的精神地位，使居其中心的女性超自然的权威也向生命创造领域之外辐射。神灵既然有充分理由选择女性为生命创造的参与者和传递者，那么神灵自然也会把与世俗相关的其他重要信息透露给女性。这就是在许多原始民族中，女性充当了氏族与神灵世界中介人的观念依据。

"女巫"在许多民族早期文化中扮演了相当重要的角色，她的预言未来、代行神谕的权力，相信就来自女性生命创造者的神奇身份。氏族只能通过"女巫"才能与支配现实世界的神秘力量取得联系，并由此预知神灵给自己安排的命运以及他们自己应当采取什么对策；氏族亦只有通过女性才能转达他们对神灵的意愿，以求感化甚至控制神秘的力量为自己服务。在中国古代，"巫"即指女性，"女巫"是汉语逐渐双音词之后产生的同义叠加词。后来出现的男子顶替者称"觋"，后男女行巫术者合称"巫觋"。从字源上也可以推断出"巫觋"的先后关系，近代对"觋"改称为"男巫"亦可为证。周代专设"女巫"之职，沿袭了氏族"巫"的职能，地位近似于国师。春秋时，人们对"巫"的神通仍是很迷信，《左传·僖公二十一年》载："夏，大旱，公欲焚巫。"杜预注："女巫也，主祈祷雨者。"显然，僖公把天不下雨的原因看成是女巫不尽心祈祷，或有意作梗。在古代典籍中关于女魃、玄子、素女、西王母的传说记述，都有远古华夏族"巫"的影子，如《山海经·西次三经》载："西王母，其状如人、豹尾、虎齿而善啸，蓬发戴胜，是司天之厉及五残。"这种威严狰狞之像，与后来《西游记》等民间传说中无所事事的老太太形象大相径庭。

"巫"在先民的心目中十分神通广大，是氏族所有难题的解答者，她被认为是神灵附体，或者她本人就是神灵。"有灵山，巫咸、巫即、巫盼、巫彭、巫姑、巫真、巫礼、巫抵、巫谢、巫罗十巫，从此升降，百药爰在。"①巫咸国在女丑北，右手操青蛇，左手操赤蛇，在登葆山，群巫所从上下也。这些"巫"与上古雕像均不见可爱特征，恐怕不是偶然的。上古感性的女神之美并不是仙女之美。女神威严甚至可怕的外貌是参天地、通鬼神的需要。

中国远古左右手操蛇的女巫，与西方执蛇的女神有令人惊讶的相似之处。例如，古希腊神话中的复仇女神墨格拉，满头蛇发，背生双翅，手持蝮蛇扭成的鞭子；著名的三妖斯忒诺、欧律阿勒、美杜莎也都头饶青蛇、法力无边。她们很可能就是氏族社会时期巫的化身。"神起初本来是一个个别的巫师长，是一个氏族的人格化；后来却成了一个理想的巫师长的体现，野蛮社会或早期文明社会中的统治阶级的人格化。"②

女神崇拜早于男神崇拜也可以从巫由女向男转移中得到佐证。在古代欧洲与罗马帝国相对的"蛮族"中，虽然出现了男萨满，但一般其神力远不

---

① 《山海经·大荒西经》，王逸《楚辞》注"巫咸，古神巫也。"
② 罗伯逊.基督教的起源[M].宋桂煌,译.北京：生活·读书·新知三联书店，1958：9.

及女萨满，更有意思的是某些部族的男萨满要靠着女萨满衣饰来蒙混神灵，增大自己的法力。这显然与埃及女王着男装、画胡须同出一理。黎族的巫师——"娘母"本由女性担当，黎族进入父系氏族社会后，男性开始觊觎这个神通广大、受人尊敬的职业。而男"娘母"的出现也是顶着女性衣钵登场的。

男子也可以成为娘母，或称"男娘母"、"娘公"，黎语为"帕崩"，是男性（白）巫师的意思，其作用和女性娘母一样。一般认为，女娘母的法力要高于娘公。意味深长的是，在"查禁"及从事其它宗教活动时娘母无论男女都要穿女性的衣服，包括上衣、花裙、头布、女项圈和大耳环等。① "娘公"的出现，当然也是黎族社会开始由母系社会向男权社会过渡的现象之一。上世纪50年代，民族学者深入黎族村寨调查时发现，黎族传统巫术的主持人已经有被称为"鬼公"的男性存在，他们的分工与"娘母"不同，法力与涉及范围也逊于"娘母"。显示黎族传统巫术以女性为主导的突出特征。

> 娘母主持宗教仪式的范围比鬼公广泛，如抗公村王老范，不但在毛道各村"做鬼"，而且常往毛枝小村"做鬼"。毛枝大村的娘母王老群也到毛道"做鬼"。抗公村娘母王老靴还到乐东县替俘黎"做鬼"。就是说他们"做鬼"不但可以超出血缘范围，而且可越出本支系；只要有人请他"做鬼"，什么地方都可以去。而鬼公只能为同祖先的，也就是在自己血缘集团范围内主持"做鬼"仪式。②

这种现象在其他民族的巫术活动中也多有出现。俄国学者班札诺夫观察雅库特人时发现："男萨满跳神时，必须装扮成妇女，胸前必须挂上象征妇女乳房的东西，衣服上还要缝上一个妇女用的兜儿，并且要戴上像女人的假发。就连平日也一定要穿妇女的衣着。此外，东北亚的楚克奇、弗雅喀、勘察加等各地，各民族的男萨满也都必须戴上女人头发，穿女人衣服，学做针

---

① 广东省编辑组，《中国少数民族社会历史调查资料丛刊》修订编辑委员会.黎族社会历史调查[M]. 北京：民族出版社，2009：62.
② 广东省编辑组，《中国少数民族社会历史调查资料丛刊》修订编辑委员会.黎族社会历史调查[M]. 北京：民族出版社，2009：63.

殷墟甲骨卜辞　文丽敏摄于海南省博物馆

线活,连声音都要学成女人的发音等"。① 可见,黎族女巫男性化的模式并非偶然。

有史料表明,中国直到东汉以前,巫术一直是社会最重要的精神控制力量。氏族或国家的重大事项要求助于巫师主持的最高祭祀仪式。1976年,中国科学院考古研究所安阳工作队发现了殷墟妇好墓。这是一个令人震惊的考古发现。前文所述妇好墓的主人——妇好,身份极其尊贵。仅仅是她的随葬青铜器,其数量与精美程度都是已知商代墓葬中最突出的。由钟鼎文获知的

① 转引自潘世宪.再探群巫[J].周易研究,1991,1:18.

妇好身份更具轰动性：她曾是国家最高的军事统帅，曾率领数万辆战车出征；同时她还是主持国家祭祀的大巫师。然而，就是这样一位堪称伟大的女性，在中国所有已知的典籍里没有任何的事迹记载。这对以史记第一大国著称的中国应当是一个讽刺。

巫术在中国境遇的转折点在汉武帝时期，恰好是司马迁写《史记》的时代。儒家对巫术的敌视是尽人皆知的，汉武帝"罢黜百家，独尊儒术"后，巫术就被清除出庙堂。到了宋代，巫师在正统人士眼中，早已成了妖魔鬼怪的代称。《续资治通鉴长编》、《宋史》等正史典籍，直以"妖人"、"妖贼"、"妖民"、"奸巫"等骂语称之，可见仇恨之深。然而，巫术强大的生命力使其在民间依然根深叶茂，巫术的影响历经儒家、宫廷、革命与科学两千年来的不断打击，至今仍死而不僵，这也是人类精神史上少有的奇迹。

罗马人曾对不少"蛮族"虔诚崇拜女神感到困惑和好笑，对女祭司、女萨满在异族军队和氏族中的举足轻重的影响力感到震惊。据塔西坨记述，公元69至70年间，巴达威人（日耳曼人一支）掀起的反抗罗马人大起义，就是一位名叫魏勒妲的女祭司鼓动的，公元78年她为罗马人俘获。住在日耳曼尼亚中部的一些部落把她奉为神明。"他们从不轻视妇女，和她们商量事务，尊重她们的意见。在魏斯巴兴的时代，我们见到魏勒妲曾被许多人长期奉为神明。早些时候，他们还尊崇过奥累尼雅和其他许多妇女，但是，既没有谄媚奉承的态度，也不是为了任意捏造神祇。"① 显然，这些女祭司女萨满的法力丝毫不依赖她们的容貌，她们同父权文明的许多男神一样，可敬而不可爱。在西伯利亚一带，"雅库特人则认定，女萨满法力大于男萨满。在科雷马地区，男萨满行术不着特制法衣，而穿女装，这是往昔居于主导地位的女巫所行萨满术之又一遗迹。雅库特人，布里亚特人以及阿尔特－萨谚语诸族，对萨满的称谓各有不同；而对女萨满，上述三民族集团均称之为'乌达甘'。看来，后一称谓较为古远，以上所述，同样足以说明女巫所行之萨满术由来颇古。"② "巫"的职业自女性始不是偶然的。参透天地，迎送鬼神，在原始人心目中是十分神圣的职业，哪怕是稍有对女性歧视的社会，也

---

① 参见塔西坨.日耳曼尼亚志[M].马雍等，译.北京：商务印书馆，1959：59.
② 托卡列夫.世界各民族历史上的宗教[M].魏庆征译，北京：社科出版社，1985：183.

不会把这一职业拱手让给女性。

当宗教在父权文明中成型时，原始巫术就受到了宗教的猛烈抨击和残酷围剿，被称之为"邪术"，女性在佛教、基督教、伊斯兰教中，都不能成为高级神职人员。巫术的母系性质、宗教的父系性质，当是这两种意识形态激烈冲突的深层原因。在中国广大农村，女巫（农民称之为"巫婆"、"神婆"、"跳大神"）的影子至今不绝，如果说从战国西门豹开凿"引漳十二渠"时，就开始了扫荡女巫斗争，至今两千年有余，女巫的神力犹在边远农牧区作用。可以想象当时的女萨满对普通人的身心必有着不可抗拒的威慑力。一些部族甚至有意遮蔽女神的形体。日尔曼民族中的朗哥巴底人、柔底尼人、阿威约内斯人、盎格利夷人、瓦累尼人、欧多色斯人、斯瓦多内士人、努伊托内斯人，"他们共同崇奉大地之母纳尔士斯。他们相信她乘着神车巡回于各个部落之间，过问凡间之事。在大洋中一个岛上，有一丛神林，神林之中，有一辆供献给神的犊车，复盖着一件长袍，只有一个祭司可以接触这辆车。当女神下降到这隐蔽的地方时，只有这个祭司能够感觉出来，于是牛犊拉着车上的女神前进，而他则以兢兢业业的敬畏心情随待车后。女神光临到哪里，哪里就设宴庆贺，女神降临的时期是欢乐的时期。……据说这犊车的长袍和女神本身都要在一个神秘的湖中洗浴。送去服侍的奴隶们这时立刻就被湖水所吞没。"[1]伊斯替夷人，"他们崇拜诸神之母，这种迷信的标帜为一只野猪的形象。这个标帜被视为法力无边的护身符，女神的信徒们要是带上了它，即使在敌人包围之中也不会有危险。"[2]女神的威力，或是与神灵的契约，通过神符的中介，转移到信徒身上，这位"诸神之母"不仅是生命创造之神，还是战神。威严的女神精神的辐射，必然使那一时期的女子与娇弱的"女性美"无缘。不列颠女子鲍蒂赤雅曾领导反抗罗马人统治的民族起义，歼灭罗马军队7万多人，几乎将罗马人逐出不列颠。据说鲍蒂赤雅巨大的感召力就来自巫术。公元61年，鲍蒂赤雅兵败自杀。法国人崇拜的圣女贞德，也是一个类似的例子，虽然那时已是父权时代，但女巫遗风犹在。

---

[1] 塔西佗.日尔曼尼志[M].马雍等译，北京：商务印书馆，1959：78.
[2] 同上书，75-76.

母系文化说到底是一种生命文化，执掌生命之权，即意味着执掌了全部神权，母系社会的整个社会关系，都是由生命观念派生并制约的。应当指出的是塔西佗注意到的日尔曼各部族，已处于由母系氏族向父系氏族过渡阶段。尽管女神崇拜、女祭司、女萨满权威仍在，但大多数的族长、酋长位置已由男子取代。塔西佗只提到昔托内斯人还"受一个女人统治"。

女萨满、女祭司、女先知独具的预言未来的神奇能力，是古代女性与神灵有独特联络和默契的明显例证。这种功能是由于她们与神灵创造生命的神秘合作得到的，因而是男子无法取代的。在许多原始民族当中，族内所有重大抉择，没有女先知的参与是不可想象的。女先知是以神灵代表的特殊资格参与人间事务磋商的，因而她的意见就是神的旨意，常常是必须执行的。

公元前6世纪，犹太教的一次重大改革就是在女先知同意下开始的；冰岛著名古诗集《埃达》，记述了现实世界因神与人的共同罪恶而毁灭，一个女先知看见并预言，新的美好世界在海洋中诞生；著名的《西彼拉预言集》（又译《西维拉占语集》）就是由传说的女预言家们编撰而成。传说最后一位年迈的西彼拉，建议罗马国王高傲者——塔尔克维纽斯收购她的《西彼拉预言集》（共9卷），国王拒绝了，她便烧掉3卷，将其余6卷加价出售；再度被拒绝后，她又烧掉了3卷，这时国王听从占卜师的劝告买下了剩余的3卷。《西彼拉预言集》"先后经过奥古斯都和提庇留两位皇帝的修订和增补。预言集的保存和所载预言的解释，由西彼拉祭司团负责。这个祭司团在王政时期有祭司2人，后来增加到10人到15人。西彼拉祭司团祭司豁免一切国家义务。他们按照元老院的要求，在官员的陪同下负责打开《西彼拉预言集》，据以说明某种征兆意味着什么，祭神用什么祭品最为适宜，某种重大举措会产生什么结局。"[①]西方学者又有人重新提请世人注意：《西彼拉预言集》并非全是臆测。

女巫在父权文化观念压迫下向"女怪"、"女妖"转变，这在早期神话传说和民族史诗中有很多反映。在不列颠，反映公元6世纪盎格鲁——撒克逊人早期生活经历的史诗是《贝奥武甫》，其中与勇士周旋拼杀的是一个巨

---

① 鲍特文尼等编著.神话词典[M].黄鸿森等，译.北京：商务印书馆，1985：306-307.

大的女怪和她的儿子；古希腊悲剧诗人欧里庇德斯也在《美狄亚》中，刻画了一位精通巫术的敢做敢为的女子形象。美狄亚用巫术杀死科林斯王和他的女儿，复仇成功，并乘龙车出逃。美狄亚在事急时，不仅杀了自己的兄弟，还剁碎尸首以阻父王的追赶。在惩处负心的伊阿宋时，又杀了自己的两个儿子，以绝伊阿宋之后。这类嗜血的远古女子，在希腊神话一系列女妖身上被保留下来，如斯芬克斯、美杜莎、塞壬、斯忒诺、欧律阿勒等等，她们与阵容强大的女神群体遥相呼应。

女巫、女祭司、女先知确曾有过不容置疑的神圣权威。"基姆布尔人（古日尔曼部族之一）曾对意大利大事攻略，其专司预言的年迈女祭司，即亲手杀戮战俘，以祭神灵。她们并视牺牲者的血浆和内脏以断征战之胜负。"①然而，由于这些女性形象与后来的娇弱女性美产生了不可调和的冲突，"女巫"在父权文化内很快就由人人敬畏的权威变成了人人憎恶的毒婆。欧洲中世纪，曾掀起过大规模的烧死女巫运动，英语"女巫"一词，派生出"恶妇"、"丑婆"、"泼妇"等诸多可恶之意。"巫婆"成了吓唬儿童最方便的魔鬼形象。在儿童读物和故事中，她常常骑着扫帚，弄死可爱的孩子和动物，外貌总是丑得吓人。特别引人深思的是，一直到18世纪，欧洲的文明绅士们仍然相信女巫能与魔鬼性交，并构成烧死女巫罪无可赦的理由。这难道是对"孤雌生殖"最顽强记忆？

女子周期性出血，是区别于男子的最突出的生理现象之一。没有生命科学解释的古人，必定会用神秘主义方式看待这一女性独有的现象。世界各地都有不少处于氏族文化阶段的民族，十分忌讳女性的血，特别是经血，认为与其接触引发的危害恐怖无比。《金枝》对此有很多的描述。中国民间一直以此为禁忌。只是到了父权社会，这种禁忌被赋予了邪恶的色彩。

涂尔干认为，血是氏族成员与图腾之间为一整体的纽带，因而，流血引起的后果便十分严重。女性的血液之所以更甚，是因为："在原生氏族中，亲子传承完全是母系的。子女所接受的都是母亲的图腾。所以，通过妇女，而且惟有通过妇女，这血才能生生不息，而对这份血缘的共同占有便形成了

---

① 托卡列夫.世界各民族历史上的宗教[M].魏庆征，译.北京：社科出版社，1985：248.

黎族的巫术仪式　采自《黎族传统文化》

群体的统一性。在这一点上，男人的处境倒是很接近后来罗马法对女人所规定的情况：男人所在的氏族到了他那里就不能再传下去了；男人是'家族的终点'。因此，由于只有女人才能使图腾代代相传，所以与男人的血相比，女人的血与神圣基质的关系似乎也就更为密切；于是，女人的血也就很可能获得更高的宗教价值，而且这种价值自然又会传给女性本身，使之与男性完全分离。"①

---

① 涂尔干.乱伦禁忌及其起源[M].汲喆等，译.上海：上海人民出版社，2003：55.

女巫和巫术面对的神秘环境是个"神"、"鬼"不分的世界。这一法则仍顽强地保存在黎族的集体记忆中。

黎族过去由于不能理解突然降临在个人或氏族头上的灾难，而认定必有恶鬼或恶人作祟。这类恶人如果是女性，黎族称之为"禁母"，男性则称之为"禁公"。人们对"禁母"、"禁公"的害人行为深恶痛绝，黎族人利用巫术来排查"禁母"、"禁公"，一旦确定，"禁母"、"禁公"会受到严厉的惩罚，甚至会被杀死。在大部分传说和资料记录中，"禁母"的数量和活动危害程度都要大大超过"禁公"。

依母系氏族时代的思维法则，"禁母"的危害性必然超过"禁公"，如同欧洲中世纪的教会认定女巫危害无穷的逻辑一样。这一点在现代的田野考察中已经很难确认，因为对"禁母"、"禁公"的迫害已经不存在了，留下的只是模糊的记忆和零星的记载。清人张庆长在乾隆年间所撰《黎岐纪闻》，则保存了这方面的信息。其记录"禁母"的危害尤甚于"禁公"。"崖陵之间有禁婆，能隐伤人。其术窃取人发缚锈针上……垂入水际，能使鱼来吞入，吞之则其人痛不可当"，"有不祥之妇，撞即得足疾。"

据说，黎族的禁母一般在晚上独自行路或站在路中间，其双发披肩，遮着脸，低着头，露出的小部分脸色发白。谁在路上碰到，谁就倒霉，会生病，甚至死亡。还有说，"禁"晚上常在路旁树上，拦路。人们一般会看见火苗，两手，四脚，头发很长，无尾巴。扎在土里面，头朝下，像猪、狗般大小，身上像穿麻衣一样。

禁鬼的身上有类似于孙悟空汗毛一样的东西，每到晚上时，她会把这些东西放出去，倘若这东西落到某人身上或是某人屋顶，就说明禁鬼要害这些人生病或是死亡。禁鬼能把猫头鹰或其它动物变成自己的兵，这些兵为它通风报信。禁鬼附体妇女〔一般为中老年已婚妇女（30岁以上）〕，成为禁母。这与历史上各朝廷处理"蛊毒案"大都牵扯到女巫的心理依据相类似，也很容易让我们联想到《红楼梦》中对宝玉和凤姐下手的巫婆。

禁母都为女性，这表明最厉害的禁术会落在女人手中，这从另一个方面验证了女性非同寻常的能力和地位。据清张庆长《黎岐纪闻》记述：黎区"黎女有禁魇婆，能咒人致死。其术传女不传男，有禁魇婆，无禁魇公"。对此，一种合理的解释也许是这样的：禁术是一种神秘、复杂的巫术，禁鬼只有附体于女人——社会地位比较高，能力比较强的人，才能施展其威力，而男人社会地位较低，能力较弱，禁鬼附体于男人，难以达到禁人的效果（禁鬼不附体于小孩也是一样的道理）。①过去黎族人十分害怕"禁母"，已经到了闻之色变的程度，人们唯恐避之不及。当一些黎人觉得躲避仍然未能逃脱"禁母"的迫害时，他们便求助于"娘母"、"道公"等来查证谁是"禁母"。一旦查实，便有一系列的惩罚巫术指向嫌犯。如果这个被认定是"禁母"的人，再次"禁"人，激怒的人们会将她私刑处死。

这是采自五指山市福关村的一则关于"禁母"的故事，读了让人有毛骨耸然的感觉。

> 村里有禁母的话，她就会时常观察人们的活动。白天她看见有人到别村去喝酒，晚上就会在路边蹲着，等那人回村时就害他。她把头顶到地面上，把屁股撅得高高的，眼睛不断地发亮，放出彩虹一样的光芒。而那个去喝酒的人随身带着砍刀，看到禁鬼，就用刀把她砍成了很多块，到处乱扔。然后赶快跑回家，告诉妻子说如果有禁母来找就说他不在家，为了防止禁母从水缸里看又把水缸里的水全部倒掉，把饭碗倒扣，把睡觉时垫的席子和盖的被子也全都翻过来，就跑到外村了。
>
> 禁母被成碎块后，通过法力又会把不同的肉块用白藤串合起来，变成一个完整的人回家。她回到家里的时候刚好是大家起床的时间，她的儿媳看见她就奇怪地问："阿婆啊，你怎么会全身都是白藤叶子啊？"禁鬼就散成肉块死掉了。家里人就知道她是禁母了，埋她时既不用棺材装，也不痛哭，还和平时一样的吃饭。
>
> 杀她的那个人听说她已经死了，就想回村子，当他回到村口的时候刚好碰到别人在埋禁母，禁母看见他回来了又突然合成一个完整的人向他扑来，用手指指着这个人喊道"是你害死我的"，这个人也就死了。所以，黎族人普遍有这种说法，一个人把禁母杀死了，一定要等到埋葬以后才能回村，否则也会死掉。②

巫术存在的前提是万物有灵的自然崇拜关系，人自视为万物中普通一

---

① 参见韩立收.黎族习惯法研究[M].上海：上海大学出版社，2011年.
② 张跃、周大鸣主编.黎族——海南五指山市福关村调查[M].昆明：云南大学出版社，2004：536.

员，不比飞鸟低贱，也不比虫子高贵。世间万事万物都是有情感有灵性的。由于人的活动总是要与各式各样的自然物或自然现象打交道，所以，人必须用合适的态度和方法去对待它们。这就是早期人类自然崇拜的由来，也是巫术得以施展的广阔舞台。女巫是那个时代最早的通神专家，懂得如何用适当的态度和方法去调整人与其它神秘对象的关系，从而避免人因莽撞惹祸上身，并使人在这种复杂的交往关系中最大限度地获益。

对黎族巫术的考察也能发现女巫先于男巫的痕迹。在海南黎族地区长期活跃着两种"神职"人员：一类被称为"娘母"，一类叫做"道公"。人们往往将这两类人物相提并论，其实他们的来历大不相同。

"娘母"是黎族母系文化内部土生土长的，黎语为"拜泵"，"拜"的含义为女人、女性、母亲，"泵"的含义为使用白巫术的巫师。娘母是由于类似"降神附体"而变为娘母的。具体来讲，大多是那些因长期疾病缠身，多次做鬼又无法治愈的病人，最后由老"娘母"给看好并认定她命定为娘母，然后传授她各种巫术，成为娘母。不是任何人都可以当娘母，同时也不是自己可以决定不当的，而往往是命中注定，不得不成为娘母的。娘母类似亚欧大陆通古斯族群中的女萨满，是鬼的代理人，是人与鬼沟通的中介，具有超能力，在黎族社会中具有重要的地位。

娘母可以从事包括"查禁"和"除禁"在内的几乎一切巫术活动。娘母作为一种职业为女性所专有。"娘母"的法具有长衫、山鸡毛、头巾、弓箭等。作法事时，头缠绣有红、黄、白三色花纹黑头巾。全身不颤抖，不闭眼睛，没有经书，用黎语念咒，像唱歌一样动听，头上顶着一个瓷碗，用来代替驱鬼迎神的乐器，手持一根小棒，每跳跃一次，便敲打头上的瓷碗一下。

道公则是黎族在道教文化影响之下继生的人物。他们用汉语海南话施法术，用汉字和一些相关画符构成符咒。越是到近现代，道公在黎族的影响就越大，而娘母则呈明显的衰弱趋势。这与汉族文化的扩张影响和黎族母系制的衰落有直接的关系。

一般认为，在原始社会巫师靠秘传的知识，常可完全的或大部分的控制着团体的实际行动，因而成为团体中的要人。但在黎族地区，娘母似乎从来没有成为群体中的要人或精神领袖，也未与世俗首领如村头并驾齐驱，共同支配社会，充其量只是在与鬼的沟通中具有独一无二的地位。例如，黎族丧偶人再婚时，需请娘母作法驱走之前配偶的鬼魂，才能保障新夫妻生活的平安。①娘母在黎族地区很受人尊敬的，甚至人们会请他们给孩子起名以及改名。

不可小看女性对巫术的控制权力。在母系氏族阶段，巫术是社会精神的统治力量。其作用与影响还要超过我们熟悉的政教合一时代的教会。巫术承担着沟通各路神灵，凝聚氏族力量，指导生产生活，防御外来侵害，预防治疗疾病，强化氏族纪律，鼓舞战斗士气等多方面的功能。许多学者认为像医药、文学、历史、音乐、美术、教育、雕塑、舞蹈、服饰等都直接或间接起源于巫术。

有理由相信，传统的黎族历法由女巫发明掌握，并主要在女性中流传。对巫术的研究表明，巫术需要对时间、空间和日月星辰的轨迹精确定位，以判明神的方位和状态。过去，黎族人在每年年初，便用麻绳打结成12块，代表12个月。或用一块竹片刻成大小不同的锯齿模样，大月刻高些，小月刻矮些，这种计月方法简便，黎族曾普遍采用过。日历也以12天为一周，用动物名称来命名，依次为：鸡、狗、猪、鼠、牛、虫、兔、龙、蛇、马、羊、猴。这种日历法（12属相）与汉族的"十二地支"近似。

每一天划分为10段时刻，以农事活动、作息规律和太阳方位变化来区分，如中午、下午和黄昏以太阳的方位变化为准，上午和初夜以人们习惯作息时间为准，五更和破晓以鸡叫、虫鸣来划分。其次序是：黎明、上午、中午、下午、黄昏、入夜、初夜、子夜、五更、破晓。"至1990年，黎族社会中只有老人还能清楚记住'十二生肖'历法，并且多数掌握在年迈的黎族妇女手中。"②

过去的黎族人相信，绝大多数的疾病都与鬼作祟有关。"凡是能作祟的精灵都称为鬼，而且鬼名很多，如'回音鬼'（能使人腰痛、骨痛，患疟疾病等）；'龙公马鬼'（能使人跛脚、手痛）；'猴子鬼'（能使人成哑巴）；'蒙鬼'（能使人肚子痛、身痛，患痢疾病）；'人死鬼'（能使人身子痛）；'瘟疫鬼'（能使人出天花），以及能使人产生一切严重疾病的

---

① 张跃、周大鸣主编.黎族——海南五指山市福关村调查[M].昆明：云南大学出版社，2004：201.
② 海南省地方志办公室.海南省志·民族志[M].海口：南海出版公司，2006：399.

祖先鬼和冤鬼等等。"①对付这些鬼灵必须施行镇压与驱除巫术。

女巫在长期的巫术活动中，逐渐掌握了一些药草配方，也许还有一些类似针灸和推拿的体外治疗方法，结合巫术过程，针对不同的鬼和疾病来使用。药草的疗效深化了巫术的效力，同时巫术的运用也在精神心理上作用于病人及其家属。对某些疾病也可以有缓解和控制作用。这便是人类医药学的发端。无论今天的医疗技术已经发达到何种程度，它的前身却是巫术。这不仅见于黎族，其他民族医疗进程亦然。直至今天，还有许多黎族同胞对巫术的效力深信不疑。

在与黎族有族源关系的许多原百越族支系民族中，就有许多巫术治病的传统方法。纳西族中流传的达巴巫术和东巴教巫术中，就有专门对付各种疫鬼的口传经文供巫作法使用。如达巴口诵经中有：

《直茨夸》，主祭凶死鬼经；

《呷布咪娜》，主祭不育鬼经；

《娜提》，主祭肺病、月经不调病、中风瘫痪病之鬼经；

《古布汝木》，主祭哑男哑女鬼经；

《基可布》，主祭肚子、牙、皮肤等病鬼经；

《娜提滨咕慢》，主祭头晕目眩鬼经；

《娜提给妮慢》，主祭妇女难产鬼经；

《娜提司慢》，主祭男女生殖器发痒鬼经；

《娜木吐》，主祭畸形儿鬼经；②

其实，在人类的氏族社会时期，巫医不分是普遍现象。《广雅》就说："医，巫也。"

商代巫医不分，另具时代特色。由于当时已出现了上帝神权观念，人们原先视疾病皆为鬼魂作祟，至此，有时也视为上帝对下界的降警，故一度充当沟通人鬼间交往中介的巫者，有可能上升为能"绝天地通"而协于上下，进行上帝与人间意识交流的特殊人物，甲骨文有"延医帝

---

① 苏英博等.中国黎族大辞典[M].广州：中山大学出版社，1994：267.
② 参见杨学政.达巴教和东巴教比较研究·宗教论稿[M].昆明：云南人民出版社，1986.

呼，是其证。"[1]

这足以说明，中原汉族早期对巫医的看法与黎族没有什么差别。

如果不慎触犯了禁忌，唯一的补救措施就是行禳解巫术。在黎族人看来，绝大多数的疾病都是病人触犯了某种禁忌的结果，是受害或是被激怒的神灵对人的报复。行巫术治病是以往黎族人的当然选择。

若娘母说病者的灵魂被鬼勾去，则进行招魂。招魂时，娘母左手持剑，右手执箭，一面敲打弓箭，一面口念咒语。然后，突然把一个铜钱丢进盛有清酒的碗内。这一铜钱就代表被招回来的灵魂。把铜钱用红线系于病者脖子上，病者即愈。

黎族巫师在行巫术治病时，也经常利用源远流长的中草药。只不过，黎人并不把疾病的好转归功于草药。而对于某些涉及心理暗示的疾病，巫术本身即是有效的精神治疗方法。

文学艺术的起源与巫有重大关系，这是世界上很多专家都论证过的话题。巫在迎神送神的过程中，要用非日常化的语言与神进行多方面的沟通。

---

[1] 宋镇豪.夏商社会生活史[M].北京：中国社会科学出版社，1994：427.

黎族宗教舞蹈　焦勇勤摄于东方市

韵文和歌曲形式即成为首选。巫用诗意的语言，向神灵讲述氏族的要求；用动情的诉说打动神灵；用祖先和部族的历史故事激发神灵和听众的认同。相信诗歌（包括早期的民族史诗）就是在这种背景下诞生的。我们看到，越是古老的人类诗歌作品，与神灵的关联就越紧密，亦是其脱胎于巫的证据之一。黎族流传下来的许多歌谣，如《祖先歌》、《仪式歌》、《神曲》等等，大概就是娘母（女巫）们集体创作并流传下来的作品。这些歌谣的旋律、语言构成了黎族说唱艺术的基本风格，对后来的黎族艺术有重大影响。

直至今天，黎族（包括原百越族系的其他民族）女性是民族说唱艺术的主要传播者，也可以从另一个方面说明这个问题。

舞蹈与巫的关系就更加紧密了，这在许多传世古籍上都有明确的记载。周代专设"女巫"之职，沿袭了氏族"巫"的职能，地位近似于国师。"女巫掌岁时袚除衅浴，旱暵则舞，若王后吊，则与祝前，凡邦之大灾，歌哭而请。"[①]古文字学者认为"舞"字的字形，即是女巫跳舞的形态具形而来。

黎族有丰富多彩的舞蹈类型，其中许多古老的舞蹈都与巫祭有关。如敬祖舞、锣鼓舞、招魂舞和年舞等，具体如《跳娘舞》、《跳鬼舞》、《老古舞》、《平安舞》都与巫或巫术活动有密不可分的关系。操不同方言的不同地域的黎族，宗教舞的内容和形式略有差别。在白沙地区赶鬼舞、求雨舞、火星舞比较盛行，而昌江地区盛行道公拜鬼舞、道公吊石求神舞，保亭地区比较常见是跳娘舞和送鬼舞，而陵水及三亚地区常见的是七星舞、五方舞，乐东地区常见的是拜神舞、三星舞（招魂舞）等。如前述《跳鬼舞》，又叫"捉鬼舞"，一般是家里有人生病时，请"娘母"（后来是"道公"）来做法。娘母在念咒语查鬼时，即伴随驱鬼，捉鬼等舞蹈动作。通常是娘母左手持一把铁箭，右手拿一把尖刀或红藤叶，在紧锣密鼓声中起舞驱鬼。《跳娘舞》则已经在巫术舞蹈的基础上改编升华为黎族非常喜爱的集体舞蹈。《跳娘舞》本来与《跳鬼舞》的巫术功能相近，通常是孩子生病时，请娘母到场，经一定的巫术过程后，娘母与孩子的生母一起跳舞，也具有驱鬼，保佑孩子平安无事的功能。后经长期流传磨合，成为黎族民间舞蹈的重要形式之一。多由2~6名女性，排成纵向队形。一般有两种基本的舞蹈动作：一种是每人手捧一束花草，边唱边舞；一种是每人的头上顶一只酒碗，右手拿一根筷子，随歌起舞，按舞步的节奏快慢，敲击头上的酒碗。把"唱，跳，敲"三者融为一体，表现出相当的歌舞编排技巧，具有很高的艺术观赏性。这是黎族舞蹈由巫术升华到艺术的典型例证。

民族服饰由女巫开创与传播的可能性很大。女巫有率先装饰自己身体和服装的需要。这使她可以很醒目地与氏族普通人区别开来，从而更好地充当

---

① 《周礼·春官·女巫》

人间和神灵中介的重任。凡是被人们记录拍摄下来的女巫,都有奇异的服装和头饰。这应当是人类最早诞生的超越日常生活需要的有特殊目的的专业服饰。这种服饰引领氏族服饰的可能性极大。当普通人试图接近这种具有神圣意义的服装时,巫当然有更多的办法改进自己的服饰,继续拉开与普通服装的距离。从而使巫的服饰更加丰富多彩,氏族的服饰风格也因此成型。黎族的"娘母"就有包括上衣、花裙、头布、项圈和大耳环等在内的花样繁多的装饰。

也许世界各民族源远流长、多姿多彩的民族服装,从其源头上说,都有巫的重大贡献在里面。

黎族妇女文身所有工具及颜料　焦勇勤摄于昌江黎族自治县

黎族女性文身的传统,或许同样与女巫有关。许多考察记录表明,女巫行巫术时要涂面,或者戴面具,以使自己更有可能快速地脱离世俗存在,进入神灵附身状态。女巫经常要与本氏族的图腾神打交道,那么她的装束模仿图腾神也是可能的选项。如此,可以解释为什么黎族只有女性文身,而男子则不文身。

模拟文身　焦勇勤摄于昌江黎族自治县

黎族妇女文身工具
焦勇勤摄于昌江黎族自治县

　　中国少数民族几乎都有文身的记载或传说，在马家窑文化遗址和殷商墓葬中也发现了文身像。这其中必有先民赋予的深刻涵义。

　　现存的文身民族，或已知文身的民族，有女性文身，也有男性文身，还有男女双方都文身的。如果是男女两性都文身，也必然有图案和文身部位的区别。那么从发生学的角度看，文身究竟先从女性始？还是先从男性始？或者是两性同时开始？

　　台湾高山族泰雅人的传说指出"太初只有女人文面"，联系到黎族是女性文身文面，而黎族女性文身蕴含着悠久的女性生殖崇拜观念，则可判定：女性文身的传统更为古老。这与女巫传统一定有某些联系。

　　《汉书·地理志》："粤地（越）……其君禹后，帝少康之庶子云。封

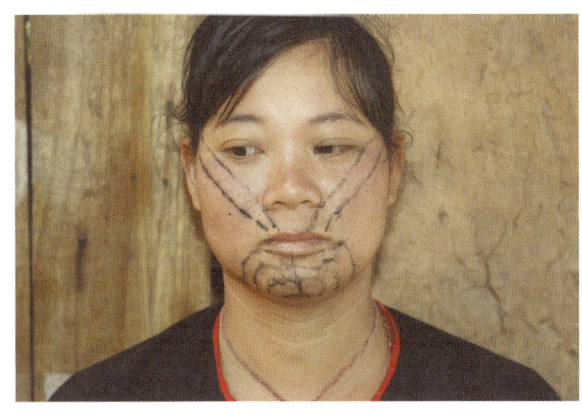

昌江地区黎族妇女文面的图案
焦勇勤摄于昌江黎族自治县

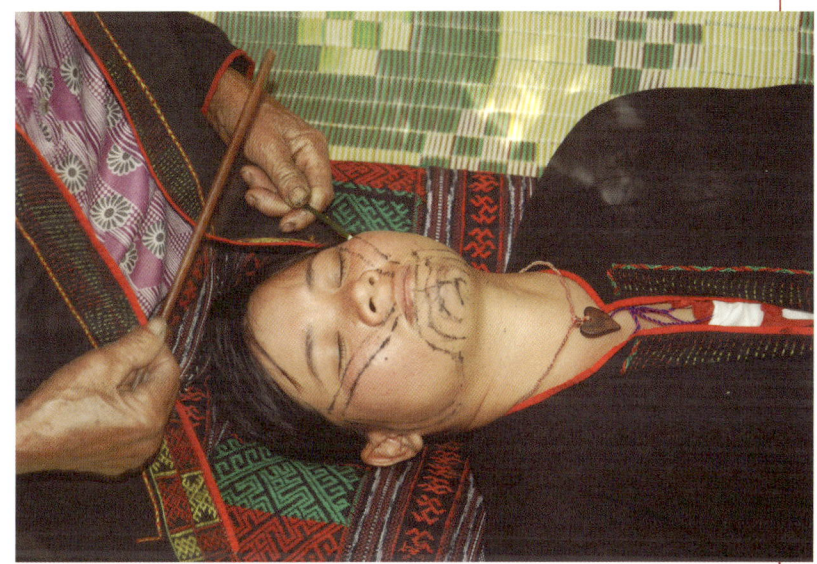

模拟的黎族妇女文身过程　焦勇勤摄于昌江黎族自治县

于会稽，文身断发，以避蛟龙之害。"近代学者根据巫术原理重新解释"避蛟龙之害"，是利用文身施巫术于蛟龙，使其迷惑以为这是自己的同类达到保护自己的目的。我国较早研究巫术的学者黄石也说："野蛮人都有文身风俗，我们可以感应法术说来说明。他们身上所刺的形象多数是血族的图腾，或个人的图腾，即个人的守护神，或他们信以为有保护力的东西。所以把这些东西刺在身上的缘故，无非想以此来抵御各种危险的护符罢了。可惜有些旅行家不明白他们的意思，却误以为是装饰。"[1]

---

[1] 托卡列夫.世界各民族历史上的宗教[M].魏庆征，译.北京：社科出版社，1985：248.

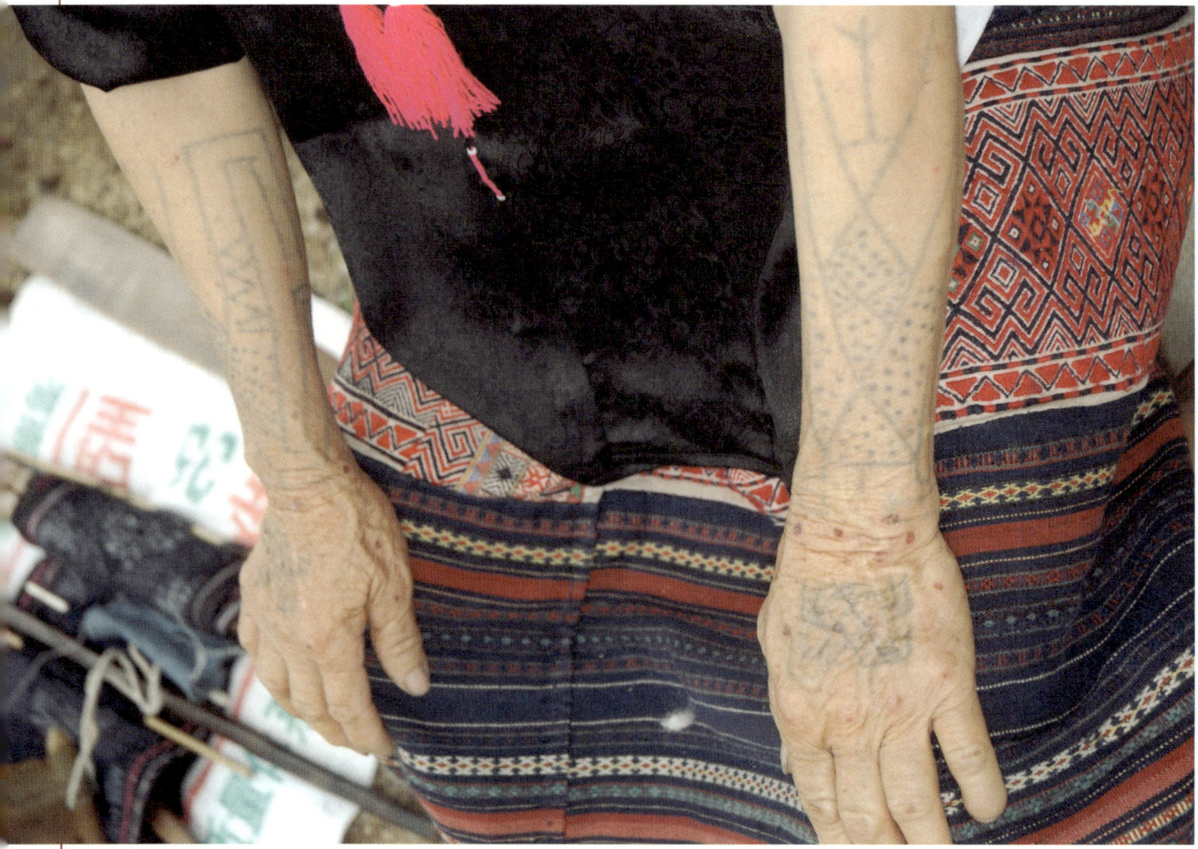

手纹

当女巫的权威被后起的父权文化观念颠覆以后,以此为依托的女性文身也就自然衰落了。以致现在还有文身的黎族人,也说不清楚文身的原初意义。

综上所述,巫术即便不是文学艺术的唯一源头,也是她的主要源头。这个人类文化重要的组成部分即诞生在母系社会阶段,这也意味着原始氏族社会的文学艺术主要是女性创造与传播的。

此外,女巫使用的道具也不可小觑,它们很可能就是民族手工艺品的源头。

巫的另一个对人类文化的重大贡献,则表现在文字符号方面。巫在迎神送神的过程中,要使用许多道具,其中就有以各种符号为主的"符咒"。这些多种多样的符号,在巫术那里有明确的含义。可以说是一种特殊的具有保

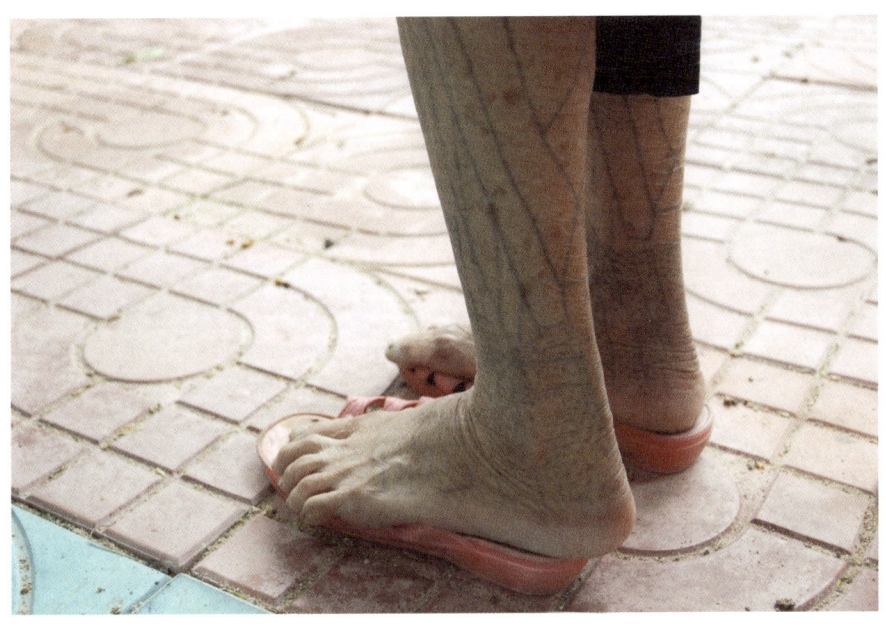

黎族妇女的脚纹

密功能的专业文字符号，即只有女巫自己的人才能看得懂。这可能是一个民族文字开创的发端。有理由相信，各民族最早的文字符号出现，并不是为氏族大众服务的，而是女巫和女祭祀的专用符号系统。《南越笔记》（卷七）载："黎妇皆执漆扁担，上写黎歌数行，字如虫书，不可识。"这条看似荒诞不经的记录，也许是黎族妇女某种巫术活动的传闻，而我们知道，黎族并没有本民族的通用文字。

中国最早的文字形态——甲骨文，已经发现和破译的甲骨文90%都与巫祭活动有关。直至父权社会时期，社会组织日益扩大，管理事务大量增加，与外界的交往日益频繁，以这些符号为基础，才转而成为世俗使用的通用性文字。

五、男女欢聚的方式:"从女居";
　个体的居住方式"从母居"

母系氏族社会的第三根支柱是母系制亲缘关系。

女性生殖崇拜的存在,决定了母系氏族时代的家庭关系必然是以女性为主体,家庭的世系也只有依母系血缘来计算。两性关系的相对自由,造成了孩子"知母不知父"的母系认同关系。我们对母系大家庭的了解,不仅来自个别已知母系氏族的田野考察,还得到了考古发掘方面的有力支撑。

新石器中期以前的人类文化遗存绝大多数都属于母系社会,这已经是中国考古界公认的结论。[①]从考古的角度来看,对母系社会的最有力支撑,一是墓葬,二是居住遗址。前者的最显著标志是母系氏族的公共墓地,一般是同性多人葬、母子葬或单人葬。而成年男女对偶葬则是父系社会的典型特征,它标志着父系核心家庭模式的出现。在新石器中期以前的人类文化遗存中,绝大多数都存在规模不等的母系氏族的公共墓地,如半坡遗址、元君庙遗址、姜寨遗址、兴隆洼遗址、薛家岗遗址、大地湾遗址、裴李岗遗址、大溪遗址、马家浜遗址、崧泽遗址、咸头岭遗址、庙底沟遗址、陶寺遗址、马家窑遗址以及红山文化的各类遗址等等。

1981年,考古学家在山东发现了大伊山古墓葬群。从遗址出土的原始人类骨架标本来看,她们是清一色的女性,世界上同时期只有西亚的伊拉克有类似的女性墓葬群,所以,大伊山遗址可称为中国乃至世界上最早的女性墓地之一。这一特点显然是由母系氏族公社的性质所决定的。一共发现了64具石棺,从这些石棺中,共出土了陶器、骨器、石器、玉器等文物170多件,这对于生产力水平极端低下的母系氏族时代来说,数量可观,弥足珍贵。

这些石器和骨器磨制光滑,做工考究,为遗址的时代定性提供了较为准确的依据。出土的陶器制作精美,器形各异,反映了较高的制作技术和烧制水平。1991年南京博物院的专家们在《文物》杂志第7期发表文章称大伊山石棺墓遗址的社会形态为母系氏族社会,其相对时代为新石器时代早期,绝对年代距今约6500年,所以它是迄今为止国内发现的时代最早的石棺墓遗址,

---

① 参见中国社会科学院考古所.中国考古学·新石器时代卷[M].北京:中国社会科学出版社,2010.

对我国母系文化的考古认定又增添了重要的砝码。她与西部的半坡遗址、北部的红山牛河梁遗址遥相呼应，构成了我国母系文化多点起源网状分布的特点。足以说明母系文化的存在绝非偶然。

半坡时代是一个女人地位明显高于男人的时代。女人掌管着氏族的各种生产和生活事务。半坡成人死后埋入公共墓地，常随葬陶器及骨珠等装饰品。遗址内有两座同性合葬墓，分别埋着两个男子和四个女子，这是典型的母系氏族社会的葬俗，不同于后来父权社会的通行的夫妻合葬墓。同时也可以认定，埋葬的男子，并不是这些女子的配偶，只能是她们同族的兄弟。在后来山东的大汶口文化遗址中，发现各墓之间随葬品的多寡已经非常悬殊。在后期墓葬中，出现了夫妻合葬和夫妻带小孩的合葬，标志着同为黄河流域文明的大汶口人已经进入父系家庭阶段，从而表明父权制社会开始建立。

未成年人的丧葬习惯十分特别。半坡儿童大多不葬于公共墓地内，而是置于瓮棺内，考古学称之为瓮棺葬，从而形成了半坡文化的一大特色。由于当时自然条件很差，半坡人的生活十分艰苦，加之疾病和野兽危害，儿童死亡率极高。儿童夭折后，先在房屋附近地上挖个坑，放个大陶瓮或罐，把孩子尸体放在里面，上面盖个陶钵或陶盆，并在当中凿个洞，可能是供死者灵魂出入的通道。较大的孩子则用两个陶瓮对起来埋。孩子葬在房屋附近，充分表达了母亲对子女的眷恋之情。半坡出土的儿童瓮棺共有73个之多。在新石器中期以前的人类文化遗存中，绝大多数都发现了比例很高的儿童墓葬，多数采用瓮棺葬，应当指出的是，瓮棺具有强烈的母腹和子宫的象征意义，此举应视为母系生殖崇拜的另一种表现形式。此外，有些儿童瓮棺中还有陪葬品。显然这是母系文化时代对儿童的一种厚葬形式。对未成年人如此重视，这在后来的父权社会中很难见到，倒是溺婴、弃婴的事情不绝史书。这一方面说明，母亲当家的时代对子女的爱恋与惋惜；另一方面，也表明远古时代，氏族生存艰难，而渴望更多的孩子降生，乞求家族兴旺。

特别值得注意的是：女孩坑墓中随葬品精致程度和数量，都远远超过男孩，表明了半坡人对女孩不同寻常的爱重。这也是半坡为母系氏族遗址的重要和直接的证据。

一座面积约160平方米的大房子是整个半坡部落的中心，前面是一片很大的中心广场。这座大房子是氏族部落的公共建筑，坐北朝南。屋内有4根立柱，后边两柱之南北轴线及东西轴线均有隔墙，将后部分成3间。前半间面积最大，置大型火塘，可能是氏族集会议事的场所，也是氏族首领等老年妇女的住处。大房子周围环绕设计的小房子，空间狭窄，但是有火塘，可供取暖、烧水之用。大房子与所处的广场，是整个居住区的核心。大房子四周遍布着一系列小房间，所有房间的门都朝着大房子而开，分区、布局很有章法，其建筑形式也体现着原始人由穴居生活走向地面生活的发展过程。小房子里住的是成年妇女以及夜里来访的其他氏族男子。这种居住方式与永宁纳西族的母系大家庭的居住格局非常相似。①

陕西临潼姜寨遗址属仰韶文化时期，保存相对完整，也是比较典型的母系氏族的村落遗址。居住区位于村落中央，四周有壕沟保护。居住区内发现完整和比较完整的房子120座。房屋布局的突出特点类似半坡遗址，都是围成环状。四周房屋都朝向中央广场，广场面积约有4000多平方米。圆状布局的建筑群由大、中、小三种类型的房子，合并组成5个单元建筑群。每个单元均由小房子围绕着大房子构成。其中小型房屋数量最多，多为半地穴式。室内面积一般只有15平方米左右，小的仅8~9平方米。可容两个大人，或者两个大人加一个儿童住宿。门内正中有一个灶坑。参考纳西族母系大家庭的

---

① 参见宋兆麟.走婚的人们[M].北京：团结出版社，2002.

格局，可知这些小房子应当是为成年女性准备的接待外族男子来访的"客房"。因为就其面积和所具备的功能来说，完全不能满足一个家庭独立生产生活的需要，必须要与大家庭的其他设施共同使用。这正是母系大家庭的显著特点。

例如：第46号房子，半地穴式，正方形，面积近10平方米。南向，有斜坡门道，并有门槛和门棚设施。门道很窄，仅能容一人出入。门内有浅穴灶坑。室内东部及西南角的居住面上放置着生活用具。除去这些生活用具所占的面积，室内剩下的便只有约3、4平方米，最多只能居住三四个人。遗址内其它未遭毁坏的小型房子的布局与功能大多与此相仿。它们都是住人的居室。

半坡氏族村落的形态与姜寨氏族村落极其相似，也与云南摩梭人的母系大家庭的居住形式非常相像。与此相类似的居住遗址还有兴隆洼文化类型中的南台子遗址和大地湾遗址的五营河部分。在南台子的母系氏族居住区，33间小房子（约20平米）的中间后排位置有一座80多平米的大房子，这间大房子显然是氏族的公共活动场所。五营河"发现的房址有100多座，门都朝着中心广场。居住区外围有壕沟环绕，西部为墓葬区。村落布局以北边山坡的901号大房子为中心，向南呈扇形展开。整个村落分成若干小区，每个小区中都有大房址和小房址。"①这些考古发现，使我们对远古母系氏族社会的认识更为深刻。

陕西元君庙遗址，有一处保存较完整的仰韶文化时期的墓地，为探索母系氏族社会制度提供了系统的考古佐证。元君庙遗址共发现墓葬57座，其中有28座是合葬墓。已经确定有18座是长辈连带晚辈的合葬墓。由此可见，不同辈份成员合葬墓是元君庙部落的通行葬制。元君庙墓地的同性成年人和小孩的合葬墓，清楚反映家族的世系是按母系方式计算的。

420号墓是母亲和她的两个女孩的合葬墓。两女孩还分别随葬一些骨制工艺品和蚌壳饰物。母亲葬在两女儿之后，入葬时特地将女儿骨骸迁出，使母女3人合葬，形成二次葬。这座合葬墓释放出的信息显示，子女随母。生

---

① 中国社会科学院考古所.中国考古学·新石器时代卷[M].北京：中国社会科学出版社，2010：161，231.

前如此，死后亦如此。这并不是孤立的个案。457号墓，合葬有3人。一位约30岁左右的女性为一次葬，一位15～17岁女性和另一位30岁左右女性为二次葬。一次葬的成年女性随葬品有7件。二次葬的成年女性随葬品有4件，还有骨笄、骨珠、骨针和蚌刀各1件。年轻女子的随葬品最少，只有1件。这应当

参见互动百科

是两个女性长辈和同性晚辈的合葬墓。

元君庙遗址墓穴规模与结构的差异，随葬品精致程度与数量的多寡，也反映出女性社会地位高于一般男子。女性拥有的随葬品普遍多于男性。女性单人墓及母子合葬墓共10座，随葬3件陶器的墓仅一座；随葬6件或更多的墓葬有9个。男性单人墓、合葬墓10座，随葬6件陶器以上的墓只有4座；随葬6件以下陶器的墓6座。在女性单人墓及母子合葬墓中，有两座墓的随葬品在12件以上，墓420更多，有21件。而男性单人葬、合葬墓中的随葬品没有超过

12件的，还有两座墓的随葬品不足3件。显然，这是当时女性社会地位高于男性在葬制方面的反映。

某些未成年女性获得成人葬待遇，也说明女性的不寻常的社会地位。佩饰骨制工艺品是元君庙成年女性的权力。但是在编号墓405，一个约10岁左右的女孩，随葬有精致的骨笄、骨珠及蚌刀；墓429内，另一个10岁左右的女孩随葬骨珠，并享受红烧土墓底的成人待遇；有类似随葬品的还有墓420的两个女孩，她们也都在10岁左右。半坡遗址的一个未成年女性墓葬更突出，墓152的女孩随葬品，计陶器6件（包括3件钵），2个罐和1件小口尖底瓶。同时发现有石珠69颗，石球3个和1件玉石耳坠。不仅如此，墓内还发现了木制葬具。陕西北首岭仰韶文化墓地也有为女孩随葬骨珠的实例。但是在元君庙、半坡和北首岭三处文化遗址内，均未见男孩按成年人安葬。可见，女孩得到成人礼遇并非随意为之，而是一种制度安排。

黎族的丧葬方式，与上述母系氏族考古发现的丧葬形式有明显的相通之处。黎族以峒为单位，都有自己的公共墓地。女性和男性死者分别埋葬在专门的性别墓葬区内。这与黎族女性终生都属于娘家人的观念是一致的，也是所有母系氏族的通行法则。黎族母系社会的存在，再一次得到了考古证据的支持。

摩梭人的母系亲族都有一个庞大的院落，由一栋或四栋房屋组成，类似四合院。正房为一层建筑，规模最大，分正室、上室、下室和后室。东西厢房和门房为二层，上层住人，下层用来贮柴草、养牲畜。

老年女性和小孩住正房。这里也是氏族集会、议事、共餐的地方。老年男性住在上室里。每个适龄的女性都有一个单独房间，称为客房，一般在东厢房和门房上层。这让人联想到黎族的"隆闺房"。一些对母系社会无知的人常常发问：都是女人当家，那男孩子怎么成长？男性对孩子的影响教育则主要通过舅舅来完成。因此，舅权是母系社会的重要现象。舅舅是代表母系大家庭来对外甥行使教育培训督察等重要的权力。

女性生殖崇拜的存在，决定了母系氏族时代的家庭关系必然是以女性为主体，家庭的世系也只有依母系血缘来计算。两性关系的相对自由，造成了孩子"知母不知父"的母系认同关系。男性对孩子的影响教育则主要通过舅舅来完成。

黎族竹竿舞　张军军摄于琼中黎族苗族自治县

2003年的黎族村寨调查，依然得出了黎族曾经有过"从舅居"制的结论，在五指山市福关村，未落夫家之前生的孩子，通常会跟舅舅生活在一起。①

舅权说到底是建立在母系制基础之上的，舅舅是母系家族对外事务和男

---

① 张跃，周大鸣主编.黎族——海南五指山市福关村调查[M].昆明：云南大学出版社，2004：198.

孩教育的主要责任人。他的核心职责就是维护母系家族的荣誉和安全，他代言的是他姐妹的权益。

舅权在母系氏族时代的广泛存在，说明母系氏族社会并不是一个以往人们认为的"女权社会"（这也是本书弃用"母权社会"或"女权社会"概念的原因）。女子当家作主，不意味着男子受压迫。那时的男子享有与女性基本一样的自由和权利。人对人的压迫和剥削现象则是在私有制产生之后才出现的。按照美国女学者艾斯勒在《神圣的欢爱》中所言那是一种"伙伴关系"①。为此艾斯勒甚至固执地拒绝使用现成的"母系社会"、"母系文化"这样的概念，更不要说"母权社会"或"女权社会"了，深怕由此掉入非"男权"即"女权"的线性思维陷阱。

其实任何对现存母系氏族社会考察都没有发现歧视男性的现象。更疼爱女孩是有的，但从未因此出现遗弃或杀害男婴的行为。男子在狩猎、警卫，以及性爱关系中无可替代的作用都使男性有尊严地生活着。这一点已经为越来越多的学者所承认，艾斯勒的担心完全是多余的。

海南侾黎地区过去曾有这样一种结"干亲"方式。凡是没有田产，生活困难的人家，可以去投靠田产多的富裕人家拜认为"父母"。值得注意的是，这个程序的过程和主导都是以女性为主体展开完成的。首先，由贫困户的妻子带些礼物，到富裕人家去拜认"父母"，请求帮助。经对方同意后，再与丈夫同去，拜富裕人家夫妻为"岳父母"。双方就成为亲戚了。"父母"会给"女儿"、"女婿"一头牛和一些田地，不用交租。以后双方来往彼此殷勤招待。一方有事，另一方要帮忙。这种关系主要以"女儿"为纽带，一旦"女儿"死了，"父母"便将田地收回。牛则作为"女儿"的丧葬费用。显然，母系制的风俗在此起了重要作用。

黎族没有本民族的文字书写记录，这是一个非常大的遗憾。因为，口述史与口述文学，均难以精确地进行相应的历史阶段定位。我们对黎族母系文化探究必须另辟蹊径。

摩梭人与黎族一样崇拜青蛙。在纳西族的东巴文化里，蛙不仅被当作五

---

① 参见艾斯勒.神圣的欢爱[M]. 北京：社会科学文献出版社，2004.

美国探险家洛克1929年拍摄的永宁喇嘛寺　图片来自华夏地理

行化身,亦是一种繁荣的象征。例如,云南丽江纳西族崇拜的图腾除虎、狮以外,还有以蛙为图腾,他们身上披的羊皮要剪裁成蛙的形状。

摩梭人女性善于酿酒,也喜欢喝酒。她们在结交外姓男子的"女人节"上要饮酒对歌。其酿酒方式与黎族十分相似,而用插入的竹管饮酒的方法则与黎族一模一样。①

而最相近的莫过于在摩梭人叫做"走婚"、在黎族叫做"玩隆闺"的两性风俗。并且,纳西族同样有女子婚后"不落夫家"的自由阶段。

摩梭人长期生活在古代南方百越人的迁徙范围,在氏族的形成期当与百越人有紧密的交融关系。与海南岛黎族崇拜黎母山一样,在摩梭人心目中也有一座顶礼膜拜的"女神山"——干木山,每年的"转山节"是摩梭人最隆

---

① 宋兆麟.共夫制与共妻制[M].上海:三联书店上海分店,1990:23.

1923年洛克家的门廊上一起拣栗子的纳西人　图片来自华夏地理

重的民族节日。

摩梭人的"走婚"，除了没有单独的"隆闺"房外，与黎族的"玩隆闺"完全一样。摩梭人在母系大家庭内为成年女性单独设置"客房"，这与黎族的"隆闺"房功能完全一样。首先，"走婚"与"玩隆闺"都是单纯型的性爱，全凭当事双方的个人意愿，只要避开母系血缘禁忌即可。

其次，这种性爱模式都是以女性为主体进行的，外族男子傍晚到女子所在地谈情说爱；

第三，女性与男性享有同样的性自由，即便是在关系存续期仍然可以再找临时的性伴侣；

第四，这种关系不是近代型的契约关系，与婚姻无关，也与其它的责

永宁装饰华丽的女贵族
图片来自华夏地理

任、义务和道德无关。女性与男性都可以采取主动姿态，也都有权终止性爱关系，对方不得提出异议。

许多人将黎族或摩梭人青年男女在女方"隆闺房"谈情说爱，叫做"走婚"，实际上是对这种行为方式的误解。其实，"玩隆闺"与婚姻没什么关系，那里只是青年男女私下性爱欢会的专门场所。今天仍为人所知的还有壮族的"玩公房"、侗族的"坐妹"等。可见这种性风俗的出现并不是偶然的。

"阿注关系的主要基础是性生活的需要。当然，外貌、年龄、健康状况以及个人的能力等等，对于建立阿注关系都有一定的影响。年轻、能干、漂亮的人物阿注就多。如妇女中有名美人的阿注都在数十以至百人以上。反之，长相差或身体有缺陷者，找阿注就困难，甚至没有阿注"。"走婚双方没有共同的经济基础，彼此分属于不同的生产、生活单位——母亲家族。他们是没有共同财产的，生产和生活分开的。"①

摩梭人是中国最著名的母系氏族传承民族。在摩梭人的许多风俗习惯里都能找到与黎族相通的地方。摩梭人的汉化比较晚，直到元朝，中央政权的触角才刚刚在云南腹地出现，并长期实行由当地"土司"进行的代理统治。这使得摩梭人的民族传承始终没有受到根本的威胁。而黎族的"汉化"早在汉代就开始了，到了宋朝已经出现了数量众多的基本汉化了的"熟黎"。受汉族强势文化的影响，黎族的母系氏族结构在这一过程中逐渐解体并开始向父系氏族过渡。

由于摩梭人的母系氏族体系保留的比较完整，我们通过对摩梭人的母系氏族结构观察，可以依稀推测并还原黎族的母系氏族结构。

摩梭的母系氏族一直到20世纪50年代还处于主导地位，这给了民俗学家和人类学家近距离观察记录母系氏族的绝好机会。

从处于比较典型的母系氏族时代的摩梭人的情况来看，成年男子并不脱离母系氏族。从这个意义上看，黎族的玩"隆闺"，摩梭人的"走婚"都只是两性关系的自然呈现形式，并不是婚姻形态。

处于母系氏族社会的黎族，自然地将性选择与生育选择分离开来。他们将恋爱感觉与性爱体验作为单纯的快乐来追求。他们在选择性伴侣时没有任何门第、财产的标准，他们只有一个标准，那就是性爱的标准。合则聚，不合则散。这个以感情和感觉为转移的标准，自然不易做到从一而终。性伴侣的经常更换，给了不了解情况的族外人以黎族两性关系野蛮、混乱的印象。

"自臣昔客始之时，珠崖除州县嫁娶，皆须八月引户，人民集会之时，男女自相可适，乃为夫妻，父母不能止。"②

"男女未配者，随意所适，交唱黎歌即为婚姻。"③

"春晴日暮，男女年至十五六岁，每于村中唱歌嬉戏，彼此互相悦慕，即行配偶。"④

---

① 宋兆麟.走婚的人们[M].北京：团结出版社，2002：35.
② 《三国志·吴书·薛综传》卷五三
③ 清·顾炎武《天下郡国利病书·广东》
④ 清《黎族风俗图》

黎族对歌场面　图片来自 http://lizu.baike.com/

　　从汉至清代的这些记载我们可以清楚地看出，黎族男女青年的嬉戏交往并不直接以婚姻为目的，而以玩乐为目的，因此这不是严格意义上的择偶，更多地是人类天性使然。黎族青年的嬉戏交往以对歌互答、携手踏歌的方式进行，并无固定的时间、场合，也无固定的男女搭配，带有很大的随意性。择偶双方在此嬉戏中确立恋爱，全凭当事人"情投意合"而已。只是到了清代开始，需要父母议聘，但父母无权干涉儿女的婚姻选择权。

　　我们在此提及的黎族女性的"性自由"，不是对"群婚"或完全无约束的性行为的概念认同。这个概念的使用仅仅是后来父权文化时代，是对女性"守贞"状态的一种比较性说法。而且，在黎族女性"性自由"的时代，黎族男性享有同样的自由。

　　在早期处于母系氏族时代的黎族，没有婚姻制度，只有以母系血缘为纽带的大家庭。这一情形可以参照摩梭人的母系大家庭来理解。由于摩梭人双方"阿注"不组成家庭，没有共同的经济生活，彼此又经常离异，因而不易确定谁是孩子的生父，即便是长期阿注，也只是夜里的偶合，白天双方不生活在一起，所以子女与生父的关系很冷淡。他们是母系家族的成员，由母亲、舅舅抚养。父亲没有抚养子女的义务。子女与父亲互不了解，只知其母，而不知其父。①这样的母系大家庭显然不具备今天我们所理解的婚姻的基本含义。摩梭人的这种情况，相信就是黎族人过去曾经经历过的母系氏族时代的参照。

在学者有可能按人类学方法，对黎族的家族及两性关系状态进行田野考察之时，绝大部分黎族部落已经进入父权社会，男娶女嫁已经成为基本的婚姻形式。我们只能从残留的母系制中去推测以往的黎族家庭及两性关系状态。

在完全父权化的社会里，嫁出去的女儿与娘家的关系若有若无，汉族过去说："嫁出去的女，泼出去的水"。表明出嫁的女儿，是在断绝了与娘家的紧密联系之后，进入了夫家。出嫁的女人终其一生"活着是夫家人，死了是夫家鬼"。在小说《红楼梦》中，以贾家的财大气粗仍对在婆家被虐待的女儿无能为力，即是这一父权法则的形象体现。

然而，在黎族出嫁的妇女却依然与娘家保持着紧密的关系。实际上，黎族人一直把出嫁后的女性看作是娘家人，而不是夫家人。这与汉族的观念完全不同，是母系制观念的遗留。在某些黎族地区，妇女不给丈夫浆洗缝补衣服，但却有给自己的兄弟和子女缝补衣服的义务。如果已出嫁妇女生病，要回去请本家族的"娘母"或"鬼公"举行"送鬼"仪式，因为要送走的是母系家族的"祖先鬼"。如果生病过重，要把妇女抬回娘家，为的是避免妇女死在外面（夫家）。万一妇女死在夫家也必然要抬回娘家的墓地安葬。死者的遗物要由其本家兄弟们继承；娘家也要把她作为本家的"祖先鬼"加以祭拜。由此可见，黎族的婚姻形式，虽然已经变成父权的，但当事人的身份与心理角色却还是母系的。与黎族妇女的婚后"不落夫家"习俗一样，这充分

---

① 宋兆麟.走婚的人们[M].北京：团结出版社，2002：37.

说明了黎族前不久刚刚经历了母系制,父权制的发育还没有完备。在云南永宁纳西族我们看到了类似的情形。"每个成员所需的麻布,子女由母亲供应,年老的母亲由女儿供应,舅祖父、舅父则由侄女、侄孙女供给,成年的兄弟则由姊妹供给。"①

摩梭人的民歌唱到:

> 在家里妈妈管事,
> 在外舅舅管事。
> 妈妈是抚养我的人,
> 一定要报答她的恩情。
> 没有自己的母亲,
> 如同失去了光明。
> 村里人对我说三道四,
> 惟有母亲最知道我的心。
> 不是生我的人说我一句,
> 我有三句话反驳他。
> 让我嫁到男人家,
> 我怎舍得母亲?
> 我找了第一个阿注,
> 应该征求妈妈的同意。
> 不能往火塘上吐痰,
> 不能在舅父面前说坏话。
> 山上老虎最大,
> 世上数妇女最能干。
> 十五的月儿亮一天,
> 我们女人要亮一生。②

摩梭人的太阳神是女的。有意思的是黎族心目中的太阳也与女性有关（参见前述）。

---

① 云南省编辑组《中国少数民族社会历史调查资料丛刊》修订编辑委员会.《永宁纳西族母系制调查[M].北京：民族出版社,2009：44.
② 宋兆麟.走婚的人们[M].北京：团结出版社,2002：83.

美孚方言黎族妇女　鞠斐摄于东方市

摩梭人的母女的关系十分亲密，是所有人伦关系中最亲近的一种。姊妹之间的关系也非常紧密。女儿的成长过程不断接受来自母亲的指点和帮助，这不仅体现在生产和生活技能方面，也表现在人生态度和择偶标准方面。"男女双方建立阿注取决于两个人的意愿，但是女方的母亲和姐姐们的态度对于她们的阿注关系起一定的作用。因为母亲和姐姐的生活经验丰富，对于女儿或者妹妹的婚姻生活有加以指导的义务，如帮助评定男阿注的品质和对劳动的态度。她们的评定也就会起到巩固或中断阿注关系的作用。依据母系原则建立起来的家庭非常好客，对于来访的另一个家庭的男成员，女阿注的母亲、舅父、姐姐常给以热情的招待，主动地将作为阿注的男子请到火塘边，有时特备酒菜进行招待。"①

永宁地区的普米族也"普遍实行走婚（即黎族的'玩隆闺'。引者

---

① 云南省编辑组，《中国少数民族社会历史调查资料丛刊》修订编辑委员会.永宁纳西族母系制调查[M].北京：民族出版社，2009：44.

注),多数家庭以女子为家长,世系按母系计算,子女知其母不知其父。有些家庭虽然也建立过父系家庭,实行男娶女嫁,但一般都难以巩固,不久又回到母系家庭的传统中。"①

根据大量的对永宁地区实行母系制的少数民族调查,阿注关系一般都有青少年时期(像纳西族孩子13岁行成年礼,就有资格结交阿注)变动较多,而到中年之后逐渐稳定的趋势。这既符合人类的成长心理,特别是性心理特征,同时也说明这种阿注关系并不像有些人想像得那么杂乱随便。1960年,学者对纳西族的调查表明:"一个成年的男女到了青年后期都有一个较稳定的长期阿注,他们建立了几年到数十年的阿注关系。我们在亥吉古村曾对朱梅阿扎、阿依梅那皆直马、沙打梅叟那、仁布直马、仁布叟那、阿牙直马、阿牙池尔、阿那欧直马、阿那欧直马池尔、仁布扎石扎马、阿布布池和仁布皮仇等12个青壮年和老年妇女作了调查。其中,除了3个是30岁以下的,其余,九个都是四五十岁到七十岁,她们都有长到一二十年多到数十年历史的男阿注。例如,54岁的仁布直马,她与自己的男阿注泡叟打珠已有34年的历史;现在已经49岁的仁布扎石扎马,与自己的男阿注欧梅池尔保持了28年的阿注关系;六十多岁的阿布布池,与自己的男阿注任吉楼建立了40年之长的阿注关系。而且,相当多的男女青年,较早便开始建立比较稳定的长期阿注关系。"②

黎族由两性关系的"隆闺"制,经由女性的"不落夫家"慢慢向父系婚姻过渡。

2005年前后,多家媒体报道了在川西南密林深处的"利加则"(也有译称"利家嘴"),发现了当代遗存的母系氏族。这是《南方周末》记者采写的报道:

> 二车卓玛腰上挂着铜锁,在灰暗的服饰间显得锃亮而耀眼,铜锁上刻着的"民国元年下关造"字样。这把铜锁,也许是二车卓玛的祖辈捧着牛皮抑或灵芝换下的,虽然并不古老,也不名贵,况且锁在村子里并

---

① 宋兆麟.共夫制与共妻制[M].上海:三联书店上海分店,1990:206.
② 云南省编辑组,《中国少数民族社会历史调查资料丛刊》修订编辑委员会.永宁纳西族母系制调查[M].北京:民族出版社,2009:53.

没有什么实际用途，这里夜不闭户，路不拾遗，但二车卓玛把它看得很重要，因为是老祖母传给妈妈，妈妈又传给了她。妈妈有5个女儿，3年前，妈妈将铜锁传给了最能干、心地最善良的二车卓玛。二车卓玛心里明白，在接过这把铜锁时，自己也就接过了妈妈肩上操持阿克家所有事务的担子。这把铜锁是个象征，它意味着50岁的二车卓玛，成为了阿克家的女主人。

利加则，川西南密林深处一个几乎不为人知的村落，以农牧为生，被十三座大山紧紧包围，神秘而与世隔绝，过去靠茶马古道和常年跋涉的马帮，把二车卓玛的家和外界联系在一起。生活在这里的人们严格遵循着古老的母系氏族习俗：男不婚，女不嫁，男女一生都各自生活在自己的母亲身边。男子成年后，晚上悄悄跑到自己喜欢的女人家过夜，天亮前再悄悄地溜回家。女人在这里受到特别的尊崇，是家庭生产、生活的中心，而女主人则是全家的灵魂，家里所有人都把自己挣来的财物交给她，她说出的话，全家都要听。在有着60多口人的阿克家里，二车卓玛不仅要管好家庭财物，化解家庭矛盾，还得让家庭所有成员按需所取，各尽所能，平均享用家里的财物。

像二车卓玛这样的大家庭在利加则共有28户，这是至今发现的一个极为鲜见的母系大家庭群落。早在数千年前，人类就完成了向父系家庭的转化，利加则成了人类仅存的母系氏族家庭的缩影。

二车卓玛永远是家里每天起得最早的人。在黑暗的老木屋里，她先将正房打扫干净，把火塘点燃，用净水洗完脸后，又将松叶撒在火塘里，一阵噼噼啪啪的声响后，木屋里立刻充满了松油的清香，火光照亮了黑暗的木屋。二车卓玛说，打从记事起，她就生活在这幢原木砌成的屋里。在这幢木屋里，她不仅生养了6个孩子，而且把木屋里姐妹们的所有孩子，都视作自己的孩子。

二车卓玛做好早饭后，出去走婚的男人都已回来，而女人也送走了自己的情人。一家人围在火塘边，吃着早饭，二车卓玛就在这时分配着家里一天的工作：扎西去放牛，平措去放马；地里的庄稼熟了，天晴后拉姆、达珍和扎西玛把苦荞收回家；加措去放猪，日诺去放羊；家里的酒没了，娜姬酿酒，达娃修房……

阿克家繁忙的一天开始了。利加则新的一天开始了。[①]

---

① 陈庆港.秘密森林里的母系氏族[N].南方周末，2006，03，02；另参见钱均华.中国母系村落：利家嘴[M].北京：中国青年出版社，2004.

从文中记述的情况来看，较为符合母系氏族生活的一般规律，让人不得不感叹母系文化强大的生命力。

六、母系文化的经济基础

母系氏族社会的第四根支柱是以女性为主体的氏族生产方式。《黎歧纪闻》说："黎妇多在外耕作，男夫看婴儿养牲畜而已。遇有事，妇人主之，男不敢预也"。张庆长的记录可能有夸大的地方，但其合理的一面引人注目。即种植业是由女性发现的，是从事采集劳动的女性就近观察到植物种子再生发芽的秘密。因此，种植业最初由女性主导，而此时男性依然从事渔猎活动也是有可能的。黎族的种植业发展缓慢，工艺原始，在未与汉族直接交流以前一直处于农耕的初期阶段，"刀耕火种"、"牛踩田"是其显著的特点。在这个阶段，男女两性的第二次社会分工还没有完成。

这种"女耕女织"现象不仅存在于海南黎族，在百越族群的其它地区也多有遗留，如永宁摩梭人，"按摩梭人的传统，自然形成女性主要负责从事农业耕种、牛马猪羊、农副产品生产及卖麻布等手工业产品的生产工作；赶马经商、下湖捕鱼、江边淘金等工作主要由男性负责。从整个收入结构看，女性从事的经济活动在大家庭的收入结构中占了较大的比重，同时具有收入稳定的特点。尤其在社会经济水平较低时，农业在家庭经济收入中占有较大的份额，成为维系家庭生活的重要保障。而打渔及经商等男性从事的经济活动则不能使家庭的经济来源得到持续性的保障，因而处于次要地位。加上女性还要负担的家务劳动，使妇女在家庭收入及家庭生活中占有重要的地位。这种分工为摩梭人家庭以女性为主的形式奠定了坚实的经济基础，从而强化了母系大家庭中女性的地位。"[①]这种情形与黎族传统社会的分工情况非常相似。

上古女性主要从事可食植物根茎的采集活动，并因其收获稳定而成为氏族食物的主要来源。20世纪60年代，人类学家理查德·B·李考察了非洲南部的多比·昆人。这是一个残存下来的采集—渔猎部族。"李发现妇女采

---

① 陈斌.摩梭人家庭角色的现代冲击[J].云南师范大学学报，2004，2.

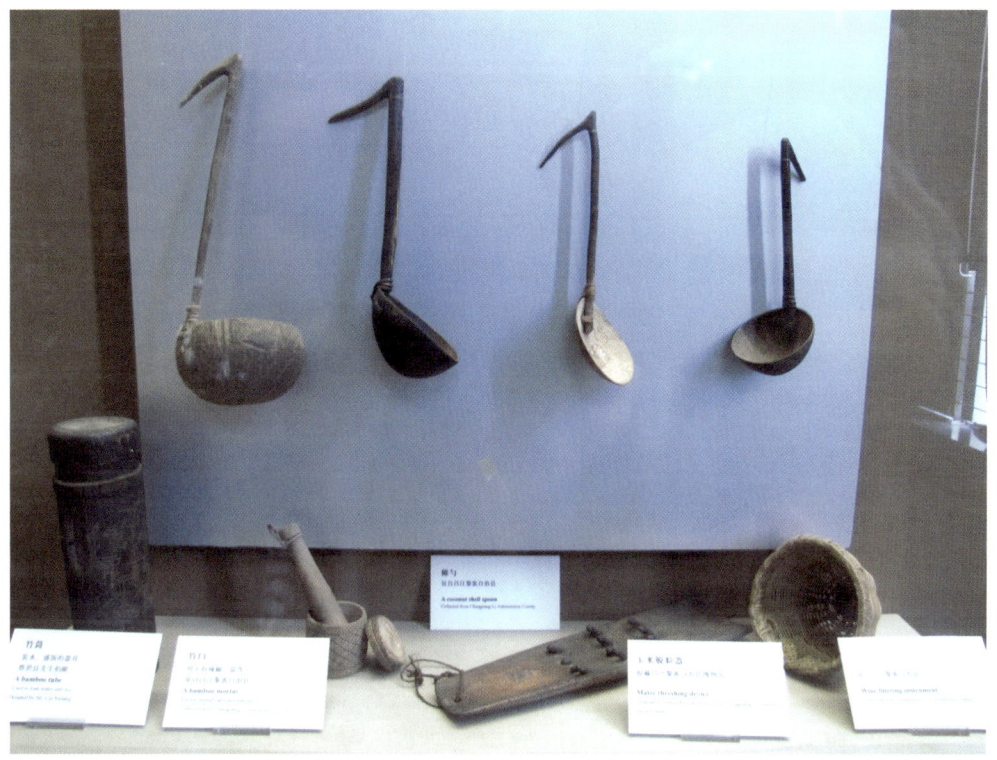

黎族的炊事用具　多由椰子壳制成　文丽敏摄于海南省博物馆

集的植物食物在数量上占昆人饮食中的主要部分，男人带回的肉仅占20%到25%。肉对于昆人不是一种主食，而是美味佳肴。原因显而易见，一个男人可能要花4个小时打猎才能杀死一个动物（这是平均数字）。相反，一名外出采集的妇女却总是能为她的全家找到某种吃的东西，尽管那种东西可能并不受到特别的喜爱。李估算，在多比地区，采集的生产力是狩猎的2.4倍，男人每小时打猎可获近800卡（能量），女人每小时采集的工作量却是2000卡。因此，打猎的成败并不是原来想象的那样，是生死攸关的因素。在昆人社会中，是植物食品，而非肉类构成了昆人的饮食基础，是妇女，而不是男人扮演着主要养家糊口的角色。"[1]相信这在采集—渔猎型氏族中是带有普

---

[1] 贝茨.文化演进与人类行为[N].吴爱明等，译.沈阳：辽宁人民出版社，1988：147.

遍性的结论。

中华人民共和国建国后在海南岛的多次考古调查出土了大量的石敲砸器和石质或陶质的网坠、纺轮等农业和渔业用具,加之陶器的广泛使用,标志着当时海南岛人们已过上定居生活,有了住所和原始农业。考古发现证实,当时的人们使用装上木柄的磨光石斧、石锛等石器工具,用钻木取火的办法进行"砍倒烧光"的原始刀耕火种农业生产。这种古老的农业经营方式在五指山腹地山区一直持续到20世纪50年代初期,是黎族经济生活的重要内容。除了原始的种植水稻的烧垦农业外,采集经济也占重要地位。远古时期海南岛森林覆盖率达90%以上,热带植物资源非常丰富,可食用的植物有数百种之多。在生产力水平还很低的情况下,采集自然成了一项经常性的活动。

采集,在黎族地区的生活中占有比较重要地位,一直到清代,黎族还很少种植蔬菜。"生黎不知种植,无外间蔬菜各种,唯收山中野菜用之。"①在黎族居住地基本每家每户在房前屋后都有自己的一片小园地,他们在小园地里只种有少量的瓜类,种的瓜类有木瓜、葫芦瓜、南瓜等,远远不能满足日常的食用量,为了补给食物的不足,还需到野外采集野果、野菜和小动物作为副食品。在黎语中"蔬菜"和"树叶"是一个词,显示在古代黎族的"蔬菜"均来自野外采集。②在润方言地区调查时,据当地的年岁较大的农民群众(受采访者有南开乡、金波乡、美女峰腹地、鹦哥岭腹地的农民群众)回忆说:他们所采集的野生食用动植物的种类大约有几十种,在河里和漫山遍野都可以采集到野果、野菜和小动物等,主要有:山黄皮,山石榴、山荔枝,雷公笋、雷公根、红藤心、山竹笋、百花菜、田间野草、苋菜、竹笋、弯尾菜、山菇、山木耳、山芭蕉心、芭蕉、螃蟹、蜂蜜、蜂蛹、蚂蚁卵、河螺、田螺等等。黎族男女老少每次出外生产劳作时,每人都随身带着腰篓,遇到可吃的野生动植物都要把它们拾放在腰篓里,并带回家食用或放入罐里制成各类酸茶。③有的居住在靠近大山或森林处的群众,还采集野生的生产原料和各种草药,如制作鱼笼用的竹子、毒鱼用的油鱼藤等,这些都

---

① 清《黎歧纪闻》
② 王穗琼.黎族原始社会初探[J]. 学术研究,1962,4.
③ 注:黎族地区一种特色食品,由米饭和各类动植物的生肉混合封闭发酵而成,发酵时间约一个月,味酸。

黎族的渔篓　焦勇勤摄于昌江黎族自治县

是这个地区的补充食品和副业产品的原料。

《汉书·地理志》卷二十八下对汉代儋耳、珠崖郡有这样的描述："男子耕农、种水稻、苎麻，女子桑蚕织绩。"解放前，黎族地区一家之中，男子负责安排劳动生产、犁耙田、砍伐山栏园、狩猎、修缮草房、制做农具、编织竹藤制品，妇女则承担挑水、舂米、煮饭、打扫庭院、纺织染绣、选种、插秧、除草、捻稻脱粒等。生产资料如土地、耕牛、农具等，归全峒共有，全氏族成员一起劳动，平均分配。早在宋代的文献资料，就有黎族共耕共产的记载。"自来黎峒田土，各峒通同占据，共耕分收，初无文记……"①

20世纪50年代在五指山地区还保留着一种父系氏族性质的"合亩制"。大多数专家学者认为这是黎族由母系氏族向父系氏族的过渡阶段。合亩制

---

① 《续资治通鉴长编》卷310《朱初平奏言》.

黎族用农具　焦勇勤摄于昌江黎族自治县

由数户到数十户不等的具有血缘关系的家庭构成。在合亩制内部，土地、耕牛共同使用，集体劳动，平均分配，共同消费。但就是在这个父系的共同体里，妇女仍然有相当重要的地位，她们在劳动生产领域绝不是简单的配角。合亩制里，有着非常严格的性别劳动分工，女性专门从事稻田的选种、插秧、"山栏"地的播种，以及后续的除草、收割、储藏、脱粒加工、制种等十分重要的工作程序，并且这种性别分工是不能通融改变的，黎族叫做"男不帮女，女不帮男"。

据《黎族社会历史调查》记载，"1956年12月初，抗班村王老鞋合亩由于死了人耽误了收割，根据农业社社长王定金说，原来准备组织青年男子突击队帮助收割，但行不通，最后还是由其它村的妇女帮助收割的。"[①]而且为了巩固这些性别分工，黎族社会形成了一套严格的禁忌。例如，"女子不能参加狩猎，因为女子穿黑衣不吉利，女子参加就打不到猎物。"[②]

---

① 广东省编辑组《中国少数民族社会历史调查资料丛刊》修订编辑委员会.黎族社会历史调查[M].北京：民族出版社，2009：42.
② 广东省编辑组《中国少数民族社会历史调查资料丛刊》修订编辑委员会.黎族社会历史调查[M].北京：民族出版社，2009：41.

]做的树皮布衣服　焦勇勤摄于保亭黎族苗族自治县

在母系氏族时代，黎族妇女承担的户内外工作非常多，如下种、拔秧、除草、收割、舂米、砍柴、酿酒、制陶、纺织、编织、采集可食的植物、烹调食物、洗涤缝制衣物等。在某些黎区，妇女还要耕地、犁田。其劳动分工的复杂程度和需要掌握的劳动技能远远超过男性。在采集活动中，黎族妇女对各种植物的特征和可利用的方式，积累了丰富的经验。种植业的萌芽就源自这样的生产劳动过程中：

今日开了园，
下种待两天，
妇女勤锄草，
带仔到田间。

在这些劳动过程中，黎族妇女发现发明了许多意义重大的工艺。这其中首推纺织。

服装由女性发明缝制是毫无争议的。最初黎族是用揉制过的树皮或兽皮护体。《史记·货殖列传》就记载着海南当时有一种布叫葛布，元代马端临的《文献通考》说：海南的黎峒，"妇人服缌缏，积木皮为布，陶土为

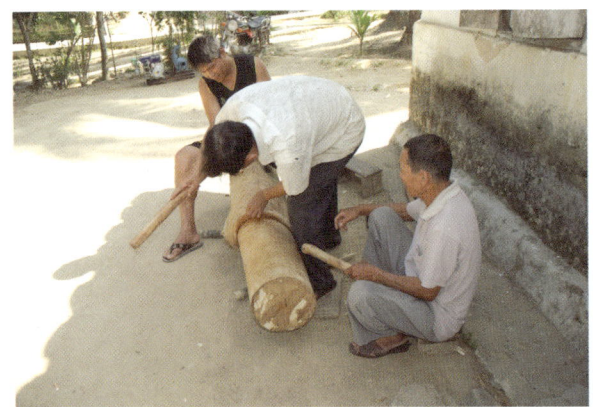

剥树皮　焦勇勤摄于保亭黎族苗族自治县

剥好的树皮　焦勇勤摄于保亭黎族苗族自治县

釜","积木皮为布"指的就是《史记》里的葛布和榻布,也就是树皮布。这是个已经濒临消失的物质文化遗产,存世量已经非常少,在海南也只有个别的博物馆收藏,其制作工艺现在也只有极少数黎族老人还可以运用。

海南黎族使用树皮布的记载已见于宋代典籍,《太平寰宇记》卷一六九载"琼州夷人"、"绩木皮为衣"。树皮易得,但粗糙坚硬,不仅不舒服,而且会擦伤身体。兽皮柔软度好一些,但很难成为主要的衣料。这有两个方面的原因:一是不易获得;二是海南岛天气炎热,不适于穿兽皮衣服。在采集活动中,黎族妇女有条件观察试用各种植物原料,她们很快发现麻类的纤

捶洗剥制好的树皮布　　焦勇勤摄于保亭黎族苗族自治县

维十分坚韧，经纺织后可以做衣服，这便是人类历史上由妇女开创的纺织工艺诞生的原因。《黎歧纪闻》对此有较祥细的观察记录。"山岭多木棉树，妇女采实取其棉，用竹弓弹为绒，足纫手引以为线，染红黑等色，杂以山麻及外贩卖彩绒，织而为布，名曰吉贝。"最初，黎族妇女采集野生的木棉絮加工成纺织品，后来开始大量种植这类木棉树。

当现代社会的人们开始对黎族进行系统考察的时候，黎族已经进入了农业时代。女子采集，男子渔猎的原始分工开始淡出人们的视野。

我们不能肯定黎族一定是世界纺织史上的先行者，但可以肯定的是不论

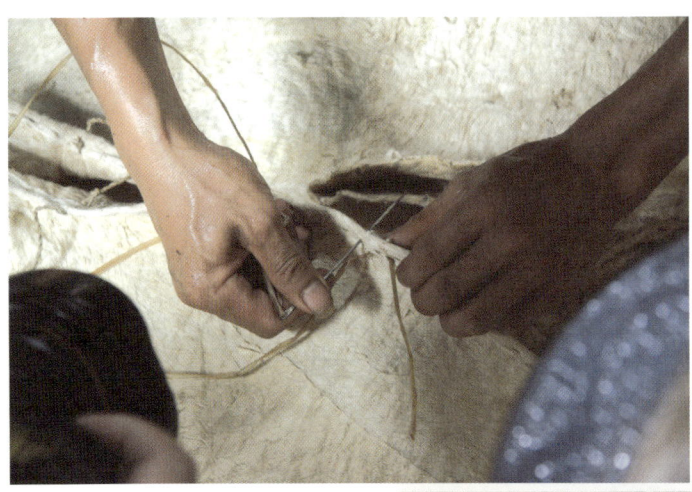

缝制树皮衣　焦勇勤摄于保亭黎族苗族自治县

加工完成的树皮衣树皮帽　焦勇勤摄于保亭黎族苗族自治县

是哪个民族先发明了纺织，其女性发现之旅的轨迹都是基本一样的。之后随着纺织工艺的改进，黎族妇女又开始用木棉纤维纺纱织布，木棉纤维的柔软度好，较之麻布更为舒适，这便是纺织史的第二阶段。第三阶段就是棉花引进，解决了木棉原料不易大量提供的难题。这个人类历史上的重大发明，其意义不亚于瓦特发明蒸汽机。

史书记载，早在汉代黎族在棉纺织技术和工艺方面，就已达到了相当高的水平。东汉太守孙幸就是因为大量征调黎族的"广幅布"，而引发了黎族的反抗起义。到了宋代，黎族的纺织不论是产品质量还是工艺水平都有了较大的提高，被称赞为"机杼精工，百卉千华"。后来灌木类棉花逐渐由海南

黎族妇女纺线　鞠斐摄于昌江黎族自治县

岛传入中国南方。黄道婆是我国古代杰出的棉纺织革新家，据说在崖州（今海南三亚）生活了30多年，黎族至今还有歌谣吟唱此事：

　　筒裙姑娘手把线，
　　绣得王家千金花，
　　黎裙汉袍映异彩，
　　道婆学艺在我家。

黄道婆在松江纺织棉花，将黎族的先进棉纺织工具和纺织技艺，传授给松江府的人们，并改进了植棉方法。黄道婆把黎族的建筑、习俗、文身、舞

海南省博物馆用雕塑展示的黄道婆向黎族妇女学习纺织技术的情景　文丽敏摄于海南省博物馆

蹈，都融化在服饰图案中，织出文字、花卉、人物、折枝、团凤、棋盘等美丽的图案，行销大江南北，织户激增，改变了松江府一带的落后纺织业。黄道婆将黎族的纺织技术加以改进传播到内地，迅速推动了长江下游棉纺业的发展，使棉织品取代麻织品成为生活必需品，大大促进了我国棉纺织业的繁荣和发展。如果这是事实，那么，这个被海内外学者称颂的由中国到世界的百年"棉花革命"的起点正是由海南黎族妇女铺垫的。

织布歌[①]
天上云起鹧鸪斑，
禅[②]也四支絷八副，
双布织成四支禅，
散纱一条都艰难。

---

① 黎族歌手陈永花唱。
② 禅：用于织布的手工工具。

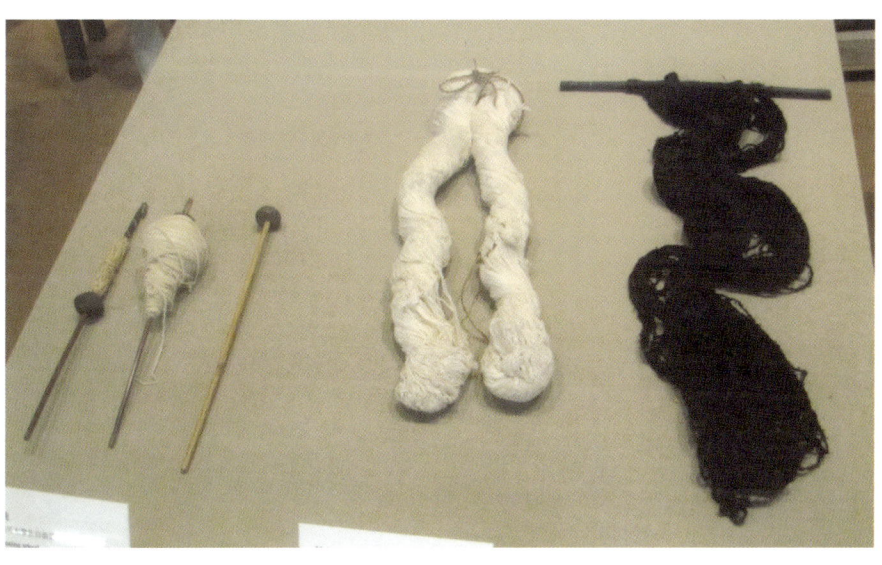
黎族妇女使用的纺轮、纺线和染过的棉线　文丽敏摄于海南省博物馆

  十绣歌[①]
  人人夸我好手工，
  筒裙就如花开放。
  绣条筒裙身上穿，
  招来蜜蜂团团转。
  一味绣凤二绣鸾，
  三绣龙王住花村，
  四绣鱼虾弄溪水，
  五绣花神游花园，
  六绣黄牛站坡顶，
  七绣鸟仔与老鹰，
  八绣天星九绣月，
  十绣日头照山林。

  黎族诗歌描绘织布与绣花的同样不少。服饰文化是黎族传统的标志之一，它的产生、发展、演变与其黎族人民生存的生态环境息息相关，不可分割。

---

① 黎族歌手黎玉花唱。

黎族妇女使用的腰踞织机　文丽敏摄于海南省博物馆

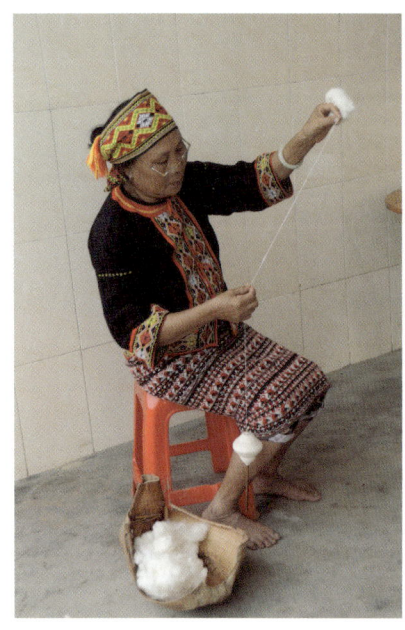

木棉花捻线
张军军摄于乐东黎族自治县

黎族人民在创造纺织工具时，肯定涉及到许多机械技术工艺以及力学原理和数学问题，因此它可看做是黎族科学技术发展的萌芽。

黎族有着丰富的染色经验和染色技艺，能够染制黑、蓝、黄、红、青等颜色。黎族的染色工作全由妇女承担。她们在长期的采集和染色实践中，对黎族地区生长的各种染色草的特性有着深刻的了解，掌握了提取和应用种类繁多的植物染料（家种的或野生的）和个别矿物染料的染色技术。1950年以前，黎族普遍都懂染色，日常所穿的民族服饰，差不多全是自染的。

大多数织锦配色以黑、棕为基本色调，青、红、白、蓝、黄等色相间。花纹图案以抽象形象多，而具体形象的少。其中，以青蛙、山水、吉祥物等图案居多。

黎锦刺绣工艺中以双面绣闻名于世，双面绣多作为女性上衣或官服的装饰，如衣侧花、后背花等。也有绣品为了突出花纹图案，沿边绣彩线。有些织绣品，如妇女的头巾、上衣、筒裙等，往往嵌入了金丝银箔、云母片、羽毛、贝壳、穿珠、铜线、铜铃或流苏等，产生有声有色的特殊效果，显得鲜

黎族妇女织黎锦比赛的场景　焦勇勤摄于琼中黎族苗族自治县

艳夺目，华丽雅致。

在宋朝以前，海南的棉纺织技术领先于中原汉族。相关资料记载，唐宋时期海南棉纺织和印染技术已达较高水平，能用色织和提花工艺织出五色立体花纹图案，俗称"崖州锦"的黎锦，色彩斑斓多姿，图案复杂生动，彩云红日，山花水草，龙飞凤舞，跃然锦上。可以识别的图案有120多种，如蛙纹、鱼纹、昆虫纹、雷公纹、汉字纹、星月纹、鹿纹、彩虹纹、鸟纹、云纹、舞蹈纹、几何纹、方块纹、梯田纹、房屋纹、干栏纹、竹条纹、藤条纹、水波纹、小山纹、树木纹、叶纹、果纹、槟榔纹、花草纹、龙凤纹等等。

由纺织、刺绣、扎染、剪裁、缝制等综合工艺加工而成的各种黎族传统纺织工艺品，如筒裙、上衣、花帽、花带、胸挂、围腰、挂包、黎单、黎幔、黎幕、龙被等，凝聚了黎族妇女的聪明才智。黎族女孩往往从六、七岁起便跟随长辈学习纺织和刺绣工艺。她们使用简单的踞腰织机，日夜辛劳。每完成一套黎族传统盛装，都要花费三四个月的时间。黎族姑娘总是要把自己最满意的一件刺绣品，如花带、手帕送给自己的意中人，成为双方爱情的见证物。

2009年9月，联合国教科文组织专家在海南考察后对黎锦做出如下评价："海南黎族人民的纺织技术对于当地乃至世界非物质文化遗产具有重要意义，而且急需保护。黎锦技艺是当地独立的、纵向结合的经济的一部分，纵贯从植物采集到纺、织、绣一直到穿着；踞织腰机、絣染织法、龙被、双面绣技艺的繁复以及其它黎族纺织品，都记录着黎族人民悠久的文化活动和社会结构。"

"因此，黎锦的重要性不仅体现在于它在社区文化生活（节庆、礼节、仪式等），它对于中国乃至世界其它民族的人们堪称自立自足的楷模，黎族各群体要不惜任何代价地保护该遗产。由于全球化和从业者老龄化带来的威胁，由于黎族人民没有文字记载的历史，黎锦技艺必须由联合国教科文组织委员会列入非物质文化遗产名录，因为面临危险的不仅仅是一代口头流传的知识，而且包括这些纺织品表达的个人梦想和集体故事，他们是黎族人民民族特征的重要标志，而且是对人类文化多样性的重要贡献。"①

在中国历史上，黎族女性的手工技艺很早就名震中原乃至华夏大地。早在汉代，黎锦已是宫廷岁贡的珍品。在唐代，海南岛的珍珠、玳瑁、盘斑布就作为"贡品"和商品输入大陆。五代以后，海南黎族地区出产的藤器、黎锦、黎单、黎幕、龙被等手工艺品大量销往内地。这些精美的手工制品绝大多数出自黎族妇女之手。

黎族妇女的第二项重大贡献是制陶。在烹调食物的过程中，盛米、盛水、蒸煮食物、对容器有耐高温、不变形、不渗漏、以及较大的容积等方面的要求。最初黎族先民求助于植物性容器，如椰子壳、葫芦、竹筒等，这些东西即使被使用，但一来容积小，二来不耐热。在金属容器不易获得的年代，制陶就成了必然的选择。早在宋代就有了黎族妇女制陶的记载。《方舆胜览》（卷四三）崖州妇人"以为土釜，器用匏瓢"。从出土文物考察，黎族妇女至少在黎族汉代以前就掌握了基本的制陶工艺。黎族的制陶坯的方式

---

① 参见《海南日报》2010年1月7日第33版相关报道。

制陶用具
文丽敏摄于海南省博物馆

有两种：一是泥条盘筑，一是泥片贴筑。黎族烧制陶器时没有陶窑，而是在露天进行。

制陶工艺劳动强度大，工艺复杂，危险性高，在父系社会一直被视为当然的男性劳作领地。然而在黎族却有"女制陶男莫近"之说。黎族女性的制陶历史，也可以反证世界各地的制陶都是从女性开始的。这个结论已得到了中外许多相关专家的肯定。

换陶歌[1]
用陶换东西，
请你莫嫌弃，
做陶不容易，
我已尽了力。

教儿爱陶器[2]
儿呀，
妈做陶器蒸糯米，
儿拿去与众小分，
吃完记得拿陶回，
妈做陶器很辛苦。

---

[1] 黎族歌手张应香唱。
[2] 黎族歌手董亚妹唱。

揉泥团　张军军摄于昌江黎族自治县

搓泥条
张军军摄于昌江黎族自治县

用泥条盘坯　张军军摄于昌江黎族自治县

　　黎族制陶历史悠久，黎族妇女保留着古老制陶的手工艺。据九架老村符亚来说，黎族妇女年满十九至二十周岁就开始学制陶，制陶器的泥土，第一种是用黄色泥掺沙土，第二种用黑色泥土。整个过程大致如下：首先挖取制陶泥土，挖取制陶泥的方法关键是寻找粘性好的泥土。先挖一个直洞，然后再挖横洞，洞挖多深要视制陶的用泥量而定，如需要制10~30个陶器大约用2担泥土。担陶土回来后就要马上加工，把陶泥土放在平的一块大石头上用木杵绞烂，把泥土里的杂物全部取出来，接着用适当的水拌均放上一个晚上，陶土自生粘性，次日早上才能动手制陶。制陶的场所在房前屋后或村边的空地上，先取一块陶土放在一块平滑的木板上压成扁平后，开始制陶器。如常制的蒸酒器，先从底部做起，底部制作的方法分为四节，第一节把陶泥编成

制坯　张军军摄于昌江黎族自治县

黎族妇女制作的陶罐　张军军摄于昌江黎族自治县

20厘米宽，把器身的下部制完后，第二节接着制作器身的上部和隔中间层或口沿完成后，用手将各层已经围好的泥片连接处将捏紧，接着用手伸进器体内，持着长拍进行内外拍打，将器体四周围至上下轻轻地拍平，使器体成圆柱形，然后用荚果仁将器身内外表磨光，然后把中间的蒸气洞用竹片切成洞，第三节把蒸气出入口装好，整个蒸酒器制作就全部完成。然后将全部制作好的陶晒干或放在家阴暗的地方晾至一定的硬度，就可以烧陶。

　　烧陶器的方法，在村边的空地上，首先把四个小石头放四角形，长宽尺寸相等，并用二条直的木柴放在四石头上，然后用小木材条在二条木柴上铺放满，就把陶器放在柴架上面。陶器堆放的方法，把陶器的口向下，底部向上，如陶器数量多，就从下到上一个接一个堆放好，用稻草全部盖严，就可以放火烧,一次可烧陶器15~30个,烧的时间大约一个晚上,烧到木炭全部灭火后至冷,即可以把陶器取出来使用。制陶器的种类有蒸酒器、碗、钵、提梁钗瓮、缸、罐等器具。

到了近代,陶器除了自家使用外,还可以担往各地换大米或盐。民国时,一件陶器可以换得四两大米,一件蒸酒器可换一斗大米。从诗歌中也可以看出这个换陶易物的过程。

现在黎族妇女制陶的场面已经难得一见了。直至2005年,还有人亲眼目睹昌江县保突村黎族妇女用传统方法烧制陶器。①

黎族妇女的第三项重大贡献是酿酒。酒在黎族生活中,早已不是一种简单的饮料。饮酒是黎族社会沟通情感,恋爱婚姻,伐木建房,出猎进山,探

黎族酿酒工艺　焦勇勤摄于保亭黎族苗族自治县

---

① 胡亚玲,王恩.黎族制陶:传女不传男[N].中国民族报,2005,8,12:010版.

亲待客，节日庆典，丧葬吊祭，辟邪驱鬼，甚至是化敌为友等等场面中离不开的东西。酒在黎族精神文化中的地位，丝毫不亚于其在古希腊精神文化中的影响。仅是婚嫁一项，就有"说亲酒"、"订婚酒"、"聘礼酒"、"送亲酒"、"感恩酒"、"保平安酒"、"迎新酒"、"答谢酒"、"回赠酒"、"满期酒"等等。

黎族酿酒工艺　焦勇勤摄于保亭黎族苗族自治县

　　酒应该是黎族妇女在烹调食物的过程中无意发现的食物发酵与酶化现象，经过长期的工艺改良而成为芳香四溢的美酒。过去，黎族农家几乎都会酿酒。黎族经常酿造的酒就有糯米酒、玉米酒、番薯酒、水酒、芭蕉酒、椰酒、榴酒、甘蔗酒、银皮酒等。可以说，酒的出现给黎族人带来了无尽的欢乐。

　　在饮酒的习俗上，黎族尚未形成对女性的歧视，女性可以与男性一样开怀畅饮，放声歌唱。

　　除采集生产劳动的贡献外，女性是毫无争议的纺织、印染、服装、编织、制陶、烹饪、酿酒等工艺的发明与生产者。证明女性在旧石器时代即母系氏族社会的经济活动中处于活跃和核心的位置。这样一来，女性在氏族的生产和经济活动中也处于主导地位，或者说至少是处于不亚于男子的地位。加之女性已经取得了在精神文化方面的领导优势，因此，出现支撑母系氏族社会的第五根支柱也是顺理成章的事情了。那就是氏族事物的管理权，即氏族族长或部落酋长。

七、女性在氏族结构功能中的重要作用：女族长

　　世界古代各民族关于女酋长的传说与记载很多。在冰岛早期诗集《埃达》中，女性角色亦十分活跃突出，在《女法师的预言》中，出现了这类诗句："大地在吼叫，女巨人在飞"，"姐妹们的儿子相互残杀"（从中依稀可见母系氏族以女性为中心的亲缘选择观念）。在芬兰民族史诗《卡列瓦

拉》（又译《英雄国》，史诗所反映的时代约在公元7～12世纪）中，与两位主要男英雄作梗的又是一位神通广大、凶恶无比的女族长——卢西，她到底没让这两位男子从她手里把"三宝"完整地抢走。在日尔曼人英雄史诗《尼贝龙根之歌》中，布尔艮特公主克姆希尔特和冰岛女王布伦希尔特，是全诗最重要的两个人物，她们的嫉妒、进谗、暗算、仇杀，贯通了史诗的整个情节。史诗中所有重要的男性角色最后都直接或间接地死在两个女人手里。在俄罗斯史诗《伊戈尔远征记》中，主人公伊戈尔贪图个人荣誉，轻敌冒进、兵败被俘，是他的妻子雅罗斯拉夫娜一边哭泣，一边向太阳、风、山川草木求情，感动了自然界的神灵，才使伊戈尔奇迹般地从牢狱中脱身。该史诗的历史背景约在公元12世纪。

按照马克思等人的看法，相对于古希腊人，中国人（汉族）是个早熟的民族。这里的"早熟"社会与历史的含义丰富，至少包括了中国人较早地开始"去魅"过程。主流汉籍对鬼神原始信仰的疏离与排斥，直接导致对不符主流价值的传说与史料的屏蔽。大量有关母系时代的材料被遗弃或改造。以至于今天的学者不得不花费更多的精力，去伪存真，来还原母系文化的历史面貌。然而基本还原已不可能，部分还原也不可避免伴随着争议。我们对这部分学者的努力，深表敬意。邓慧生研究发现：黄帝"是我国母系氏族社会的一个女酋长"，"尧是母系氏族社会最后一个联盟女领袖"。[1]龚维英的研究也表明，中国上古大多数传说中的人物，究其本来面目，都是女性。如："雷神原来面目却是女人，黄帝亦然"。"颛顼和鲧都是女人。"[2]她们都是中国母系时代的部落酋长或部落联盟的领袖。

摩梭人是中国最著名的母系氏族传承民族。

摩梭人的汉化比较晚，直到元朝，中央政权的触角才刚刚在云南腹地出现。并长期实行由当地"土司"进行的代理统治。这使摩梭人的民族传承始终没有受到根本的威胁。而黎族的"汉化"早在汉代就开始了，到了宋朝已经出现了数量众多的基本汉化了的"熟黎"。受汉族强势文化的影响，黎族的母系氏族结构在这一过程中逐渐解体并开始向父系氏族过渡。

---

[1] 邓慧生.我国母系氏族社会与传说时代[J].河南大学学报，1986，4.
[2] 龚维英.原始崇拜纲要[M].北京：中国民间文艺出版社，1989：210-211.

由于摩梭人的母系氏族体系保留的比较完整，我们通过对摩梭人的母系氏族结构观察，可以依稀推测并还原黎族的母系氏族结构。

摩梭的母系氏族一直到20世纪50年代还处于主导地位，这给了民俗学家和人类学家近距离观察记录母系氏族的绝好机会。

1956年永宁坝区六个乡的数据：温泉乡81户，其中母系亲族50户，占总户数的61.7%；双系家庭29户，占35.8%；父系家庭2户占2.5%；八珠乡母系亲族占49.3%；忠实乡母系亲族占47.7%；开坪乡母系亲族占45.2%；拖支乡母系亲族占9.2%；洛水乡母系亲族占30%。①

摩梭人聚集区的每个母系亲族都有一个族长，称为"达布"。"达布"一般由年长、有威信和能力的妇女担任，如果年长的妇女无力承担此责，她的有能力的妹妹、女儿，自己的兄弟或者儿子都可以担任。"达布"负责宗教祭祀、生产计划、劳动分工、财产管理和生活安排。与别的家庭缔结"依底"或者临时性的换工关系，准备谷仓，负责保管开关谷仓门的钥匙，计划每天所需的粮食和蔬菜，筹备每年的宗教活动，节日时执行与宴请亲友所需的食品和礼品等。"达布"并没有特权，凡决定重大事情都要与亲族成员共同沟通商量。根据1956年对温泉乡17个母系亲族的调查，其中，"达布"由妇女担任的高达14个，另外3个由舅舅担任。②如果，某个母系家庭没有女继承人，则通过过继女孩的方式维持母系家庭的世系。这一点倒是与后来的父系制家庭十分相似。女家长是永宁纳西族母系家庭的最高主宰。③

黎族母系氏族的生活情形与此相近。宋代周去非著的《岭外代答》有女性担当峒首的记载，"峒"是过去黎族地区普遍存在的社会组织，峒首即一峒之长。"王二娘者，黎之酋也，夫之名不闻，家饶于财，善用其众力，能服群黎，朝廷赐封宜人。琼管有令于黎峒，必下王宜人，无不帖然。二娘死，女亦能继其业。"④另据《黎族社会历史调查》记载，有些地区峒首被称为"毕寡"⑤。"毕"是母亲，"寡"是管理的意思，意即峒首应该像母

---

① 宋兆麟.走婚的人们[M].北京：团结出版社，2002：76-79.
② 宋兆麟.走婚的人们[M].北京：团结出版社，2002：83.
③ 云南省编辑组，《中国少数民族社会历史调查资料丛刊》修订编辑委员会.永宁纳西族母系制调查[M].北京：民族出版社，2009：44.
④ 《岭外代答》卷二，《海外黎蛮》.
⑤ 广东省编辑组《中国少数民族社会历史调查资料丛刊》修订编辑委员会.黎族社会历史调查[M].北京：民族出版社，2009：58.

亲管理大家庭一样管理峒中的事物，这是从语义学方面突出女性权威的一个佐证。如，过去在保亭县毛道路乡一带，称呼"峒首"为"妣挂"（即前引之"毕寡"），意为"像母亲一样管理大家。"①可见，过去黎族女性为部落酋长的情形并非偶然。清代《黎岐纪闻》（卷二）也记载有："其俗贱男贵女，有事则女为政"，"遇有事妇人主之，男不敢预也"，"语言不合辄持弓矢标枪相向，势不可挡，有妇人从中间之，即立解"。《广东新语》、《峒奚谷纤志》、《琼黎一览》等文献也有类似记载。

黎族地区曾经流行一种叫做"蕊岔"的传统合解仪式，其中必须由寡妇作为双方的谈判代表。

据五指山市毛枝乡（今并入毛道乡）王老秀在1956年回忆50多年前，毛枝人和毛道人发生械斗，双方的宙头商议和解。毛枝人和毛道人都选派了一个老寡妇参与谈判：

> 毛道的老妇来到门前时，毛枝老妇站在门内，手托清水一碗，碗内放一个铜钱，门前的旁边，置一个破水缸。毛道老妇从碗内拿出铜钱，抹毛枝老妇的双眼，口念："毛道打死你们的人，你们不要朦眼，要开开眼，以后好来往，好做亲戚"等语，念毕把铜钱放回碗中。毛枝老妇再拿出铜钱来抹毛道老妇双眼，口念："毛枝打死你们的人，要你们的牛，你们也不要朦眼，要开开眼，以后好来往，也可以做亲戚"。念毕把钱交给毛道老妇，毛道老妇把钱丢在背后，接着毛枝老妇把那碗水倒掉，用右手按水缸，口念前语。毛道老妇亦如此做。进屋后两个老妇对坐，中间放鸡、猪、牛肉各一碗，酒两碗，毛道老妇倒些酒在地上念："不要朦眼，毛道人好来毛枝，毛枝人好去毛道，子子孙孙好做亲戚。"毛枝老妇亦如此做。然后毛道老妇撕一些鸡肉丢在地上，再念前语，毛枝老妇也如此做。她们做毕，开始吃酒，那三碗肉只能给两个寡妇吃。谈判则由代表进行。②

尽管属"合宙制"地区的毛枝峒和毛道峒早已进入父权时代，但从传统

---

① 陈凤贤.从文化遗存试探黎族母系氏族制及其向父系氏族制过渡[J].中央民族学院学报, 1987, 2.
② 广东省编辑组，《中国少数民族社会历史调查资料丛刊》修订编辑委员会.黎族社会历史调查[M].北京：民族出版社, 2009: 90.

的和解仪式来看，仍保留了浓厚的母系文化色彩。

清代汉籍如《广东新语》、《琼黎一览》、《黎歧纪闻》、《琼崖黎歧风俗图说》等都记载，黎族间发生争斗纠纷时，只要有女性出面干预调解，就可以息战罢兵。如《琼崖黎歧风俗图》说："黎人习气剽悍，与其同类一言不合，持弓矢标枪相向，有不可遏抑之势，若得妇人从中一问，则怡然而解。"

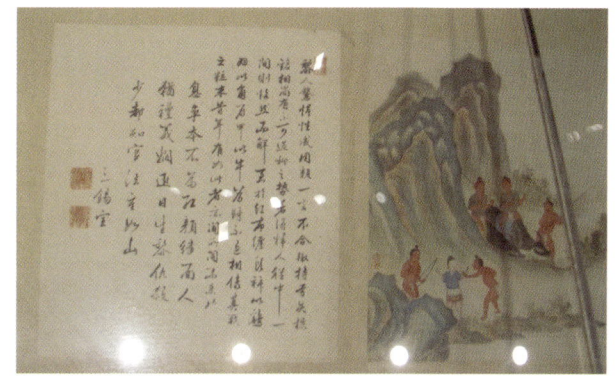

琼黎风俗图　表现女性干预氏族间的冲突　文丽敏摄于海南省博物馆

为什么寡妇有如此大的影响力呢？

以情理推测，除了女性从远古继承下来的崇高地位之外，还有这样的原因：一是寡妇在已进入父系氏族时代的部落里，其身份与地位都很超脱。没有袒护一方的嫌疑。她兼有夫家氏族和娘家氏族的双重身份；二是，她的特殊身份会令厮杀双方联想到一旦开启战端，男性的死亡与妻子孩子的不幸将难以避免，这无疑更易打动人心。

在分析这些资料时我们也不得不承认，母系氏族内部也许是和谐安定的，但在整个母系时代仍然有氏族间无穷无尽的仇杀和纷争。这些由争夺生存资源引起的冲突，随着人口密度的增加而日益加重。黎族女性主动、勇敢的精神特征，甚至也影响到了汉族妇女。《儋女歌》云："儋崖妇女杂黎风，气猛心豪男子同。往往当场群佐斗，教人无处辨雌雄。"作者自注称："此风琼南各处皆有，不独儋州。"[1]

---

[1] 清·焦和生　连云书屋存稿（卷二）[M]，琼南为汉族与黎杂居地区。

无独有偶，在欧洲，古罗马著名史学家塔西坨在考察日尔曼人的族群状况时，也发现了女性在战争中的重要作用。"在传说中，有许多次已经溃败或将要溃败的战役都被一些妇女们挽救过来了。这些妇女们不断地祈祷着，并且袒露着胸脯，这样便使男子们俨然感到她们之将被奴役，而妇女之被奴役乃是他们所最为痛心的事……不仅如此，他们还感觉到妇女身上有一种神秘的和能够预知未来的力量：他们从不轻视妇女，和她们商量事务，尊重她们的意见。在魏斯巴兴的时代，我们见到魏勒妲（Veleda）曾被许多人长期奉为神明。"[1]

部落战争的频繁发生，客观上促使男权地位上升。因为无论是主动出击，还是被动防御，男性都是无可争议的参与主体。这应该是母系氏族衰落，父权社会崛起的又一重要原因。

第二节　母系文化的基本特征

一提到母系氏族社会，人们立刻会反应这是个"原始"社会。这已经成为现代文明对远古文化的一种根深蒂固的成见。所谓"原始"在现代语境中，包含了明显的"粗陋"、"简单"，甚至于"野蛮"这样的内涵，与"精致"、"现代"和"文明"这类的概念相对。这样评说母系氏族社会的生产工具和生产工艺，或许还说得过去。但这样衡量母系氏族社会的文化则包含着很大的危险性。即将母系氏族文化视为一种低级文化，是人类尚未脱离动物阶段的产物。"达尔文·马克思"社会进化论为这种认识提供了影响深远的理论依据。虽然现在很多学者已经意识到，人类社会并不是按照从低级向高级这种阶梯模式发展演变的，但长期形成的线性思维观念难以彻底改变。

母系氏族社会是目前已知的距人类的动物阶段时间最近的文化阶段，这使很多人，包括学者想当然地认为其与人的动物性最接近，"动物性"代表"野蛮"则是所谓"文明"社会的公共常识。"兽性"和"畜生"分别是

---

[1] 塔西坨.日耳曼尼亚志[M].马雍等,译.北京：商务印书馆，1959：59.

上流社会和底层人民骂人的典型语言。这种联想与母系氏族社会的真相相去太远。就人类文化对其动物性的超越而言，母系文化的贡献应该说是最大的。这主要体现在两个重要的领域：对人私欲的有效控制和对新型两性关系的建构。这是人对其动物性的重大超越，母系文化的主要特征也表现在这个领域。令人遗憾的是，这些堪称辉煌的人类文明成就，反而在后来的父权社会阶段丧失殆尽。如果较真地说，哪个社会离动物性更近，答案很清楚，那一定是父权社会。私有制、等级制和父权制都能在动物性上找到其对应的根源。

母系氏族社会就其主要文化特征来说，具有"神意"性、生态性、平等性和包容性。这些特征是黎族为我们留下的宝贵精神财富。

一、"神意"社会

母系社会就其存在基础与管理方式而言，是一个"神意"型的社会。其社会的基本秩序和人们的行为准则，均以整个氏族公认的"神意"为标准。

许多人有意无意地以为，上古氏族社会是由巫师和族长控制的社会，而这些巫师和族长当然会利用这样无从监督的特权来满足个人的私欲。这句话只说对了一半，在形式上，上古氏族社会（包括母系氏族社会）的确是由巫师和族长控制的社会，但他们不是以自己个人立场和意志来掌控这个社会，相反，他们是以氏族公认的神意的标准来管理和引导这个社会。如果巫师和族长假借神意来满足自己的私欲，那么，他所在的氏族要么很快就变成等级制的父权社会。否则，氏族会很快失控而导致消亡。可以说，在母系氏族里，只要混进去一个骗子，这个氏族就必然陷入混乱瓦解的困境。母系氏族的基本形态在这种条件下是无法维持下去的。

从另一个方面来看，这种误解仍然是父权社会的思维定式造成的。在整个父权社会历史中，管理者的贪腐几乎是无法医治的癌症，只能依赖外部监督来进行制约。当观察者看到母系氏族社会的巫师和族长拥有不受人间外部监督的权力时，便以父权社会的逻辑推测其管理者必然贪腐（而后来的父权社会也的确是以当权管理者的贪腐为契机，从母系氏族社会孵化出来的）。

马克思早就指出，人类贪腐的顽症是由私有制的温床培育的，只要有私有制存在，贪腐的动机便将永驻人们的心田。母系氏族社会恰恰是没有私有制的社会，人们完全可以用强大的神意威慑力量，来约束住人的生物性欲望不致越轨。大量的对母系氏族社会的考察表明，以禁忌为标志的神意裁判的约束力远比父权社会以法律暴力的强迫形式更有效、更持久。如果真的有"路不拾遗，夜不闭户"的时代（不是封闭的个别村落的状态），那就只能是母系氏族时代。因为，在母系氏族的人看来，神灵的眼睛无处不在，人无法遮盖自己的任何行为。只有那个时代才称得上是真正的"全民信仰"的社会。在人们的精神世界，那是个洞若观火的时代，所有的角落都有神明关注。这就是母系氏族的管理者不会权力寻租的根本原因。

1.万物有灵

母系氏族社会的神意基础是"万物有灵论"。这与后来父权社会的"一神论"有重大区别。"万物有灵论"建构的必然是一个包容平等的社会，而"一神论"建立的必定是一个等级分明的社会。

"万物有灵论"相信，世间万事万物之间可以通过种种神秘的方式相互感知，相互制约。虽然从现代人的观点来看，这个"万物有灵论"的原则也是由人单方面约定的，但先民在确立这个原则的时候并没有从人的单方面立场出发，而是把万事万物当作与人一样的利益体去看待。今天，我们则把世间的万事万物都看成是人类可以瓜分，可以挖掘的财产。即使是包容性更好的生态主义，也大都是从人的长远需求出发，提出保护动物，保护环境的呼吁。人类中心主义的视角在现代情境下已经无法避免。

黎族的自然观是母系文化价值尺度的延伸，"万物有灵"也是黎族自然观的基础。在黎族人看来，所有的自然物都是应该敬畏的。它们都有自己的灵魂，也有自己的喜好。当你没有正当理由去伤害自然，自然必定会通过某种方式加倍地惩罚你。人的伤痛、病症、摔跤、溺水、发疯等等，都与被神灵报复和惩罚有关。在黎族人的词典里，没有"意外"这个概念，所有人的痛苦，都与人的某种过失有关。因此，与周边所有的自然物（不仅包括生灵，也包括像山、石、土地、河川、湖泊等等）平等和睦相处是人类唯一明智的选择。

在黎人的神意世界里，"神""鬼"未分，善恶未明，显示人的价值尺度还未成为自然的尺度，人对自然物也未形成主宰意识。黎族人的信仰形

黎族舞蹈　焦勇勤摄于东方市

态还未脱离自然崇拜阶段。天地间所有的"鬼灵"都没有组织，没有门派，也没有等级，互不隶属，互不买账。自私放纵则是他们的基本的个体特征。因此，讨好他们，或者回避他们，是黎人的基本策略。对于无法回避的"鬼灵"，则必须用巫术和献祭来摆平，方能保人的平安。过去黎族人众多的生产生活禁忌，相信就是出于回避、讨好，甚至是制衡"鬼灵"的动机选择。

　　黎族以往的生产生活忌日特别多，每逢忌日全体氏族成员都不能出去劳动，或者禁止某一项农事活动。一直到二十世纪初民国时候，一些支系的黎族忌日每月多达十二三天。[①]这些忌日的形成，显然是黎族人在长期的神意

---

① 海南省地方志办公室.海南省志·民族志[M].海口：南海出版公司2006：69.

巫术占卜场面，左为男穿女装的"娘母"，右为汉服装饰的"道公"。
图片采自《黎族传统文化》

社会中对自然神灵恭敬与退让的结果。这当然妨碍了农业生产率的提高，造成了黎族社会现代意义上的发展缓慢。但从另一方面说，这样的生存态度也带来了黎族内部长期的和谐，亲和自然生态，培养了节俭、诚信、友爱的民族精神。

"万物有灵论"在母系氏族社会之所以成立，首先是因为那时人类的生存方式就包容在自然生态的秩序当中，人类在精神领域尚未完成与自然界的分裂，人类无论是整体，还是个人都还没有"物我"两分的观念。相反，人与万物同属这个世间大家庭的成员。他们之间既有合作，也有冲突。合作的条件，冲突的化解，都需要大家公认的尺度和原则。母系氏族的人们便依据自身的情感方式（推己及物），在与自然万物的交往实践中，逐渐形成了世间"万物有灵"的处世原则。例如，人们砍伐树木，打中猎物，都会觉得树木和猎物会疼痛，树木和猎物当然会觉得被人类伤害。他们会伺机报复人类。人类的应对方式，一是尽可能缩小伤害的范围，即只为了生存的必需才去做伤害对方的事情。这在情感上属于迫不得已，情有可原。这与现代滥捕滥杀动物的交易性行为绝不是一回事；二是，在此前提下，对已经发生的伤害行为，进行道歉和解释，在精神甚至于物质方面对被伤害对象进行抚慰和补偿。同时，对帮助过自己的神灵进行答谢。这便是人类最初祭祀活动的由来。

其次，"万物有灵论"将人、动物、植物，甚至于我们今天认定的无机物，都视为有情感有灵魂的对象。他们的灵魂在一定条件下可以离开躯体游走（例如人可以做梦），而死亡就是躯体的死亡，他的不死的灵魂当然会追究伤害他躯体或造成他的躯体死亡的人。

保亭县大本地区杞方言黎族的孩子若多病痛，则视为"凶魂"缠身，其父母在孩子生日那天，杀鸡请"道公"给孩子做"灵魂棺"（取山上的"莉嫩"草，制作小棺材，捉一只蟑螂放进棺内），全家号哭把"灵魂棺"埋葬。人们认为这样可以把"凶魂"埋葬，活人就可平安。①

所谓埋葬"凶魂"就是把"凶魂"送走之意。三亚高峰地区哈方言黎族，对没有举行过葬仪的死者，也要补葬"灵魂棺"。

"万物有灵论"是母系氏族社会的人们敬畏所有自然物的精神心理基础。"祭奠亡灵"成为那个时代通行的处世原则。不仅是针对祖先和亲人，也针对世间的万事万物。

这是黎族《砍山歌》中唱道的情形：

走开呀，快，山姑娘，
免让树低砸头顶，
免让榕枝打到脸。
打到脸你会哭叫，
打到脚你会抽跳，
同爱人也难相亲。

---

① 海南省地方志办公室.海南省志·民族志[M].海口：南海出版公司2006：384-385.

砍山栏的人担心砍倒的树干、砍掉的树枝会伤害到"山姑娘",特意提醒她赶紧躲开。

第三,在上述条件下,人们的日常行为严格受"禁忌"的约束,禁忌便是神意社会的基本"法律",违禁的人将遭"天谴"。当然,这种神意裁判也可以由神的代理人执行,比如巫师或族长。过失性违禁,可以通过道歉与补偿性巫术来求得相关神灵的原谅。

第四,预兆是神意社会感知未来情况的唯一窗口,即将进行的氏族重大活动,如狩猎、战争、开荒等必须通过占卜巫术来询问相关神灵的意图。

黎族的"砍山歌"甚多,从中可窥见原始"刀耕火种"的劳动情景。采自保亭黎族苗族自治县的一首《砍山歌》唱道:

"嗬晰哟,劈园先问地,问地可吉利,是否好运气,运好得谷米,运歹捡树枝。树啊,伙计!"①

描绘砍山劈园时要先祭"山神"、问吉凶,还要讨好"树神",称它为"伙计!"。在黎人看来,劳作是否有很好的回报,除了辛勤的付出,还要看相关神灵的态度。

我们可以通过大量的调研资料,民间故事传说,了解到古代的黎族社会就是一个比较典型的神意型社会。与之相通的是,所有的母系氏族社会也都是神意型社会。

在黎族丰富多彩的神话故事和传说中,动物和植物角色占据了十分重要的位置(在许多故事的情节中,动物和植物的功劳都超过了人类)。它们要么是人类的救星,如保住了黎族祖先性命的葫芦瓜、南瓜、甘工鸟;帮助黎族祖先渡过难关的蛇、黑熊、斑鸠、牛、野猪;要么是人类祖先的对头,如螃蟹精。在黎族人的眼中,它们都有可敬可畏之处。

半坡的母系氏族社会,虽然只能靠出土文物说话,但仍能鲜明的表现出神意型社会的特征来。彩陶几乎就是半坡文化的代言,其中最著名的就是人面鱼纹盆。人面鱼纹线条明快,人头像的头顶有三角形的发髻,两嘴角边各

---

① 注:译意,本书黎族诗歌除另有注释之外,均为黎语翻译成汉语。采录自毛感公唱.

衔一条小鱼。此图反映了半坡人和鱼之间的密切关系和特殊的感情。甘肃王家阴洼出土的一件彩陶瓶，环绕腹部画着4条不同姿态的游鱼。特别值得注意的是，半坡早期的彩陶上，还有鱼与人面相结合的奇特形象，比较常见的有人嘴两旁各衔一鱼，人嘴外廓与鱼头构成共鱼形。另外还有在鱼纹头部圆框中填入人面的图像。这种鱼与人面相结合的形象，人和鱼互相寄寓，又互相转借，意味着人和鱼是可以交融的共同体，被人格化了的鱼类图像和各式鱼类图纹可能是半坡部族的母系生育图腾。

在黎族的典型图案中，同样出现了人与蛙的合体形象。这种亦人亦蛙的图像说明了母系氏族社会人可以与动物形成平等交融，相互渗透，共荣共生的亲密关系。

黎锦人蛙合体形象　鞠斐摄于白沙黎族自治县

黎锦常用形象　鞠斐摄于白沙黎族自治县

黎族祈福的舞蹈《祝福舞》，不仅跳给神和人来看。而且每逢黎历三月的第一个"牛日"，人们都要庄重地给牛跳《祝福舞》，祈盼牛健康成长。在七月晚稻插秧的第一个"牛日"，人们还要郑重地给"稻子"跳《祝福舞》，祈祷禾苗茁壮成长。①

2.禁忌与祭祀

一生一死，是黎族最关注的神秘现象，是神与人关系互动的极致状态。通过"生"，神灵可以获得人的肉身变成人；通过"死"，灵魂也可弃肉身而去，重回神秘世界。关于黎族的母系生殖崇拜，我们在上一章已做过详细论证，此不赘述。我们再来看看黎族围绕丧葬的精神与社会活动。

在比较了黎族氏族社会所有的重大活动后，我们发现围绕着殡葬（黎族

---

① 海南省地方志办公室.海南省志·民族志[M].海口：南海出版公司2006：281.

人称"作鬼")进行的各种仪式和活动,无论是就时间跨度、参加和涉及人数,还是所需的金钱投入,都远超其他节庆的规模和程度。父母的殡葬费常常使子孙后代倾家荡产,他们要用牛来祭祀,用织造复杂的"龙被"来覆盖棺椁。整个殡葬活动短则十几天,长达数月,甚至数年。对于所有的黎族家庭来说,这都是巨额支出。不仅如此,如果判定某些灾祸是由得罪祖先鬼引起的,还要对该祖先鬼再行祭祀,同样也要牺牲献祭。对需要隆重献祭的鬼灵,黎族人无奈地称之为"吃牛鬼"(必须有牛献祭);对需中等献祭的称之为"吃猪鬼";对需小规模献祭的称之为"吃鸡鬼"。笃信鬼魂,这是黎族人被诟病、遭误解的主要问题之一。

在海南南部哈方言黎族"哈应"支系的黎人认为:

> 人死后,死者的灵魂既可保护家人,也可作祟家人。因此,这些地方流行人死后停棺7天、12天、20天甚至几个月不等(视经济条件决定)的习俗。待举行隆重的"作斋"仪式,为死者超度亡灵后,才将死者抬到家族墓地安葬。"作斋"时跳的是《五凤舞》。所谓"五凤"即东、南、西、北、中5个方位。这里的黎族群众认为人死后在一定时间内,其灵魂仍游荡于荒郊僻野,无法归宗,跳《五凤舞》就是为其招回亡魂。[1]

衡量黎族氏族活动重大与否的一个形象标志是这个活动是否要杀牛。牛对于黎族人来说具有特殊的意义,是过去黎族人最看重的家畜。"黎人以牛之有无多寡计贫富,大抵有牛家为殷实,有养至数十头及数百头者,黎内谓之大家当。"[2]牛是财富和实力的象征。这首先是因为,牛是黎族从事农业生产不可或缺的条件,没有牛,稻田便无法耕作。在更久远的年代,黎族是用"牛踩田"的方法平整和耕作稻田,没有牛,即使有再多的土地也没有意义。对于没有牛的家庭,他们宁可出让土地,也要换回耕牛。正因为如此,黎族人对耕牛的重视和爱惜到了顶礼膜拜的程度。在黎族比较重要的节庆活动中就有"牛节"(或称"牛日")。在这一天,牛的主人不仅不让牛劳

---

[1] 海南省地方志办公室.海南省志·民族志[M].海口:南海出版公司2006:280.
[2] 清《黎岐纪闻》.

黎族的献祭场面　图片采自《黎族传统文化》

作,还要敬牛"山栏酒",为牛跳《祝福舞》。因此黎族杀牛就意味着不寻常的日子到了。

用牛来献祭,在黎族人来看这不是奢侈,而是神意社会里最虔诚的表现,是对神灵和鬼魂的极度尊敬。因为他舍得把自己最宝贵的东西作为牺牲奉献。

由于巫术涉及到民族精神心理的强大支撑,所以生命力异乎寻常地顽强。汉族的正统观念一直对巫术嗤之以鼻;20世纪我国"五四"运动以后的启蒙思想又对巫术进行了猛烈的批判;新中国成立后的主流意识形态也直斥巫术为封建迷信,并动用社会组织和宣传力量对民间巫术活动进行围剿。但是,所有这些都不能根除巫术的影响。黎族的情况就更为突出。据《三亚市通讯》披露的数据,育才乡(即黎族"哈应"支系聚居乡镇)从1983～1985年,三年间,共"做鬼"、"作八"(为死人"打斋"招魂)923宗,大约有27万人次参加,杀牛16头,猪1520口,耗资近百万元。而这期间,中国的思想解放与反思运动才刚刚开始,应当说还没有对黎族地区产生重大影响。正统的意识形态仍居统治地位,宽松的社会气氛尚未形成,这种数据就更能说明问题。

神意社会的基本秩序是靠复杂的生产生活禁忌系统来维持的。

黎族早期的生产生活禁忌非常多,保持到民国时期的各种禁忌依然难以尽数。

> 合亩制地区黎族社会中还保留着较原始的历法,以类似汉族地区的"十二地支"来计算日月。十二日为一周期,每日以动物名称作称谓,如鸡日、犬日、猪日、牛日、虫日、马日……并由此形成了许多于此称谓动物有关的禁忌。如牛日不能卖牛,否则以后生的牛仔会死掉;不能盖牛舍,否则牛会死掉;不能穿牛鼻,否则牛会瘦弱致死;而且还不能用牛耕田,怕牛生虫或病死;人也不能播种、拔秧、插秧。马日不能犁田、插秧,否则庄稼不好。虫日忌盖牛舍,否则牛会生虫子;忌田间生产,否则收成不好。鼠日忌建谷仓,否则老鼠会吃掉谷子。猪日不能卖猪,否则以后生的猪仔会死。鸡日忌犁田,否则脚会发软;各家忌下田生产,否则庄稼会受鸟灾。此外,各姓氏对播种的忌日均有不同。如蓝、林、陈三姓忌鸡日,胡姓忌兔日,唐姓忌虫日,张姓忌牛日,李姓忌蛇日,马姓忌羊日等。①

明代《海槎余录》记载黎族祭祀山林打猎时,"有司官兵及商贾,并不得入;入者为之犯禁,用大木枷胫及手足,置之死而不顾,何其愚也?"外人不理解黎人的神圣法则,当然会发出"何其愚也"的感叹。而在黎族人看来,私闯禁地这是冒犯神灵的大忌,后果很严重,凡是黎族内部的人都不会犯如此愚蠢的错误。他们不过是代替神灵来惩罚这些外来的犯禁者。

黎族认为山林中的飞禽走兽都受山鬼管辖,猎人只有在得到山鬼"授意"的首领"俄巴"带领下,才能捕获猎物。因此选举新俄巴时,需要有前任俄巴或老人在猎伴面前当众占卜,看他是否符合山鬼之意。出猎前,也要由俄巴占卜以定吉凶。捕获猎物后,要以猎物举行祭祀仪式。

---

① 海南省地方志办公室.海南省志·民族志[M].海口:南海出版公司2006:93.

挂在屋内的野兽下颌骨　焦勇勤摄于昌江黎族自治县

　　黎族的猎手们会把猎获物的下颌骨、头骨、兽角挂在家里，为打猎时招"兽魂"，保佑以后能多打野兽。

　　有关狩猎的原始信仰活动除表现在选出"俄巴"（领头人）的过程以外，还有所谓"山猪药"、"山猪石"与各种禁忌，黎族人民相信有一些野生植物的"魂"可以把山猪、黄猄、鹿等野兽勾引和迷惑住，好让猎手把它打死。这种野生植物（黎语称"办"、"郷"、"栗"等），多生长在深山和悬崖处，猎手们在农闲的时节翻山涉水把它找回来种在家前屋后的菜地角落里，据说猎手如果没有这种"草魂"，上山就会找不到猎物或看到野兽时连最厉害的枪手也打不中。"山猪石"和"牛魂石"的性质与之相似，它是一种亮晶晶的小石头或小石块，据说得了它就可以打到山猪、黄猄等野兽。这种"山猪石"的神奇作用也常见于黎族的民间传说故事中。

　　狩猎禁止妇女参加，同时当男人上山围猎时，他们的妻子在家也不能织绣，否则会使她的丈夫在山上跌倒。这种禁忌反映了先民对性别分工的恪守。黎族女性在从事专门的女性工作时，也不允许男性在场，例如烧制陶器、文身、织龙被等等。猎手在夜间作恶梦，白天也不能参加围猎，否则会误伤他人。

　　这些禁忌如果不放在黎族母系氏族的神意社会背景下去理解，人们当然就会觉得黎族人愚昧无知，荒唐可笑。

3.禁忌与祭祀

巫术是氏族先民精神生活的核心内容（参见本书的专章论述），因而有理由相信是巫术派生出母系氏族时代的其它文化现象。巫术又是以女性角色为中心形成的，由此推断这些艺术形式是女性创造的当无问题。比较典型的如诗、歌、舞，最初便是在巫师的迎神送鬼仪式中出现的，而后才逐渐脱离特定的巫术情境独立成为新的艺术门类。正因为如此，差不多所有能歌善舞的民族，女性的表演才能都超过了男性，黎族也如此。黎族的各种巫术和祭祀活动中，总是伴随着特定的诗歌和舞蹈，如：《跳娘舞》、《跳鬼舞》、《捉鬼舞》、《五风舞》等等。我们在各黎族乡镇的采风活动中，总是发现女性是歌舞艺术的主角。她们的歌声热情奔放，舞姿优美舒展。

在先民心目中，大自然中的万事万物都是有灵性的，也是有感情的。如何使自然中的精怪与神灵受到感动，从而不危害人类，甚至帮助人类，这是巫术关心的基本问题。取悦于神灵不仅要献上精美的食物，还要考虑神灵的精神与情感需求，于是向这些神灵献歌、献舞就成了母系氏族时代巫术的基本构成。许多人认为，这就是文学艺术产生的原因。

巫术的存在前提是万物有灵的自然崇拜，人自视为万物中普通一员，不比飞鸟低贱，也不比虫子高贵。世间万事万物都是有情感有灵性的。由于人的活动总是要与各式各样的自然物或自然现象打交道，所以，人必须用合适的态度和方法去对待它们。这就是早期人类自然崇拜的由来，也是巫术得以施展的广阔舞台。女巫就是那个时代最早的通神专家，懂得如何用适当的态度和方法去调整人与其它神秘对象的关系，从而避免人因莽撞惹祸上身，并使人在这种复杂的交往关系中最大限度地获益。在神意型社会中，女巫就成了整个氏族观察自然界的眼睛、聆听神意的耳朵和氏族的代言人。她用巫术查验各路神灵的要求和愿望，并且用氏族人能理解的方式解释给氏族成员听，再把氏族的要求愿望用神灵听得懂的方式转告给各路神灵，力促双方和睦相处，防止双方误会冲突。这就是女巫的基本职责，女巫由此成为氏族重大"涉外"活动离不开的翻译和调停人。

在黎族的各种巫术中，鸡卜是应用最为广泛，也是最为庄重的巫术。早

占卜　图片采自《黎族传统文化》

在《史记》和《汉书》中，就有"越人鸡卜"的记载。对黎族鸡卜的记载则出于宋代，作为骆越人的一支，黎族的鸡卜传统很可能来自古骆越人。可惜古籍中并没有详细记载鸡卜的方法，但黎族鸡卜的方式与侗族、瑶族可观察到的方式如出一辙。

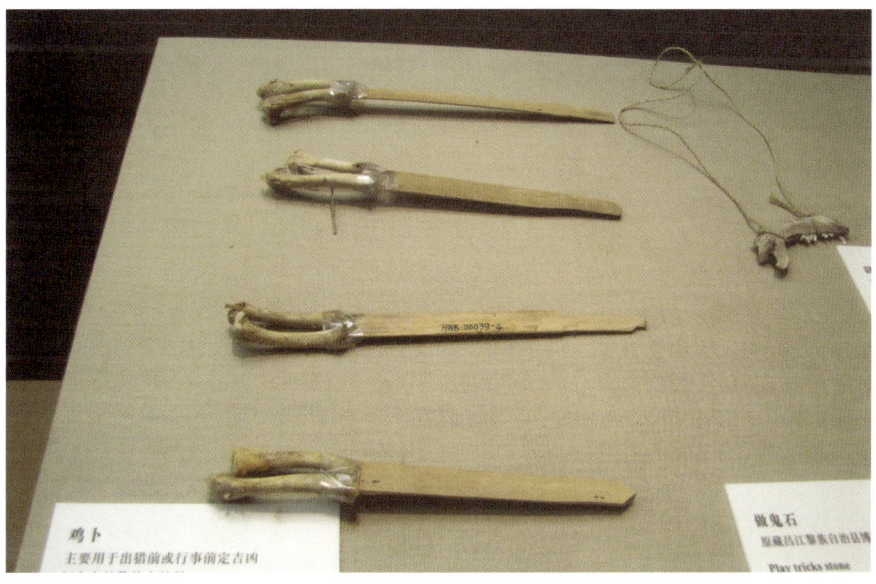

黎族鸡卜用具　文丽敏摄于海南省博物馆

黎峒中每有重大事情要决定，通常要用鸡卜，如战争、出猎、订婚、出嫁等。此外，常见的黎族占卜巫术还有蛋卜、石卜等。

以战时鸡卜为例：

战前，全峒参与者集合，并把武器齐放于峒前草坪上。由主持鸡卜的人杀一只小公鸡，将鸡血淋在武器上，并抽出小鸡的两根股骨来查看鸡卜。杀鸡时，占卜者念咒，求鬼保佑击败敌人。在鸡股骨的营养孔插入小木签，以左股骨代表我方，右股骨代表敌方。若左股骨上的小木签高于右股骨的，表示我强敌弱，当天出战必胜。反之，则会失败。作法完毕，以酒肉款待主持鸡卜的人。若依鸡卜结果行事而获得胜利，事后更要以牛只、铜钱酬谢占卜者。若当日鸡卜不利，三天后再做，直至出现吉兆。[1]

下面这首《蛋卜歌谣》唱道：

鸡呀！黑母鸡呀！
睡在竹窝里。

---

[1] 广东省编辑组.黎族社会历史调查[M].北京：民族出版社，1986：182.

>   高窝和低窝,
>   鸡呀,近窝和远窝。
>   我想问问你,
>   鸡呀,这里可是好地方?
>   宽园和狭园,
>   鸡呀!这里种禾苗是否吉利?
>   鸡呀!①

黎族巫术源远流长,不知就里的外人也把黎人巫术传的神乎其神。这从一个侧面反映了黎族神意社会的强大影响力。1928年,法国传教士萨维纳穿越海南岛进行考察,当地的汉人(今琼中岭门)还极力劝告随行人员,"在这些土著人家,切莫接过一只碗或一杯茶,千万别用黎人的筷子,以免中毒。"②

父权社会发动了对母系文化的丑化宣传,将"女巫"妖魔化。"巫婆"在东西方的很多国家都成了吓唬小孩的妖怪。欧洲中世纪对女巫的宗教审判之荒唐,称得上是骇人听闻。女巫被宗教裁判所描述是无恶不作的恶魔,她们煮食婴儿内脏,与魔鬼性交,传播疾病,杀人越货,等等。受此影响,在父权社会的传播与叙述下,女巫成了长鼻子,着黑袍,骑扫帚,趁夜色从烟囱出入的恶毒无比,丑陋无比的巫婆。

在这场历史的缺席审判中,女巫从来也没有为自己辩护的权力。我们今天也只能从流传下来的女巫唱的歌谣中,去窥视那个时代女巫的真面目。

女巫在父权社会中被丑化成恐怖邪恶的"巫婆",我们在黎族娘母的歌唱里看到的却是极富人情味的一幕,《娘母驱魔歌》唱道:

>   睡吧,好宝贝,
>   妈妈要去田,
>   爸爸要去园,
>   安睡在家里,
>   莫把同伴想。

---

① 海南省地方志办公室.海南省志·民族志[M].海口:南海出版公司,2006:248.
② 萨维纳.海南岛志[M].辛世彪,译注.桂林:漓江出版社,2012:30.

不要象小牛,
留恋嫩草香;
不要象蚂蚁,
留恋海棠果。①

没有什么证据表明巫术在历史上曾犯下多么严重的罪行。巫术用来行骗那是发生在父权社会的事情。应该再次强调:在母系氏族社会是没有骗子的。

黎族巫术场面
近者为穿黎族女性服装的男性"娘母"
图片采自《黎族传统文化》

① 王学萍主编.中国黎族[M].北京:民族出版社,2004:419.

用现代科学观点来衡量黎族过去的巫术，自然"迷信"的成分不少，但巫术也不都是"迷信"，其中也包含着不少现代科学的东西。一些科学方法，其实就是在巫术过程中发育出来的，例如医学。历史上大多数民族都经历过巫医不分的阶段。最早为人看病的就是巫。巫在驱邪看病的过程中，积累了大量的临床经验。巫医占卜做完法事之后，一般都要给病人服用自己配制的草药。黎族巫医已经掌握了数十种内服外用的治疗方法，可以有效地治疗烧伤、发烧、毒蛇咬伤、烫伤、跌打肿胀、骨折、疟疾、瘴气、风湿、惊风、难产、腹泻、胃痛、腰腿痛、癫痫、痔疮、疳积、痧症等等。常用的治疗方法有：内服汤药、火针疗法、针挑疗法、挑痔疗法、挑疳积疗法、灯花灸疗法、艾灸疗法、刮痧疗法、药物熏蒸疗法、药物熏洗疗法、熏贴疗法、佩药疗法、酒疗法、拔罐疗法、药熨疗法和食物疗法等等。1974年，海南黎族苗族自治州政府动员民间献出的草药方就有365个。①

当人心是用信仰的方式自律时，其效果最佳，社会成本最低。当人心是用刑法的方式他律时，其效果最差，社会成本最高。今天我们为了维持社会的基本稳定，不得不供养着庞大的公务员队伍，包括公、检、法、税务等等。这种外部监管必须依赖缜密的法律和法规体系来运作，但仍不能杜绝违法犯罪行为。事实证明，没有信仰支撑的道德极易被腐蚀。这是当代世界的癌症。今天，当曾经是很质朴的农民也开始把有毒的蔬菜和粮食卖给他人，而给自己留下小量的无毒食品自用时，我们还能怎么说？我们还能说什么？

全体氏族成员笃信神意，意味着在那个时代没有今天让我们头痛不已的"流氓"、"无赖"、"小人"、"恶棍"、"小偷"、"骗子"、"流浪汉"等等角色；房屋无需设防；人心亦无需设防。人们把疑难问题都留给神意来裁决，不必自己费尽心机疑神疑鬼地去搜寻猜测。许多在当下看来是无从解决的复杂问题，在黎族氏族社会那里反而变得十分简单。

过去黎族在碰到一些无法裁决的疑难问题时，往往求助于"神意裁判"。雷神就是黎族"神意裁判"的首选神灵。

（黎族人）当有些事情不能明断的时候，便进行雷神判。如某个人

---

① 参见：《海南省志·民族志》第1章第8节，海口：南海出版公司，2006.

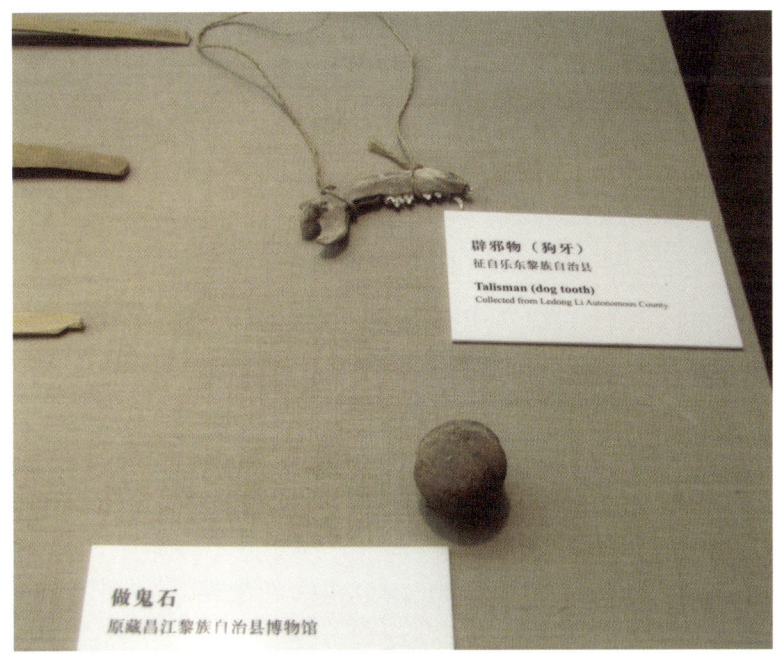

黎族的巫术用"法器" 文丽敏摄于海南省博物馆

的财物被盗窃,但没有抓住盗贼,只是怀疑某人,在此情况下,无论是被偷的一方,还是被怀疑的一方,都可以把口水吐到手心里,对对方说:"如果你确实没有偷我的东西,你敢用你的手掌击我的掌心吗?"或者说:"你确实认为我偷了你的东西,你敢击我的掌心吗?"如果是做贼心虚或者是不敢确定,一般不敢与对方击掌。击掌后由雷神审判,雷劈死谁,就是谁做了亏心事。人们相信,雷会劈死做了亏心事的人。①

在黎族人眼里,只要此人敢于对神灵发誓,他的话和人品就是值得完全信赖的。这种思维方式也一直体现在黎族向父系氏族社会过渡时期的"习惯法"中。

当然这种神意型思维模式也使后来的黎族人,在历朝汉官、汉商的欺诈与谎言面前吃尽了苦头。这正是早期黎汉冲突的精神鸿沟之所在。"一般来

---

① 王学萍主编.中国黎族[M].北京:民族出版社,2004:114.

说，黎族群众向汉族商人借贷，都是以半年为期，年复利100%。到期不结账，利上加利，要用田、牛来抵偿。如乐东县永益乡老村容亚璜，在民国22年（1933年）借了汉族商人赵学明200个铜钱，3年未还，便被勒索了1头牛和80箩谷子。"①黎族人对汉族人的看法由此可知。而黎族神意型社会的解体，也的确与汉商的交易行为有关。

汉族商人对黎族的不平等贸易和欺诈行为，引发了黎族人对汉族人的戒备与憎恨。这种情形甚至引起了当时在海南考察的日本文化特务们的注意，并建议日本军队在侵略海南岛时加以利用。②黎族人对汉人的这种憎恨直到新中国成立后，才逐渐化解。

母系氏族社会的人们对神灵也并非一味谦让，而是有自己明确的原则。如果他们觉得某个神灵在人们三请四敬的情况下仍故意刁难，他们会奋起反抗，并利用某种手段去惩罚这个神灵。从这样的关系来看，母系氏族社会（包括父系氏族的早期）中人和神的关系基本是平等互动，相互制约型的关系。人有自己的尊严和权利，这与后来父权社会"一神论"时，人匍匐在地，神高高在上的情形截然不同。

后来的父权社会虽然也经常讲"神意"，但这种"神意"已逐渐沦为人欲的工具，例如，源远流长的"君权神授"论，"天人合一"论，以及历朝历代大肆宣扬的"天降祥瑞"，农民暴动利用的"天机""神迹"等等，往往成为欺世盗名者的幌子。在西方的父权社会，宗教裁判所同样打着"神意"的旗号为人类特定集团的利益服务。这样的事例不胜枚举。

在"神意"型社会中，没有任何人，任何集团，可以把自己的利益凌驾于其他社会氏族成员之上。那是一个在"神意"面前人人平等的社会。

历史将会证明，真正的"神意"社会只能存在于母系氏族时期。如果对比母系氏族时期的"神意"形态，后来所有的父权社会都可以称为"世俗的社会"。如果说母系氏族社会是物质匮乏但享用均等且人心澄明的社会，那么近现代的父权社会就是物质丰裕但贫富悬殊且人心蒙尘的社会。何者为"文明"，何者为"野蛮"？

---

① 海南省地方志办公室.海南省志·民族志[M].海口：南海出版公司2006：107.
② 参见金山.日本人眼中的黎族[G].《海南历史文化研究集刊》第一辑[M].海口：海南出版社，2009年.

二、生态型社会

在神意统治的基础上，母系氏族社会必然是生态型的社会。先来看一首黎族的《守山栏》歌[①]：

> 为守山栏地，
> 来到深山里。
> 伙伴呀伙伴，
> 下了山栏种，
> 鸟儿扒开充饥肠，
> 熟了山栏稻，
> 野鸡又来吃光光。
>
> 鸟儿满山乱吵嚷，
> 鸟儿成群又结队，
> 阿爹摇头没法子。
>
> 坐到半夜山风凉，
> 小青蛙呀，
> 闹嚷嚷。
> 大田鸡呀，
> 叫声响。
> 处处田埂上，
> 成群结队喊得忙。
> 土狸路过，
> 大口一张，
> 它们扑通扑通，
> 跳下水，
> 大的青蛙，
> 响声特清亮。

---

① 毛感公唱.

黎族在海南岛繁衍生息了两千多年，一直到上世纪50年代以前，黎族聚居区水碧山青，生态环境始终处于良好状态，森林覆盖率在90%以上。今天我们大力倡导的生态友好型社会，在黎族千百年来即是。这主要得益于黎族广泛的自然崇拜观。对自然万物的敬畏，使过去的黎族人对自然资源取之有度，并在生产生活中着眼于自然资源的恢复。这样的生存策略使黎族在近三千年的海南岛开发过程中，始终将对自然资源的利用程度保持在自然界可自我修复的状态之内。

与自然和谐相处是以往黎族与自然关系的基本特征。过去学者一般认为像黎族这样的原始民族之所以与自然保持着和谐共生的关系，是因为他们那个时候生产力低下，生产工具简陋。这种观点虽有一定的道理，但却片面，忽视了对黎族价值体系的考察研究。问题根本原因还在于黎族并不把自然当成要征服的对象，而是要崇拜的对象。机械的马克思列宁主义者，或许还将套用"社会存在决定社会意识"的观点，将西方资本主义视为天下的普遍规律，从而否定像黎族这样的原始民族价值观的历史传承价值。而实际情况是，西方资本主义用暴力加文化灌输，瓦解了世界其他民族多样化发展的可能性。如果说，这就是人类发展的普遍的客观的规律，那人类社会的命运就太可悲了。

今天，当我们从全球性的人为环境灾难中猛醒过来时，才发现像黎族这样的自然观更符合人类的根本利益。然而，恢复与重建似乎已经太晚，人类的贪欲已经被从潘多拉的盒子中释放出来，好像没有任何办法让其再回到魔盒里去。"绿色和平"和各种各样的生态主义，在今天都难逃成为世界政治斗争工具的命运。就连当代黎族人也与自己祖先的生存方式渐行渐远。

1915年，阿尔贝特·施韦泽①提出了"敬畏生命"的理论，随即在世界范围内产生了很大的影响，其基本含义是：不仅对人的生命，而且对一切生物的生命，都必须保持敬畏的态度。这种学者个人的醒悟，其实就是回到了黎族早期的精神存在状态。

---

① 阿尔贝特·施韦泽(Albert Schweitzer，1875~1965)，法国思想家。他创立的以"敬畏生命"为核心的生命伦理学是当今世界和平运动、环保运动的重要思想资源，代表作品为《敬畏生命》。施韦泽曾于1913年来到非洲，在加蓬的兰巴雷内建立了丛林诊所，服务非洲直至逝世。他于1952年获得了诺贝尔和平奖，被称为"非洲之子"。

黎族船型屋　张军军摄于东方市

　　到了上世纪50年代，施韦泽的思想开始体系化：一是认为所有的生命意志是普遍平等的，真正的哲学要从这个意识出发；二是人的道德就是对一切生物的无限广大的责任；三是过去一切伦理学的根本缺陷在于认为伦理只处理人和人的关系。[1]现代学者用理性重新认识到的人与自然的关系的理想境界，是黎族人早就用生命本真体验到的生存常识。

---

[1] 阿尔贝特·施韦泽.尊重生命的伦理学[G].二十世纪西方宗教哲学文选[M].上海：三联书店上海分店，1994：1414-1436.

人类对一切生命负责的态度，其根本理由是对人类自己负责，如果没有人对所有生命的尊重，人对自己的尊重也是没有保障的，"谁习惯于把随便哪种生命看作没有价值的，他就会陷于认为人的生命也是没有价值的危险之中。"正如施韦泽所说："我们的生命来自其他生命，其他生命来自我们的生命，这一生理学上的事实在精神意义上特别重要。"现代社会人与自然的

黎族的捕鱼器具
焦勇勤摄于昌江黎族自治县

紧张、对立和单方面利用的关系，完全是由于人类不重视这一法则造成的，是人类自大加无知的一种后果。施韦泽说："不论何时不论何种方式，我的生命对另一个生命贡献出他自身，我的生命意识就经历了一个从有限到无

限的融合的愿望,在这个愿望中,所有的生命是一个整体。"①人类长久以来将自然生命排斥在"生命意识"之外,这是传统文化和伦理的根本缺陷所在。将伦理的范围扩展到一切动物和植物,是施韦泽生命观的重要特征。他说:"由于敬畏生命的伦理学,我们与宇宙建立了一种精神关系。我们由此而体验到的内心生活,给予我们创造一种精神的、伦理的文化的意志和能力,这种文化将使我们以一种比过去更高的方式生存和活动于世。由于敬畏生命的伦理学,我们成了另一种人。"②可见,只有人类拥有对生命的敬畏之心时,我们自身的精神世界才会获得最大程度的开放。这不仅是对动物的尊重也是人类自尊的体现,自然会因为这种尊重在人类面前呈现出它的无限生机,人类才会感受到生命的高贵与神奇。"有思想的人体验到必须像敬畏自己的生命意志一样敬畏所有的生命意志,他在自己的生命中体验到其他生命"。③任何一个生命个体,它的生命意志都与人的没有任何区别的。

美国的生态学家梭罗认为,地球上生存的所有自然物,包括人、动物、植物甚至岩石、土壤等都应受到尊重,他写道"可是我比猎者或伐木者更关心野兽和森林保护,仿佛我自己便是护林官一样,假若它有一部分给烧掉了,即便是我自己不小心烧掉的,我也要大为悲伤,比任何一个森林主本人都要哀痛得更长久,而且更无法安慰。我希望我们的农夫在砍伐一个森林的时候,能够感觉到那种恐惧。"④这种"恐惧"是源于人亵渎了神圣的生命所带来的恐惧。显而易见,我们考察的黎族人正是梭罗所期望的身怀对自然"恐惧"的人。长久以来人类习惯了以一种高高在上的姿态践踏甚至残害其他生命,对植物就更不用说了,但梭罗却认为:"甚至在这种时代,这新大陆上的森林却还是极有价值的,有一种比黄金更永久更普遍的价值,这真是很惊人的。"⑤"如果有人因为虐待孩子而被控告,那么,其他人也应该因为虐待交给他们照看的自然的面孔而被控告。古老的树木是我们的父母,可能还是我们的父母的父母。"⑥如果梭罗了解过去的黎族人,他可能会顶礼

---

① 陈泽环,朱林.天才博士与非洲丛林——诺贝尔和平奖获得者阿尔贝特·施韦泽传[M].南昌:江西人民出版社,1995:161.
② 阿尔贝特·施韦泽.敬畏生命[M].陈泽环,译.上海:上海社会科学出版社,2003:8.
③ 同上书:9.
④ 亨利·戴维·梭罗.瓦尔登湖[M].徐迟,译.上海:上海译文出版社,2004:232.
⑤ 同上.
⑥ 转引自王颖.十九世纪"另类"美国作家研究[M].济南:山东教育出版社,2007:29.

膜拜黎族人的自然观。

我们如此详细的梳理西方生态主义思想脉络，目的是想告诉人们，以黎族为代表的先民在数千年前就是这样与自然和谐共处的。

黎族人的自然崇拜对象非常多，但凡是自然界呈现的现象，大都在黎族人的崇拜范围。这是因为，黎族直到19世纪之前很长的历史阶段都处于生态

黎村　张军军摄于东方市

环境系统之内,称得上是"自然之子"。他们的所有生存需求,都来自于未加改变的自然物。他们绝大部分的废弃物,都可以重新回到自然界参与新一轮的生态循环。我们今天还能查阅到的黎族各种调查研究资料中,有明确记载的"崇拜物"就有十几类数百种,择其要者分述如下:

1.天象崇拜

昔日,为了祈求丰收,黎族的先民要经常拜天求雨或求晴。在他们看来,雷、风、雨云、雾、等天象都有一种神秘的"灵性"在。黎族人普遍认为威力最大,也最可怕的是雷公鬼、太阳鬼、风鬼等。人头痛发烧生病时,会被认为是不小心触犯了雷公鬼或太阳鬼;患疟疾,则是因为触怒了风鬼;庄稼遭受虫害、风灾,则是雷公鬼在作祟。

白沙一些地方的黎族将雷公鬼的形象雕在发簪(骨雕)上。得了"天鬼"病,或保佑平安祈求丰收,要杀牛、猪、羊、鸡祭祀。东方美孚方言有祭天习俗。"祭天"就是求上天保佑黎民百姓平平安安,顺顺利利 。"祭天"时,由几位"奥雅"(老人)代表全村人祭天。每年阴历正月(春节后)第五天,村里的老人们跪在地上,昂首向天,祈求天地鬼神保佑。久旱无雨,也要祭天。活动的规模大,时间长。祭品为牛,牛要个大、肥壮,牛角要长并有一定的弯度。祭天之日,全村所有的铜锣都要集中到"奥稚"家里,"鬼公"在临时搭起的祭棚前作法事。全村人站着听、看,老人家里还设有一面大皮鼓,人们边敲锣打鼓,道公边随着锣鼓声的节奏念咒语、跳舞。道公先歌颂"天神",后敲击"木鱼"。向天神呼唤道:"地上已经久旱无雨了,天神请你下雨吧!"道公说天上已答应下雨了,人们就杀牛(水牛),将牛角挂在榕树上,一边插一根青竹枝,上面挂四团棉花,意思是棉花是天上的东西。竹子可以当做"天梯"的,天神可以沿着天梯下凡取走祭品,这样天就会下雨了。

祭拜天的仪式功能相似,但各地形式各不相同。每当人们认为

黎族谷仓　张军军摄于东方市

天鬼发怒，使人发病时，要备羊、牛各一，由娘母或道公用来祭天鬼；播种的前一天，同一"合亩"的人家或同一宗族的人家也要请"鬼公"祭天鬼，杀一头小猪求天鬼保佑；山栏稻苗长到一寸高时，要进行问天鸡卜。杀鸡前，先在山栏地旁边搭一小木架，作为祭坛，放上若干祭品。若有婚后长期不孕者，娘母或道公就将当事男女的衣服摆放在门外，祈祷天鬼，并杀黄牛或猪，求天赐子。①

2.土地与稻种崇拜

黎族先民认为稻谷丰收是"地母"的恩赐，要祭祀地母以表示期待和感恩，合亩制地区祭祀"地母"非常流行。例如在开犁时亩头夫妇要先到河里洗澡净身更衣，然后回家静坐，一直等到傍晚，亩头才去犁第一道田，并反复念道："大雨降临如倾盆，点点滴滴落田中。"在播种那天，亩头孤身一人到田地做象征性的播种动作，还要不声不响，小心翼翼，以防鸡、狗乱

---

① 参见：海南省地方志办公室.海南省志·民族志[M].第1章第7节，海口：南海出版公司，2006.

叫，见熟人也不能打招呼，怕惊动"地鬼"。插秧前，亩头要先插几株称为"谷魂"的秧苗，其他人才能开始插秧。到稻谷成熟时，亩头又把数株稻谷捆在一起，中间放小饭团，奉给"地鬼"以答谢地鬼的赐饭之恩典，妇女到田间捻稻时，也要接"谷魂"。亩头的妻子念道："谷魂回来，鸡犬避开，安回谷仓。"吃新产的稻米时，也要举行祭祀活动，全合亩的人都到亩头家饮酒、唱歌。

"稻公稻母"（黎语称"麦雄"，意即"五谷的灵魂"），又称"头米"。这些稻谷只有亩头一家人可以吃（据说这些稻公稻母一定要留给亩头吃，否则对来年生产不利），不能出卖、转让或赠送。但可以拿来救济亩内的困难户。①

东方地区美孚方言黎族人认为，土地公能保护全村人畜平安，风调雨顺。如有天灾、虫灾、流行病、瘟疫等，都要祭拜土地神。因此，村头设有土地公的神位，人的村要建庙，称之为"土地庙"或"土地公"，但大部分只有一个神龛。土地公的形象有的是一个泥塑小人，有的是一块卵石，都用红布包裹。发生灾难时，人们要杀牲祭拜，小灾杀鸡杀猪，大灾宰羊。每年除夕、正月初一、清明节、七月十四、端阳节、十一月初七，或有械斗、流行病发生时，全部宗族的男子都拿鸡或猪头、糯米饭、酒到土地公那里祭拜，由"奥雅"在土地公前作鸡卜和筊杯卜，请求"土地公"保佑全村人丁兴旺、多获猎物、谷物丰收。如耕牛不见了，要作筊杯卜，请求土地公帮助失主找回耕牛。结婚时，新娘过门到男家的村头时，新郎家备猪头一个，猪肉一块奉献给"土地公"。"奥雅"在土地庙前作法事，做筊杯卜。

海南岛地处地震带，经常发生有感地震。黎人过去认为这是"地鬼"作祟，每当有地震发生，必请"娘母"杀猪做法，祭祀"地鬼"。

3.牛崇拜

黎族人对牛（水牛和黄牛）十分崇拜。传说黎族祖先曾骑在牛背上逃过

---

① 海南省地方志办公室.海南省志·民族志[M].海口：南海出版公司，2006：84.

大洪水的围困。黎族人视牛为家族的福运。因为犁田种地，婚丧嫁娶等大事，无处不用到牛。黎族人认为牛和人一样，有灵魂，有感情，过去黎族家家户户都珍藏着被一被称为"牛魂"的石头。特别是合亩制地区的黎族，对牛崇拜更甚，每年农历三月初八要过"牛节"，这天不仅不能杀牛，也不能让牛劳作耕地，还要给牛喝一种用"牛魂石"浸过的酒，以祈祷保护牛的平安，保佑来年稻谷丰收。

4.树崇拜

昔日黎族村寨周围都有荆棘类植物形成严密的保护墙，村中间或村口往往有一株几百年甚至上千年的大榕树、酸梅树或芒果树。树上悬挂着一个大皮鼓，也有的黎族村寨的大皮鼓是悬挂在竹楼上）。发生械斗等紧急情况时，峒主就会击响挂在树上的大皮鼓，召集全村的人准备战斗。久而久之，该树就成了人们崇拜的神树，不仅不能砍伐，而且不能随便折枝攀登，更不能拴牛。

黎族人认为大树通灵，这种灵性能养育人类的灵魂。人死后，"灵魂"就会回归到森林中去，只有这样人的灵魂才得安宁。因此每个黎族的血缘集团都有一块十几亩、上百亩的原始森林墓地，墓地里的树木植被不能砍伐。每年农历二月初二，在砍山栏前都要祭山神，让山神保佑砍山平安顺利，五谷丰收。

保亭黎族还崇拜"箭毒树"、"漆树"和"灵保树"。人们认为大树会变成妖精，保城什立村口有一棵3人合抱、十几丈高的箭毒树（俗称"加独"树）。这种树的汁液有毒，据当地人说，每当暴风雨来时，它都想变成妖怪害人。因此，人们在树上钉了很多马钉、铁钉，这才把这棵树的"魂"镇住，使它无法变成妖怪。人们进行劳动，若不慎砍了漆树，就会被漆树"喷"得全身浮肿，奇痒难忍（漆树过敏）。这时被漆树"喷"的人就要把灵保树绑起来痛打，大骂灵保树不该让部下去害人。据说被绑的灵保树经毒打痛骂后，不过几天，浮肿、奇痒就逐渐消失了。此外，黎族人认为各种果树也有树魂，为使果树魂不游荡，多结果实，人们在大年三十，会在椰子、波罗蜜、槟榔等果树上贴片红纸，祝树魂安定，多为主人开花结果。

黎村　焦勇勤摄于昌江黎族自治县

5.山崇拜

过去黎族认为山林里的飞禽野兽都受"山鬼"的统辖，要捕捉猎物，只有得到"山鬼"同意，狩猎才能成功。狩猎的首领——"俄巴"在狩猎之前，要进行鸡卜和蛋卜，以定吉凶，并用猎物举行祭祀"山鬼"的仪式，还要把猎物的下腭挂在家里屋门顶下，俗称为"兽魂"。

为祈求丰收，每年农历正月选地种植时，要到深山密林中举行祭祀山鬼

祭祀"山鬼"　图片采自《黎族传统文化》

的仪式。他们在选好的旱谷地里插上数根木棍，上盖带叶的树枝，作为祭坛，然后口念祭山鬼的咒语，进行占卜。假如反复占卜多次都得不到吉祥征兆，就弃此而另选。一俟选定，烧山前夕还须在旱谷地上撒米，请山鬼保护火力和风向。戳穴点种后，用稻秆和破布扎成若干草人，作为山鬼的化身，插在旱谷地的周围，认为可以防御野兽的蹂躏。

"山鬼"是黎族人笃信的保护神，人们上山活动，如砍山栏或上山打野猪时，都要先祭山鬼，黎语叫做"开寨"，即打开山门之意。黎族一般每年正月初祭祀山鬼。仪式开始时，领队的长者在寨门口站立，左手持箭，右手持青杖。他挥动青杖高呼三声之后，象征性的打开大门，然后舞动青杖扫周围空间，边扫边朝山里走去。在山脚的岔口处已有人备好祭山鬼的祭品，长者走到那里跪下，唱诗歌颂山鬼，祈求山鬼保佑人们进山顺利，回归平安。仪式完后，人们才可以放心进山。有的黎族支系还把"山鬼"视为女性，认为这个女"山鬼"甚至会骚扰戏弄砍山栏的男子。

另外，黎族人对能预报天气的山峰极为崇拜。黎族村落都在山峰脚下，人们对山既怕又崇拜，认为山是凶险的，但它能给人们提供生活来源。有的山峰在天气变化时，会发出某种征兆来告诫村里人。例如山峰被整块云雾盖住，人们就认为是山鬼戴帽，快要下雨了；山腰被整块云雾拦腰环绕，就认为山神束腰，是要有大风的征兆。因此，对能预报天气的山峰，村民们要不定期的杀猪祭拜。

6.石崇拜

黎族崇拜石头，是因为他们认为石头神有多种神奇的功能，如有些石头能促进人的生育，有的石头能保护庄稼不被鸟兽吃掉。清代张庆长在《黎岐纪闻》中记载："有石之细润者，黎人谓之石精，大如枣栗，五色皆有之，黎中珍而藏之以为宝，谓可镇家，猎者藏储身边，获禽兽独多"，"有大如拳者，另为一种，用水磨之以食犬，则有力而能追逐山兽，可以捷获。石即考于黎内，幸者无心辄得之，否则寻之不能一遇也。"

7.风崇拜

海南东方、乐东、昌江、白沙以及三亚等地的哈方言黎族对"风神"（风鬼）很是畏惧。若走在路上，突然有旋风袭来，他们会认为这是"风鬼"作怪。因此，无论是大人或小孩碰到"黑旋风"，回到家后都要请"鬼公"查风鬼的来历，然后杀鸡祭祀，并将小鸡丢到庭院前的牛、猪栏外面，以送"风鬼"。

8.火崇拜

火在黎族古代社会中占有极其重要的地位。用火是黎族人开荒播种的前提条件。火能把大片的植被烧掉，焚烧过后的草木灰就地肥田。黎族过去的山栏园就是这样开辟出来的。火可以烧水煮饭，冬天还有御寒功能。但同时，黎族的竹木式建筑容易起火，火灾的频繁发生顷刻间就会把房屋和村庄烧掉，并极易伤害人身。火在黎族先民那里自然成了有灵性的怪物。人们对火由敬畏发展到崇拜，各方言黎族崇拜火仪式集中表现在祭祀"灶鬼"的活动中，即任何敲击、跨过和乱动用三块石头搭成的炉灶，都被认为是对"灶鬼"的冒犯，将会受到"灶鬼"的严厉惩罚，生病受伤，后果非常严重。黎族人自古对"灶鬼"不敢怠慢。

9.鱼龙崇拜

龙在黎语叫"党"，是黎族人心目中威力无边的水神。水是庄稼的命根子，与汉族差不多，龙也因此成为黎族农业的保护神。海南东方地区哈方言支系的黎族姓氏中有"龙的孩子"之姓，他们认为自己是龙的孩子。在美孚方言支系的黎族中有"鱼龙村"。黎族过去还有氏族叫做"龙吟峒"，他们认为本氏族与龙有着特殊关系，龙因而成为自己氏族集团的标记和称号。

10.鸟崇拜

有关甘工鸟的传说是黎族地区家喻户晓的故事。故事描述了一个勤劳、勇敢、善良、美丽又聪明的黎族姑娘甘娲，她热恋着情人劳海，但她的后母贪图钱财一心想把她嫁给财主。甘娲坚决不从，后母就把她囚禁在竹笼里送到财主家。甘娲在笼子里听到燕子的叫声，叹惜何以人不如鸟？甘娲便产生了变成鸟的念头。天神帮助甘娲化成鸟飞走了，她不住的发出"甘工"的悲声，成为黎族人民世代敬仰的吉祥鸟。

11.狗崇拜

往昔，黎族社会中，狗与人的关系特别密切。一个人上山做事要带狗，头戴红布，腰系刀篓，手持弓箭，狗在前面走，发现目标就会叫起来，主人即有防备。每年农历三月初三和春节期间人们集中上山狩猎要带许多狗，以帮助围剿猎物。由于狗的作用很大，故黎族对狗很崇拜。上世纪50年代，中南民族学院曾经在原保亭县一区，采录到黎人以狗为崇拜对象的传说。1928年法国传教士萨维纳也在该地区采录到几乎一样的传说。①

12.水崇拜

---

① 参见① 萨维纳.海南岛志[M].辛世彪，译注.桂林：漓江出版社，2012：38-39.

在小溪边歌唱的黎族妇女　焦勇勤摄于东方市

"水鬼"也是黎族经常祭拜的对象，人们祈祷田地不受旱涝之灾，祈祷房屋村寨不受洪水和暴雨袭击。针对"水鬼"管辖的功能不同，又有水浮鬼、落水鬼之分。在祭祀的仪式和祭品的选择上，都有所不同。

13.猫崇拜

大部分黎族人不吃猫肉，他们视猫为家神——灶神的化身。毛道峒抗茅村的黎族一向忌吃猫肉，猫死后由男孩两人用竹竿抬至村外椰子树下埋葬，抬者要沿途痛哭。抬猫埋葬回家后要先吃酸菜，然后吃饭、喝酒。毛道地区黎族视猫为自己的祖先，禁止杀猫吃肉。保亭和琼中两地的黎族认为自己的祖先与猫有"亲谊"关系，禁忌捕杀，猫死后还要将其埋葬，沿途表示哀悼。

14.木棉、芭蕉、番薯崇拜

生态环境依然良好的黎族村寨　焦勇勤摄于昌江黎族自治县

东方地区哈方言支系黎族的姓氏中有"木棉的孩子"、"芭蕉的孩子"和"番薯的孩子"之类的姓氏。显然是这些氏族把特定的植物作为本血缘氏族的图腾称号，从而视这些植物为自己氏族的祖先和保护神。

15.竹崇拜

海南南部地区田独、鹿回头、尖峰、中沙等地汉姓为"符"的黎族人，有竹崇拜的习俗,并把竹子作为他们的姓氏。黎姓氏语叫"色顺",即"竹的孩子"或"竹丛下"之意。凡是"色顺"同姓氏族都会定期集中在一起,杀牛宰猪祭祀自己的祖先,"色顺"也是图腾崇拜的遗迹。

16. 蛙崇拜

前面已有专章详述,此不赘言。

这些广泛存在的自然和自然物崇拜,虽然在今天的资料来源上看是采自不同地区,但从其母系氏族社会的文化大背景上来说是带有普遍性的。

对"万物有灵"的信奉,使母系氏族社会的黎族在与自然打交道时小心谨慎。"万物有灵"的出发点,有点像今天人们所说的"换位思考",是一种以己推人的立场。当事的黎人会从对象物的感受,来想象人的行为可能对其带来的影响甚至是伤害。由此尽量缩小和控制这种影响和伤害,并对此做出补偿。

《砍山栏》歌谣中唱到:

> 高的树我用梯子爬,
> 矮的树我用手脚蹬攀,
> 砍掉旁枝吧,
> 留下树顶的翠冠,
> 给鸟儿居住,
> 让鸟儿安眠,
> 在树底种下水瓜,
> 让瓜藤儿窜上树干。①

当然,黎族人对其他生灵的袭扰侵害,也十分生气。例如,面对野猪和某些鸟类对他们农作物的偷食,黎族人也会采取各种各样的惩罚措施。

---

① 王月圣.黎族创世歌[M].海口:海南出版社,1993:65.

劳动真美　张军军摄于琼中黎族苗族自治县

烧净播下种，
再来守山栏，
为防山猪来，
夜夜不合眼。①

黎族对待大自然的基本原则是：
相互尊重，信守承诺
取之有度，休养生息

---

① 王月圣.黎族创世歌[M].海口：海南出版社，1993：68.

看管山栏园　图片采自《黎族传统文化》

坚持原则，有理有据

知错悔改，自我惩罚

只有真正深入黎区去了解黎族人的生活，你才会发现，刀耕火种不仅不像我们原来想象的那样野蛮，而且简直堪称是一种生态智慧。以往黎区的旱地都不是永久性的农田，而是处在不断的轮耕轮休状态当中。每块坡地在耕作两三年后，便放弃种植，使其经过8～10年时间的休养生息，充分修复，才会进入第二轮作期。

我们做过许多有关黎族传统文化与物质生产方面的田野考察，对黎族人民；与自然环境的相处方式有了进一步的了解。

过去润黎对土地开发的整个过程可简单分为以下几个阶段：第一阶段是

在年初正月时先规划好需利用的地,规划的原则是土地上的树木数量少,且与规划范围外的林木间隔距离稍远,一般整个范围在三到四亩为宜,为什么要先做好规划呢,这是在为第二个阶段做好准备,以避免在进行第二个阶段时造成不必要的损害,从这个步骤就可以看出润黎对土地的保护,也是与生态环境和谐共处的表现。第二阶段是在二月份内把地上面的树木连枝带叶给砍掉,并用火给就地烧掉,因为之前已经对土地进行了合理规划,在焚烧时就不会对周围的环境造成致命性的毁坏,烧完后旁边的环境依然是绿色的;第三阶段待烧剩下的草木灰自然还田变成肥料;第四阶段开始播种、作物生长。在循环播种收割三四次后,就放弃在这块地上种植,重新按之前的方法选取一块新的地来开发使用。被放弃的地就被搁置起来,最起码在八年内不会重新开发成种植地。在这一个时期内,该块地就可以休养生息,恢复原来的土地特质,恢复开发前葱葱郁郁的景象。明代顾岕在《海槎余录》对这种方式做了详细的记载:"黎俗四月晴霁时,必集众砍山木,大小相错,更需五七日,酷烈则纵火,自上而下,大小烧尽成灰,不但根干无疑,土下尺余,亦且熟透矣。徐徐锄转,种棉花又曰贝花。又种旱稻,曰山禾粒大而香,可食。连收三四熟,地瘦,弃置之,别择地所用前法。"①

过去黎族视"砍山栏"为一件极其重大的氏族农事活动,事先要规划祭拜;事中要严守禁忌;事后要感恩拜谢。如"遇开垦'山栏'地砍树时,宅内家人不能扫地,梳头发和吵闹,妇女不能纺纱,门口要挂一条树枝,外人忌闯入,否则出外砍树者会跌下树或被夹住。"②

砍山栏有两种方式。一种是,在离居住地较远的地方,砍山成园后,不翻土、不施肥,用尖木棒戳地成穴,种1~

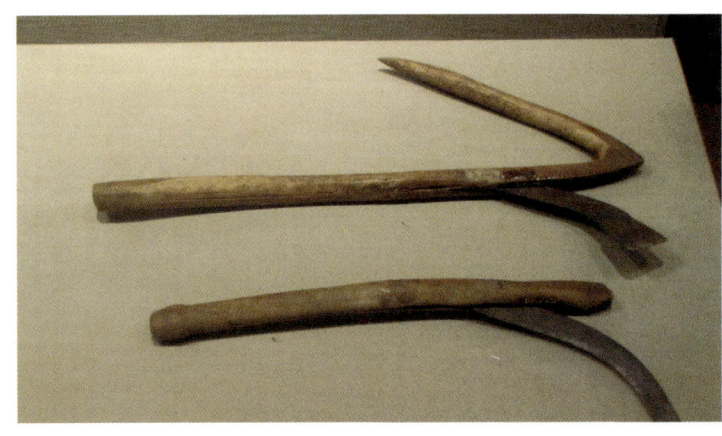

割山栏用具　文丽敏摄于海南省博物馆

---

① 明·顾岕《海槎余录》
② 海南省地方志办公室.海南省志·民族志[M].海口:南海出版公司,2006:94.

3年便丢荒10～20年。另一种是，在离居住地较近的地方，砍山种一年后，用锄头翻土，把稻秆压下作肥，然后挖坑种番薯，到翌年二三月收薯后，利用挖薯翻起的松土，再以尖棒戳种下山栏稻，如此反复。种植3～4年甚至8～10年，直到稻谷的收成骤减，即行抛荒，待过10～20年后，土地重新长满草木，自然恢复肥力后，再来砍伐播种。

砍山栏的过程是：正月上山，他们会选择离村落有一定距离，坡度较缓，无高大树木的地方（黎人对古老巨大的树木心存敬畏，不轻易采伐。早年黎区的原始雨林保存良好），林木茂盛、土层深厚、潮湿、松软且表土呈灰黑色的山地，作上标记；二月，用钩刀砍下大树的树枝，任其散于地上；三四月间，树叶干枯后，引火焚烧，继而清除未烧尽

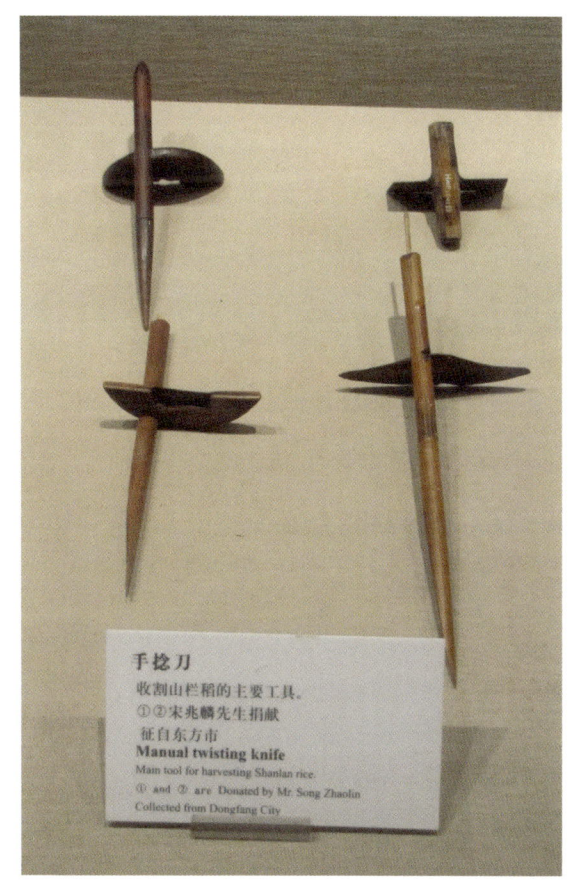

黎族割山栏稻用手捻刀　文丽敏摄于海南省博物馆

的残枝，不翻土，在雨季来临的时候下种。播种时，男子用一根长约1.5米的尖木棒在前面戳洞，妇女随后，边投放谷种边平土，一个洞里一般放五、六粒谷种。早期黎族对所种的山栏稻一般不进行田间管理，待成熟期将至，才派人守护驱赶鸟兽。九、十月稻谷成熟后，逐穗割下收藏。

自然生态体系有一定的自我修复功能，黎族的耕种方式没有破坏它的修复功能，而是利用了它的修复功能。从黎族人民对土地开发及使用的整个过程来看，逐一分析可以充分体现出他们的生态观：首先是选地的方式。正月，上山选择林木茂盛、土层深厚、潮湿、松软且表土呈灰黑色的山地，作上标记。并不是随随便便找一块肥沃的地即可，绝对不能选择之前用过且相距不远的土地，这也是为后续的发展利用做好安排，有利于该块地在被搁置后不受到干扰的情况自然休养恢复，这不能不说是一种生态亲和力很强的维护方式。毕竟土地的恢复期长达十年以上，期间若有一些不友好方式的干

扰，都会导致土地的恢复受到破坏。其次是时间的选取，砍树的时间安排在二月，是因为在山区二月份是最寒冷、最不利于植物生长的时期，且黎族人民对树木具有敬畏的心理（有原始崇拜的因素），不在必要的情况下是不会砍树的，他们的想法应该是只有在这个时期，对树木侵害后树木所受的痛苦是最小的，且规划的范围并不大。黎族就是用这样的方式，使土地总是处于轮休状态，而且轮休的期限很长，让土地彻底恢复，这种方式不会对土地造成根本性的破坏，海南的整个生态环境也是依靠黎族对环境的低使用率才得以保留得这么好。汉族移民大规模进岛后，现代农具的使用与精耕细作式的生产方式导致农田不再轮休，海南的热带雨林的整体生态环境才发生了根本的变化。

而从黎族对土地开发形式体现出的生态亲和性，更能发现与之相适应的农业生产方式的环保程度。润黎依其种植地被开发后的特征采取了两种方式来进行开垦。第一种是广种薄收的方式，即点种式，在已做足前期准备工作的土地上，在合适的位置上用小棍子搓出一个洞，然后把种子放进洞内，整个播种过程就算完成了，随后就任其生长，也无需浇水，到一定时间再来收割即可，生长多少就收多少。这种方式一方面简单，无需准备繁杂的播种工作，二是不破坏土层，不会为以后土地的恢复留下祸根。

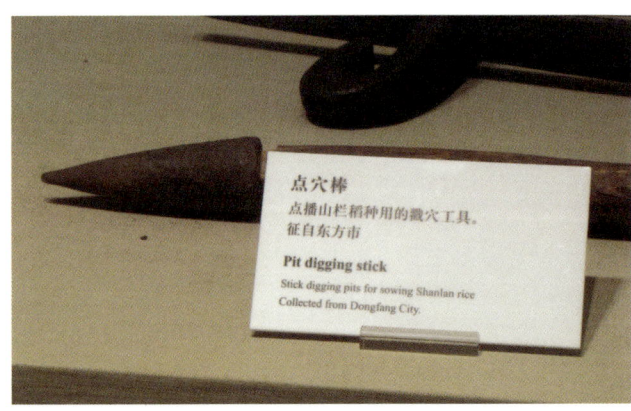

黎族点穴播种用工具
文丽敏摄于海南省博物馆

黎族的刀耕火种，并不是我们原来想象的肆意而为。而是一种有着周全的环境考虑的生产方式。这种播种方式比起汉族的精耕细作式农业，从生产效率上来说，当然显得相当的粗放和原始。但若从环境影响评估的角度来

清 琼黎风俗图 图中表现的即是"牛踩田" 文丽敏摄于海南省博物馆

看,黎族的耕作方式比汉族要好得多。

牛踩田①
踩田媳妇好看,
踩田总见她,
牛啊,踩田别踩沙,
要成堆成块把田踩遍。
踩着小鱼头,
踩着小蟹脚,
牛啊,小蟹睡茅头,
小鱼睡草头。
牛啊!

第二种耕作方式是"牛踩田",正是上面诗歌描写的场景,这是黎族地区比较原始却又很"生态"的一种耕作方法:在山区有不少的地方因地势和泉水的作用,山脚下出现很多的"涤角田"和"泥肉田",田泥的深度大约

---
① 当地黎族歌手胡菊兰唱。

冬暖夏凉的黎族船型屋　张军军摄于东方市

在40～70厘米，长期积水给耕作带来了很大不便。要排除积水，这种田又不能使用犁耙，黎族人民根据当地养牛较多的特点，采用了驱赶牛群踩田代替犁耙的方法，即由一个人在前面牵着一只牛当领头向一个方向转，另一至两人驱赶几头以至十多头牛跟在后边，反复周转于田间，踩田泥达到稀烂，然后用独木耙搞平才进行插秧，牛踩田以代犁耙的作法，在田少人多的平原或丘陵地区使用较广泛。现在"牛踩田"的做法已很少见。但在较偏僻的山区农村，仍有农民在沿用这种耕作方法。

虫害是农业生产的大敌，也是当代农业和粮食污染的源头。黎族人原来的除虫方法很有特点：一是将鱼肠内脏等物腐臭，淋在禾苗上，害虫怕臭味而选择逃离；二是在秧苗小时灌水，用竹干将秧苗压入水里，等害虫浮出后，再放水冲走；三是人工用手捕捉。

"毒鱼"这种方式，现在听起来是一种竭泽而渔的野蛮方法，其危害生态的后果还要超过"电鱼"。但过去黎人的"毒鱼"方式对于生态环境来说，是最环保的方法。"毒鱼"大多数是村人集体组织进行的，"毒鱼"准确地说是"麻醉鱼"。使用的草药有毒茶饼、油鱼藤、药眉鱼等，这些草药不应该被称为毒药，而是麻醉药，只是对小型动物会有所影响，产生麻醉的效用，约过十五分钟效果就过去了，这也不会对食用鱼的人以及河流的水质产生影响了。毒鱼是属于大面积捕鱼的方式，通常被麻醉的鱼有大有小且种类繁多，在收获的时候就可以有的放矢，一般只收取大鱼和数量较多的鱼种，其他鱼则被放回水里，等药效过去后，依然可以健康的存活，这种方式较好的保持了河内鱼量和鱼种的平衡，保护了生态群落的稳定性。

黎族在没有进入现代社会之前，一直与大自然保持着紧密和良好的关系，黎人堪称是自然之子。黎族所有的生产与生活方式都在生态许可的范围内进行，除了极少量的铁制生产工具，黎族其它的生产生活用具包括所有的建筑全部取自自然物。黎族的许多生产生活用具都是木制或竹制。以独木制作的各种生产生活用具最有民族特点，且十分结实耐用。我们在黎村采风时，发现很多经历了几代人的独木器具仍在使用。

在黎族每个家庭内所用的简单木器、竹器和藤器都是自制自用的。以独木为材料的木工制品在两百种以上。主要有独木牛轭、独犁、独木耙、园木

独木制作的舂米工具[1]　焦勇勤摄于昌江黎族自治县

---

① 独木舂，高40厘米，口径46厘米深34厘米，口径厚4.5厘米，底径44厘米，是用榕树木制作的。用来舂大米、玉米等。

平耙、板木平耙、独木排耙、截穴棍、织锦工具、独木凳、独木牛岭、多脚木凳、独木枕、独木棺材、木杵、独木舂米臼、猪槽、独木灯架、独木鞘、独木米桶、睡床、独木舟、独木蒸饭桶、独木灯架、独木锅盖等。编织的有竹筛、竹萝、竹男女刀篓、藤男女刀篓、藤箱、藤萝、竹笠、簸箕、竹织谷磨、鱼笼、露兜叶席、露兜叶帽、锅盖、藤帽等等，都是非常精致的手工业制品。独木舂是其中应用比较广泛的木器，山兰稻收成以后，都会用这些工具舂米，制成山兰米酒、米粉，以及猪食。

现代纺织工业是环境污染的大户，而以织锦工艺闻名于世的黎族纺织，对自然环境几乎没有什么影响。从织布工具到印染工艺，所有的材料都源于自然物，并且绝大多数是植物。如织造黎锦过程中也会使用到很多小型木器，其中织锦线盒，是独木材料制成的，黎语成为"燕"，是过去黎族人民织黎锦时的一种专用盛纱线的线盒。呈长方形，长7厘米，宽5.7厘米，高5.5厘米，是用一种格木锯成长方形的木块掏空而成，上面有一块盖板，内分为三格，线盒的两端和四面均刻制多种几何图形及花草之类的精美图案，造型美观精致。织锦的挡纱棒，黎语称"朗"，是织锦工具中的一类，主要的挡纱木，长28厘米，一面有平面，另三面成弧状，弧面径粗1.8厘米，是顶在织锦者小腹前并起着挡纱作用的木棒，两头都有一个柑叉，并刻有精美的几何线状纹及花草纹图案，造型精美，织锦工具种类有不同的十多种，为研究黎族织锦工具使用方法提供了大量实物的资料。

黎族的染色材料基本来自植物或植物的提取物。例如：染青色，是将某种植物的叶子放入缸中浸渍3天后捞出，再放入螺壳烧成的灰和酒调和搅拌，直到成靛为止。然后，将待染的纱布放入缸内染色。一定时间内捞出晾干。如觉得染色深度不够，可以放入缸内继续浸染，直到满意时为止。

染黑色的方法有两种。一是用三种植物的叶子放入缸中浸渍2~3天后捞出，然后将待染的纱布放入缸内染色。一定时间内捞出晾干。二是用五种植物叶片捣碎加水放在锅里，与待染的纱布一起煮沸，取出晾凉后，放到水田的泥浆里用脚踩踏。用清水漂洗干净晾干后，即得黑色布料。

染红色，将一种树皮放在水里煮，将待染的纱布放入浸泡2~3天即可。或用一种植物捣碎加水煮沸，将待染的纱布放入浸染，可多次重复此程序，直到出现满意的红色。

染黄色，将一种植物的根捣碎加水搅拌，再将待染的纱布放入浸泡，两天后取出晒干即呈黄色。还可以用黄姜捣碎加水煮沸。浸染方法与上面相似。

黎族妇女正在给布料染色　图片采自《黎族传统文化》

黎族人民利用能找到的各种天然材料，制作了不同用途的器具，给生活带来便利。这些器具的出现，让黎族人民和自然生态的关系更加亲密。虽然制作器具的材料并不是稀有物资，但黎族人民依然只是按需生产，每家每户根据自己的情况进行制作，不会造成无谓的浪费。生产的过程和使用的过程都不会对环境造成污染，充分发挥了黎族人民的生活智慧。

黎族的房屋无论是最初的干栏式建筑，还是后来的船形屋，都是用木桩加竹制框架支撑，用茅草铺顶，用泥护墙。防潮隔湿，冬暖夏凉。今天绝大多数的黎族同胞都已住进由当地政府援建的水泥平顶房子里，可是许多黎胞仍然怀念茅草作的船形屋。问及原因，绝大多数的回答是水泥房子住着不舒服。这是一个可信的答案。

水泥平顶房子的唯一好处是结实。我们到海南后曾经住了两年半水泥平顶房子，水泥平顶房子，堪称是冬冷夏热，极不宜人居。而汉民族营造已久的砖瓦房，其大规模烧制砖瓦的过程对环境的破坏也是很大的，这不仅是指采挖土方对地表的破坏，而且在没有矿物质燃料的时代，必然要消耗大量的木材。今天，海南蒸蒸日上的水泥、石灰、砖瓦产业已经成为威胁这个海岛环境生态的重要原因。

黎族村落的选址也很讲究，许多村落呈现出"山包围村，村包围田，田包围水"的景观。选址的基本原则是"三靠，一爽，二干净"。

"三靠"为，一要靠近田地，便于就近耕作；二要靠近河川水源，利于灌溉和生活用水；三要靠近山林，方便取材建屋，拾柴烧灶，还可以防御台风。

"一爽"，指的是居处的地势要高爽，可以防潮、防湿、防虫、防病，还可以少占耕地。

"二干净"，一是指居住的地方要干净清爽，无污物存留；二是没有害兽出没，村里的农作物可以少受损失。

以往黎族人都要在村子周围种植各种高大树木，如椰子、榕树、酸豆树、槟榔树、芒果树等，并配合带刺的灌木形成包围村庄的高大树篱。不仅美化了居住环境，方便人们乘凉，还保卫了村庄安全。

有证据表明，我国的西北地区在先秦时期，还是河流众多，雨水充沛，森林茂密的生态良好之地。也正是良好的生态环境孕育了从周朝一直到秦、汉、唐等伟大的中华帝国，成为近两千年中国政治文化和经济的中心。但是，皇室和各级地主官僚对财富的渴望，使他们不断加重对农民的税赋，并从破产农民那里攫取土地。丧失土地的农民则通过逃亡和迁徙到更荒凉的地方开垦新的土地，造成新的水土流失。遂使农耕地区的生态环境日益恶化，由于历代朝廷一贯奉行重农抑商政策，使得社会财富的积累主要靠通过土地兼并这一狭窄的方式来完成。土地在中国长期成为财富的象征。无休止的土地垦荒，破坏了森林和草场，最终使生态链崩裂，自然无法自行修复，生态灾难进入恶性循环状态。曾经富庶繁华的关中地区水尽林枯，中国的政治经济文化中心被迫南下和东移。这样的生态恶果后来又发生在中原地区。可见，被历代官廷和官僚挂在嘴边的"天人合一"，并不像现代人解释的那样是自然环境与人的"合一"。这里的"天"其实与自然无关。无论儒家先贤原初的含义如何，在后世朝廷已成为"君权神授"另一种有来头的说法。

黎族观念中并没有什么高深的环境理论，但他们才是"天人合一"真正的践行者，他们是自然之子。

首先，黎族的播种与耕作方法不会破坏区域的生态系统平衡，他们一般不连片开垦土地，这使环境生态有足够的自我修复余地。因而不会造成大规模的水土流失。汉族的大规模垦荒和超强度的耕作是造成黄土高原水土流失的主要原因，也是长江流域水土流失的主要原因。这种咽不下去的苦果，至今仍使中华民族如鲠在喉。

黎族村落（尽管建筑风格和材料发生了改变，但依然可以看到村与山、水、田的关系）
焦勇勤摄于五指山市

独木轮牛车　文丽敏摄于海南省博物馆

其次，黎族采取土地轮休方式。在一块土地播种2~3年后即放弃，既避免了因土地肥力下降导致的粮食减产，又可以使土地在10年左右的时间自然恢复良好的生态条件，可供再一次循环使用，还可以避免病虫害的大规模发生。今天，我们都听说了一个时髦的概念，叫作"循环经济"（或"绿色经济"）。其实黎族先民们创造的生存方式，就是一种简单实用的"循环经济"。黎族人所有的人工制品除了陶器外，大到房屋，小到餐具，在完成它们的使用寿命后，都可以再还原降解为自然界的养料，良性地参与生态循环。

过去黎区也经常发生氏族间的冲突，有时也会爆发反抗汉族官吏的民族起义。但是黎人不用深沟高墙来防御外敌，他们采用更加生态的方式来保卫自己的村峒，在居住区周边种植和养护荆棘类植物带，形成高5~6米，宽3~4米带刺的树墙。其防护效果在那个时代，要超过一般的高墙。一个人或几个人要想无声无息的穿越这种树墙是不可能的。

墓山是祖先安息的地方，墓山的树木严禁砍伐，以免惊动鬼神危及人间的安宁。一旦发现有人偷砍墓园的树木，将采取严厉的惩罚。一般要罚四个100：即100块钱、100斤米、100斤酒、100斤肉。有的地方除了要罚四个100，还要加罚一头牛。这些财物充公供全峒人享用。这种重责客观上维护了黎族地区的生态环境。

事实证明，黎族的生产生活方式是对自然环境破坏程度相当小。一个黎族村峒几百年下来，周边的生态环境几乎没有什么改变。整个海南岛在黎族这个先住民族繁衍生息的2000多年时间里，森林覆盖率一直保持在90%以上就是一个明证。事实上，对海南生态产生重大破坏的是1958年的"大炼钢铁"运动。为了炼钢和建设用材，几乎将海南的原始森林砍伐殆尽，今天海

黎族的起居室，非常简单。　文丽敏摄于海南省博物馆

南岛的绿色植被大都是近50年来恢复过来的次生林和人工林。真正的原始雨林只残留在霸王岭、吊萝山和尖峰岭的部分地区。

黎族村寨
张军军摄于东方市

当然，黎族的生存之道要有一个前提条件：那就是人口密度不能太大。据史料记载和专家推测，晚清时的黎族人口不过20万左右。今天的黎族人口已经超过120万人，当然不能再回到刀耕火种的时代去了。但是，黎族的生态智慧对于我们应对现实的生态危机无疑仍具有重要的启示意义。

今天，世界性的生态危机已经引起了广泛的关注，从平民百姓到专家学者，再到企业家、政治家，几乎没有人怀疑生态危机的严重性。但是全球性的生态恶化依然如故，原因何在？

这方面的研究讨论著作可谓汗牛充栋，但归结起来不外乎两大原因：

一是人类自身无法跳出人类中心主义的立场，不能改变千百年来把所有自然物当作财富和资源的思维模式。在这种情形下，就只能有改良式的生态主义主张。即是将对自然的竭泽而渔式的一次性榨取，变成可持续的慢慢享用。这种主张看似合理，但践行的结果不能扭转生态恶化的大趋势。只要人类还将自然视为身外的财富，"生态优先"、"环境优先"就是一句空话。

二是各路当事人无法跳利益出本位的狭隘立场。在保护生态与经济发展相冲突时，为国家代言的，声称要将国家利益放在第一位；为地方代言的，必然要将地方利益放在第一位；为企业代言的，自然要将企业利益放在第一位；大多数个人的立场也势必循此逻辑而来。实践的结果是生态的利益永远被放在第二位。

回到黎族研究上来，我们可以清楚地看到，困扰当代人的这两大难题，在过去黎族人那里根本就不是问题。相信汉族的祖先也曾经如此。

那么，人类过去可以，为什么现在就不可以？

三、诚信型社会

诚信是母系氏族社会成员的"准入性"品德。在一个神意形态社会中，人类并没有自己完全封闭的个人心理空间。神灵无处不在，无论是个人的窃窃私语，还是只有两个人在场的约定，甚至是个人的内心活动，都敞开在众多神灵的关注之下。撒谎是极其严重的渎神罪行，必将受到神灵的严厉惩罚。

说一不二，信守承诺，是过去黎族予人的深刻印象。这是由"神意"社会延伸出来的民族精神特质。他们坚信自己的所有承诺都有神灵监督为证，当然，对他人的承诺也应绝对信赖。这种诚信最大限度减少了社会摩擦，大大降低了社会的管理成本。一旦氏族社会在神意基础上形成了权威法则，所有的成员都会自觉严格遵守。偷窃、投机这种事情极少发生。

1882年美国传教士香便文进入海南岛黎区考察，对黎族人的诚实品格有细致的描述：因为下雨，"我们发现有必要打开所有的行李，以便晾干里面的东西，并重新安排挑夫的担子。行李打开后，东西随意摊在门廊周围，很多黎人整天在这里来来往往。我们故意不去看管这些东西，暗中打量黎人的行为，让我们及其满意的是，没有看到一丝偷窃的企图，就连最小的物件也没有人偷，而且到处都是这样。"①

诚信意识的普遍存在，成为黎人公共秩序稳定有效的基本保障。不需要人为的监督，也不需要社会性的强制。

"插星"是黎族传统的占有与禁止符号（对自己而言是占有；对他人而言是禁止）。

> 人们在野外相中一块地，就会在此地打上一个草结，表示已有主人；相中一棵树木，就在树上砍出"×"记号。有了这些符号，其他人就不会再去占用了。在日常生活中，哪家的牛、猪、鸡等去破坏人家的农作物，主人会把这些受破坏的农作物用草打成结，挂在路边或是村边，告诫人们不要再让家畜出来破坏农作物。在水稻种植当中，为了不让别人从自己的田中引水，主人会在田埂上打一个草结以示是告诫。一般情况下，黎族人都不会违反这些约定。②

黎族人因为自己非常守信用，所以最痛恨不守信用和欺诈的人。"与人贸易，甚有信。商人信则相与，而至亲借贷不吝。或负约，见其同乡人擒之以为质，枷以横木，必负债者来偿始释。"③这种"绑票"式的惩治欺诈，在今人看来是以"大恶"除"小恶"，特别是绑架违约者的同乡，纯粹是伤及无辜。如果回到黎族人原初的立场上来，这种举动就很好理解了。其一，

---

① 香便文.海南纪行[M].辛世彪，译注.桂林：漓江出版社，2012：109.
② 海南省地方志办公室.海南省志·民族志[M].海口：南海出版公司，2006：45-46.
③ 清：《昌化县志·原黎》卷三.

欺诈是"大恶"不是小罪,是人对神圣原则的公然亵渎。惩治这种恶人是代神伸张正义。其二,黎人之一峒,既是经济共同体,也是名誉共同体。他们共同负担债务,也共同承担责任。以己推人,他们认为汉人之一乡亦必如此。但汉族人就无法理解这整件事的处理方法了。

以往黎族不论多大的物物交换或赠与,都不用契约。可谓千金一诺。到了近代,才在汉族的影响下,产生契约意识。"在接近五指山中心地区的地方,田地典当一般不用契约,以双方饮酒时口说为凭,仅个别地区(如乐东县南筹乡一带)刻竹为契。"①然而,契约的出现非但没能延续以往的诚信型社会,反而为更加狡猾的无耻之徒提供了诈骗手段。"生黎地不属官,亦各有主。间有典卖授受者,以竹片为券,盖黎内无文字,用竹批为三,计坵段价值划文其上,两家及中人各执之以为信,无敢欺者。近日狡黠辈颇纷纷以诈伪生争矣。"②这样一来,黎族人的诚信社会就无法维持了。愈是"熟黎"诚信度愈差,说明来自汉族的行为和观念的腐蚀,是黎族诚信社会解体的主要原因。

四、平等型社会

"共产"和"平等"是母系氏族社会广为人知的特征。马克思称之为"原始共产主义"。为了再造人人平等的社会,成千上万的仁人志士为之奋斗了上千年,至今却仍然是遥不可及的"乌托邦"理想。然而,在黎族母系氏族,人人平等却是自然而然的社会基本原则。

人们当然可以根据马克思主义的表述,说母系氏族社会因为劳动生产力低下,社会没有剩余产品可供分配,因此,这种"平等"是一种被迫的平等。但我们绝不能低估了母系氏族社会平等规则的重大意义。这是人类文明的第一道曙光,并且至今对人类社会的历史走向有着重大的借鉴意义。对此,无论是历史学家还是社会学家都还没有给予深刻的揭示。

我们首先应该看到,母系氏族社会的平等原则,并不是人类从动物界直接继承发展来的生物性属性。恰恰相反,动物界是最不讲平等的。无论是面

---

① 海南省地方志办公室.海南省志·民族志[M].海口:南海出版公司2006:109.
② 清《黎岐纪闻》.

对择偶，还是面对食物，没有一个物种会有温良恭俭让的习性。由此看来，母系氏族社会的平等原则，就是人类对其动物性的一次伟大超越和革命，是人类脱离动物界的精神与文化标志。这种超越和革命的艰难过程，因为时代久远已经无从考察，但决不会是一蹴而就的。

生产资料共有，氏族成员平等参加劳动，是黎族母系氏族社会的基本特征。这种特征一直延续到父系氏族社会末期。在"合亩制"地区，即使到了民国时期仍能看到这种情形。

  "合亩"在进行各项农事活动时，都要由亩头夫妇带头举行各种宗教仪式。亩头与亩众以及亩众之间的关系基本上是平等的（外来户除外）。亩头和亩众一样参加生产劳动，除按传统习惯多分得一些谷物外，生活上没有任何特权。①

过去黎族人狩猎所得，不仅本氏族的人人有份，即使是偶遇的外人，也会分到一份（处于氏族阶段的民族大都有这种分配习惯）。对食物的独占是动物的基本习性，除了母子间会有谦让外，在其他个体之间决不会有这种奉献的情形出现。人类是如何克服动物的强烈占有欲而达成平等谦让的氏族精神，这的确是一个令人深思的课题。可惜我们现在尚未看到这方面有分量的研究成果。用"神意"来控制改变"人欲"，显然是这种改变的前提条件。打猎所得在黎族人看来是纯粹的神赐的结果，而非自己的个人能力有多么强。收获应归因于神，而不是个人，这就在观念上排除了个人应该独占或多占的理由。而神赐必然是送给整个氏族的，这是母系氏族社会不断强调的基本价值观。因而，没有哪个人敢于违背神意而私吞，他们认为这必将受到神灵可怕的惩罚。

  打山歌②
  呜——喂！
  昨夜去巡岭，昨夜去打山，

---

① 海南省地方志办公室.海南省志·民族志[M].海口：南海出版公司，2006：70．
② 毛了公唱.

打着头山猪，打着只坡鹿。
人人捡柴枝，放火来烧它，
烧它毛光光，烧它皮净净；
磨刀来宰它，剖它肚与肠，
剁它头与尾，剁它手和脚，
剁它骨与肉；
头放在一处，脚放在一处，
骨放在一处，肉放在一处，
肚肠放在一处；
砍成块成团，砍小小细细，
分成几十串，分做成百份，
拿树叶来包，拿山藤来串；
人人见都得，一人得一份，
跛脚也分得，瞎眼也分得，
老人也分得，小孩也分得，
黎人了了得①，汉人过路见，
汉人也分得，狗也得只骨。
呜——喂！
昨夜去巡岭，昨夜去打山，
打着头山猪，打着只坡鹿。
山上的山猪，岭上的坡鹿，
黎人不养它，汉人不养它，
地上来养它，风吹来养它，
雨下来养它，山岭来养它，
树叶来养它，草籽来养它，
溪水来养它，它是人人的，
人人都有它。

"它是人人的，人人都有它"，鲜明地表现出黎族人朴素的自然观。大自然所造之物，不属于哪个人，如果他被神灵默许而为猎人击中，这个猎物

---

① 了了得：全部都有。

黎族男子在再现钻木取火　焦勇勤摄于三亚市

就属于所有在场的人。

当然,黎族母系氏族社会的平等也不是完全绝对的平均主义。狩猎成功之后,组织打猎的"头人"和最先打中猎物的猎手,都会分得略多些。这应当也是根据神意的一种安排,即他们是神灵更加信任的人(神赐的猎物通过他们的手送达)。同时,也在客观上鼓励了个人能力的发展。

每年的十二月至次年一、二、三月份是狩猎最活跃的季节,平时则在农闲时进行。除放狗围猎是集体进行外,其他狩猎是可以单独进行的。放狗围猎有以村或联村集体进行的,至少也要有五至六人组成,集体狩猎多在农闲或节日进行。有些村寨近山岭,野兽多,按传统每年的春节前后都要举行一次全村性"放狗围猎"活动,全村的男性大人和小孩都可以去参加围猎,手持着火药枪、弓箭,腰挂着尖刀和火药或箭头,在准备带着狗群上山出发之

黎族男子在再现钻木取火　焦勇勤摄于三亚市

前，通过宗教仪式（举行石卜或蛋卜），选出一个首领，黎语称"俄巴"，意是"带猎狗的人"，以后整个围猎的过程便由"俄巴"来指挥。参加围猎的人上山后要准备好埋伏在野兽经常出入的路口，然后由"俄巴"放狗进入山林或草丛驱赶野兽。狗群一叫各个路口要注意，待野兽四处奔走乱窜时，猎手即用火药枪和弓箭将它击中。所获得的野兽，如诗歌所描述的那样，用火烧毛或剥皮洗净后，所采取的分配方法是：兽头和一条后腿分给"俄巴"，若第一枪没能把野兽射死，第二枪才把野兽打死（黎语称"补枪"），则由首枪者和补枪者两人平分兽腿，余下的兽肉，凡参加狩猎的人和狗都各分得一份兽肉，打中猎物者会额外多得一份，其狗和枪也会得一份，其余的可以按人数或按户数平均分配，有些地方路过的人也可以得到一份——"汉人过路见，汉人也分得"。

如果我们把人的生物性叫做人的"天性"，那么我们就知道，改造和超越这种天性会有多么艰难。在人的社会性审视下，人的生物性的核心特征就是"自私"。这是古往今来各种"人性恶"论点的前提。所谓人类的"文明"，不过是数千年来，父权社会用尽各种办法改造、压制与疏导人类天性所形成的一套制度安排和观念体系。人类整体虽然早就脱离了动物界，但每个婴儿的降生，就是一个"小野蛮人"重新来到了这个文明的世界里，他们统统要接受漫长而痛苦的社会化重塑过程，才能成为合格的有教养的人。也就是说，每个人其实都要重演一回从动物到人的社会化过程。众所周知，尽管每个社会已经动用了可以动员的所有资源和权力来保障、监管人的社会化过程，但仍有绝对数量的人群教育失败，成为反社会者和其他为主流社会所不容的人，甚至于是罪犯。

在母系氏族社会中，以母系氏族或母系大家庭为财产的共有制方式。氏族成员在性别分工的基础上，共同劳动，平均分配。"在她们的家庭中仍实行集体生产、生活资料实行平均分配。一般吃饭时，全家成员都围坐在火塘边，每个人一般都分到一份饭、一份菜。由家长或者负责做饭的妇女分吃。如当地特产猪膘，都割成块，然后分给每个成员。一般的习惯是每人一块，至于块的大小则决定于猪膘多少。"①

这种母系氏族的共产状态，并不是后来共产主义理论模式下的"大公无私"。比附共产主义的说法，可以称之为"小公无私"。家族所有制虽然在形式上超越了个人私有制，但却在具体可感的范围内包容了个人利益。每一个家族成员都会觉得是共有财产的主人之一。他们每天都会分得食物，定期不定期地分得衣物和其它个人用品。今天，国有形式（即全民所有）的公有制的最大难题是，实际占有者（即国家公民），不能以具体可感的方式确信自己也是国有财产的主人。由于国有资产不向全体国民分红，而是以税收政策间接的服务公共利益。因此，大部分国民并没有自己是国有资产主人的感觉。相反，他们常常觉得这与已无关。

母系氏族成员因为有这样的共产制度，会有很强的向心力，有强烈的家

---

① 云南省编辑组，《中国少数民族社会历史调查资料丛刊》修订编辑委员会.永宁纳西族母系制调查[M].北京：民族出版社，2009：44.

族荣誉感和责任感。家族成员间彼此信赖，亲密无间，精诚合作。在家族内部绝不会出现偷懒使诈的现象。

五、包容型社会

母系氏族文化对人类生物性的超越，还体现在两性关系和亲子关系领域。在动物界，性妒嫉与性竞争的程度是非常激烈的，在种群的发情期更甚，常常会超过其对食物的欲望。造物主为了动物种群的繁衍，为参与繁殖活动的个体，特别是雄性，注入了强大的性激素，使这些动物宁愿冒巨大的风险，也要热衷于这种只有利于种群、而不利于自己（尤其在安全方面）的高强度活动。生命科学家认为动物的"自私"行为，是因为构成动物生命体的基因是自私的。基因的基本冲动就是自我复制与扩张。在有限的自然空间里，同种类的基因必须用排他型的手段进行你死我活的竞争。并由此提高整个种群的生命质量。对动物行为的考察证明：动物在性竞争和亲子护幼两方面，都没有什么包容性可言。

例如，雄性动物在发情期，通常会为了争夺配偶而拼死厮杀，一般情况下，只有胜利占有和失败退出两种结局，没有妥协和包容的余地。另一方面，动物通常只保护自己的幼崽，对即便是同类而非已出的幼崽也会采取攻击行为。这便是达尔文发现的著名的"丛林法则"——"适者生存"理论。人作为哺乳动物的一种，必然受自然法则的影响。性的"妒嫉"是常见于两性关系的现象，在任何一个时代都能观察到。在父权社会，特别是在一夫多妻制的父权社会尤其突出。即使是在已经很"文明"了的近代父权社会，人类在这两方面，也没有多大的改良和进步。由妒嫉引起的，诸如宫廷政变和民间仇杀之类的事情比比皆是，不绝史书。而恶毒后妈的故事，在全世界的父权文化社会到处流传。

而过去，黎族寡妇带孩子再嫁更受男方欢迎。这种情形在纳西族地区也非常普遍。宁蒗县洼黑村纳西族已经进入父权家

九十高龄的黎族歌后王妚大与曾孙　焦勇勤摄于琼中黎族苗族自治县

庭为主的时代,但婚前的阿注关系仍十分普遍,这与黎族的情况很接近。

"凡是阿注关系中的非婚生子女绝大多数都是随母居住,有少数住在舅父家。由阿注领去抚养的极少见。据本村的统计,有9个女子在结交阿注时生有子女,所生子女8人均与生母一起生活,母出嫁时,有6人随生母至非生父

母与子　图片采自《黎族传统文化》

家，2人仍留住母家。非婚生子女在社会和家庭中一般不受歧视，亦无溺婴现象。纳西人认为溺婴是最大的罪恶，是最不人道的行为。老人们讲'纳西的古老规矩中就没有杀婴的传说'"，"在社会上，男子对其妻婚前婚后结交阿注所生子女，一般都无歧视态度，很少有虐待行为，完全与自己亲生子女同等看待。这些事实表明，非婚生子女无论在家庭中、社会上，他们所处的地位与婚生子女是完全平等的。"①这种情形在完全父权化的社会里是绝对看不到的。

今天，我们不断从媒体获悉这样的司法案例：妻子向丈夫隐瞒了自己孩子另有"生物性"父亲的事实，使丈夫误认为这是自己的血亲后代。许多年之后，丈夫起了疑心，去做亲子鉴定。结果真相大白。丈夫觉得名誉被羞辱，利益被损害。于是向法院提起赔偿诉讼，要求妻子返还孩子的抚养费。司法实践的结果是：法院在法理上完全支持丈夫的诉讼请求。这表明，今天的婚姻仍然是父权制婚姻。它主要保护的是父子间的生物性承继关系，男性如果有私生子，则无论其妻子如何表态，这个孩子都要参与对"生物性"父亲的财产分割，并获得赡养费。而支出这部分财产的正是法理认定的夫妻共同财产。换句话说，女人要为自己的私生子付出巨大的名誉和财产代价。她的孩子失去了合法的父亲（如果她不能确定或找不到孩子的生物性父亲，那结果会更糟），将带来身心巨大的挫折感，成长中的风险急剧加大是不言而喻的。而男子所冒的风险则要小得多，他的私生子终将获得合法身份，私生子对父亲财产的分割，并不会给他的父亲带来财产的损失感，相反会带来心理补偿感和满足感。这种情形对比早期的黎族亲子观念，真让人无法感觉到现代父权制婚姻文明在哪里，进步又在哪里？

同黎族一样，处在母系氏族社会的云南纳西族人也有同样的认子观念。学者宋兆麟在1981年采访俄亚村老人时，76岁的窝彩介绍说：

> 在俄亚，无论男女在结婚前都很少有不发生两性关系的，不少妇女还生有娃娃。每个人都不讲究贞节，别人也不加计较。妇女所生的孩

---

① 云南省编辑组，《中国少数民族社会历史调查资料丛刊》修订编辑委员会.永宁纳西族母系制调查[M].北京：民族出版社，2009：123.

子，头一两个多数是与安达（情人）生的，后边的子女才基本上是与丈夫生的。与安达生的子女同样受到保护。[①]

母与子　图片采自《黎族传统文化》

如果有女性在结交阿注期间生育，特别是"在男阿注众多的女子家里，有时会有多个男阿注们不约而同地来到女阿注家里，在这种情况下，男阿注们便各自让别人先认，在盛行阿注婚的永宁、盐源左所和本地，都没有出现众多男阿注为争认子女而发生斗殴的事件，即使偶尔有男阿注们不约而同地来到女阿注家里，也没有发生过为争女阿注或为争认子女而吵架和斗殴。"[②]

[①] 宋兆麟.共夫制与共妻制[M].上海：三联书店上海分店，1990：43.
[②] 云南省编辑组，《中国少数民族社会历史调查资料丛刊》修订编辑委员会.永宁纳西族母系制调查[M].北京：民族出版社，2009：122.

摩梭大家庭集经济、财政、生产、劳动、情感、宗教、教育、抚养于一身，自给自足，主流社会的大部分"社会问题"，在家庭里面早被化解，以家庭为中心的社会崇尚和谐互助，私有财产观念十分淡薄，占有欲不强，从未传出有偷、抢、拐、骗之事，打劫放火及谋财害命也从没发生。夜不闭户，路不拾遗成为摩梭人引以为荣的淳朴民风，犯罪率几乎为零。犯罪与治安是所有现代社会面对的头疼问题，在永宁摩梭，法庭门庭冷落，其原因并非法庭无能，而是摩梭母系家庭体制足以杜绝大部分"社会问题"，犹如永宁法庭庭长阮苦奥智曾说："整个法庭包括我在内，也只有四个员工，但我们的工作很清闲。永宁地区一万七千多人，每年处理的案件，从婚姻、钱财、偷抢骗到杀人放火，加起来才30桩左右，而且绝大部分案件皆非摩梭人所犯。"①

母系氏族社会靠什么化解了根深蒂固的男性妒嫉呢？当然不是法律，而是神意基础上的道德。在这个问题上的神意就是，生孩子是神圣的，受孕及分娩是女性和氏族保护神一起合作完成的，与男性无关。母系氏族社会由此将性爱与生育分开，这不但降低了人类的性妒嫉心理，也斩断了男性对孩子任何自私性的想法。他们的"父爱"只能给予自己的外甥们，并从外甥那里得到回报。（详见本书：母系文化的建构基础）

有证据表明，杀婴的恶习源于父权社会。在母系社会向父权社会的过渡时期，某些民族和地区出现了丈夫"杀首子"现象。其基本逻辑是，第一个孩子往往是妻子在"不落夫家"或是婚前期间与其情人生的，丈夫为了自己血缘的纯洁而起杀机。"私生子"在父权社会一直处在受歧视的屈辱境地，其根本原因也是如此。至于因贫困而杀婴，或出卖子女，也只能发生在父权社会濒临绝境的小家庭当中，而不会出现在母系氏族的大家庭。这一方面是因为，在母系氏族社会，婴儿被认为是神圣的，是神送给人间的特别礼物，不要说杀害，连怠慢都是罪过；另一方面，母系氏族大家庭有更多的成员照顾婴儿，只要大人活得下去，就不会不管孩子。这已经为很多母系氏族的考察研究所证明。

黎族人坚持认为妇女生育即是神意，也是先祖的安排，与婚否无关，不

---

① 周华山编著. 无父无夫的国度 重男不轻女的母系摩梭[M].北京：光明日报出版社，2010：107.

管生男生女都是家族的大喜事。过去黎族人把堕胎和虐待婴儿的行为，视为"茂赖"（即天地不容的行为）。在这个意义上，婚外生的孩子，一样受到保护。黎族的婚外生育有两种可能：一是已婚女子因夫妻感情不和，或女方另有情人，以"不落夫家"名义长期居住在娘家，私情怀孕。按黎俗，女子出嫁后私通怀孕，不能在娘家分娩，需要到夫家分娩。而夫家和民间也认为这没有什么不妥，生下来的婴儿，即是夫家的成员，婴儿的命名和抚养都由夫家负责办理，并不受歧视。二是黎族男女青年多自由择偶，男女青年在各种交往中建立起"隆闺"的爱恋方式，容易未婚生子。这种情形中的母子受到舅家的保护。未婚生育的母亲出嫁时，男家也会郑重承诺，视如己出，会尽心抚养非婚生的子女，确立正式的父子关系，享受其平等权益，在社会上不受任何歧视。[1]当然，受汉族文化特别是儒家观念的影响，今天大部分黎族地区很难见到这样的情形了。

《中国黎族》书中提到的情形，已经是黎族由母系氏族社会向父系氏族社会的过渡阶段，从发生学的角度推测，在母系氏族社会的全盛时期，这种无条件爱幼护幼的风气会更浓厚。

再来看黎族人的财产观念，"市场"、"商人"的赚钱法则与母系氏族社会的基本价值观相违背，在生产资料公有，集体劳动，氏族内部供给制分配的前提下，不会有"市场"、"商人"的发育空间。在黎族人那里，不仅土地房屋是公共的，连食物都不是个人的。

在母系氏族时代，黎人的需求与互助都是无偿的，完全没有"借贷"的概念。清《临高县志》载："（黎歧）食尽则群赴他村食之，又尽则又赴他村，皆无彼此之别。"[2]彼此有一定血缘关系的黎峒，感情与友谊很深，有困难相互帮助是无条件的。一直到清代，黎族聚居区内部都没有市场，"黎中无市……黎人自食其力，从无为买卖生理者。"[3]在黎人看来，一峒之人为同一祖先的亲人，理应有福共享，有难同当。遇到有亲缘关系的人遭天灾人祸，他们不惜倾家荡产，也要伸出援手。这种特征一直保持到民国时期。

---

[1] 王学萍.中国黎族[M].北京：民族出版社，2004：203.
[2] 清《临高县志·黎歧·黎俗》卷15.
[3] 清《黎岐纪闻》.

在"合亩"中,无论谁家修房屋,都会得到全村人的帮助。甚至出卖"合亩"共有的土地和牛只,以资相助。"合亩"各户都把抚养鳏寡孤幼视为义不容辞的天职。尤其对于孤幼,亩众都像抚养自己的亲生骨肉一样。[1]

六、节俭型社会

母系氏族社会是个节俭型的社会,这是没有争议的。但是,什么原因促成了母系氏族社会的节俭,就不是个简单的问题了。以往人们总是把这种情形机械地归结为生产力低下,物质生产落后,人们没有条件享受奢侈的生活。这是比较典型的"以今人度古人"的推断,也是顺着这个逻辑就无从证伪的结论。

"细纹绣上身,手上刺花样,做屋如覆船,上栏做床下养羊,女子织布男打山,刀耕火种半饥寒。"[2]相信这就是长期以来黎族人生活的真实写照。

喝酸酒歌[3]

酒苦赤也喂,
酒酸赤慢喝。
今年缺糯米,
酒酸如芒果。
慢喝别吐掉,
荒年酒不多。
插田腰骨痛,
犁田汗水落,
酒酸慢慢喝。

节俭不是节欲,在简单的生产生活条件下,黎族人也充分享受饮食给生

---

[1] 海南省地方志办公室.海南省志·民族志[M].海口:南海出版公司2006:70.
[2] 符桂花.黎族传统民歌三千首[M].海口:海南出版社,2008:2.
[3] 陈秀江唱。

制作黎族传统土包鸡　焦勇勤摄于三亚市

活带来的幸福快乐。其中饮酒是黎族人最喜爱的娱乐方式。黎族自酿的酒，有糯米酒、番薯酒、木薯酒、板薯酒、芭蕉酒、甘蔗酒、木瓜酒等，这些酒酒精度不高。

酒在黎族人生活中起着外人难以理解的作用。娱神敬祖、布告神灵、节庆婚嫁、生老病死、迎亲送客、表达爱情、传递快乐、激发勇气、化解矛盾、传播友谊等等，都离不开酒。

黎族村里有红白喜事，也都要一起喝酒，特别是逢年过节时，还饮酒对歌来增进友情与族人和谐。黎族民间老艺人传授技艺时，需要受到敬酒，意为尊重传统习俗。

黎族的主要粮食是稻米，其次是玉米、番薯和木薯等杂粮，常吃的菜有南瓜、木瓜、葫芦瓜、白菜、野菜、田螺、鱼、虾、蟹等。

黎族农民喜用生鱼生肉制作"酸鱼"、"酸肉"，即用煮得半熟的热干饭，把切好的鱼、肉与饭混淆均匀，再加入食盐，盛于瓮或坛中，密封发酵，小罐15天可取出食用，大罐需1个月才取出食用。

黎族人还有吃竹筒饭的习惯，即取楠竹1节，从一头开口，把米和水灌进去，然后封口，置于火堆上烤熟，取出破开竹筒，便是香喷喷的竹筒饭，这种饭多数在上山打猎或砍山时食用。

他们的饮食习惯不会过荤过素，不会暴饮暴食。对于食物来源，也不会无节制地采集，在观念上和行为上都对自然保持了一种可持续和谐共处的态

制作黎族传统土包鸡　焦勇勤摄于三亚市

度。

黎族住房根据不同的类型分为三种：第一种船型屋，第二种"人字屋"（金字屋），第三种"隆闺"。[1]

第一种船型屋，在上世纪50年代于牙叉、南开、元门、细水等地还有保存。屋的外形酷似一只倒扣的木船，故名"船型屋"。"船型屋"的结构以竹木、红白藤、茅草为材料。

南渡江上游地区的润黎古代居住的是高架型的船屋，在许多木桩的支撑下屋子离地约两米高，上住人，下养牲畜，这就是历史上文献上提到的"干栏式"建筑。整座房子用大小木柱支撑离开地面，用竹条或木条编成架的地板，地板和周围墙壁用稀泥涂抹在木条或竹条壁上密不透风，层高一般为2～2.5米，宽1.5～1.8米，长约3～3.5米不等。这种船型屋和铺地型船屋在外貌

---

[1] 林日举.海南史[M].长春：吉林人民出版社，2002：17-18页.

黎族居室内　文丽敏摄于海南省博物馆

黎族的谷仓　孙绍先摄于昌江黎族自治县

上基本相同，都是船尾的两端开门口，就像船舱前后开门一样，但是高架型的特点是前门离地高，后门接近地面。屋前门处还有一个阳台，是早晚休息交谈，妇女纺纱织布的地方。屋内间隔大致分三节，进门的第一节是全屋最高最宽的部分，搭有阁楼存放粮食和其他杂物。这一节的中心设三石灶，用来煮食和烤火，进门的一侧有一个小厨台放着餐具和灶具，旁边放着水缸或储水的大竹筒，另一侧放置两张卧床，作为日间休息或招待客人用。第二节是寝室，除床铺以外，中间也设放三石灶，主要用来蒸酒或烤火，最后一节的面积比较小，是每天用来舂米的地方，鸡笼也放在这个地方。

　　第二种是普通茅屋，屋顶为"人"或"金"字形，是近代黎族民间颇有代表性的建筑，是黎族传统船形屋和汉族民居结合的产物，受汉民族建筑影响的可能性较大。此屋系竹木结构，屋顶上盖着茅草，屋的外表似金字型，四周为泥涂成的墙壁，一般有门和小窗，屋一般高2.5米，宽3.5～4米，长4～5米不等，除靠近城镇比较发达的地区以外，现在在南开乡、青松乡、金波

乡、细水乡边远的山区村寨里，黎族人民至今仍居住这种茅屋。

第三种是"隆闺"。这种屋子是小型茅屋，最大的不超过15平方米，最小的仅4～5平方米，是专供给黎族成年子女睡的，它是未婚青年男女社交的场所，多建于村边路口旁或离父母家较近的地方，其外形结构与一般茅屋的形体相同。目前这种茅屋已经很难看到。

从黎族人民生活环境实际来看，架空的"船型屋"是一种很好的因地制宜的生态建筑形式：其一，有效地利用了空间，家畜不会单独地占用土地；其二，比较好地解决了防潮防虫等黎族聚居地普遍存在的环境问题；其三，相对于单独再建造家畜棚圈，大大节省了建筑材料。

可以说，黎族人除了敬神祭祖之外，在其它的生活环节都非常节俭。而敬神祭祖的相对铺张则是"神意"型社会的价值尺度促成的，亦非黎族人有意为之。

陵水清水湾
吴敏摄于陵水

第四章 母系制背景下黎族两性关系透视

人是自然界最复杂的生命体之一。来自自然的人类虽然依托自己的创造力摆脱了生物链的制约。但是探寻人类两性关系的历史走向，必定还要回到生命世界的起点去考察人类从动物界向社会迈出的第一步。

第一节 两性关系的生命基础

诅咒动物，是所谓"文明人"的常用手段：与低贱的"兽性"划清界限，以此来表明自己已经修养到与动物在各方面都针锋相对的境界，进而突出自己"人性"的高尚。但是，无论人类已经具有多么高的社会文化形态，也不能改变人是动物这一基本的生命前提。无论人类社会如何贬低动物，如何改造自己身上的生物性，生命的基本法则和欲望依然会顽强地表现在人类社会文化的方方面面。要想全面深入地探讨人类两性关系，不厘清其源头，即不厘清其生物性基础，很多问题是说不清楚的。

关于人的直观定义，有许多种流行的说法。如："人是语言的动物"，"人是会思考的动物"，"人是社会性动物"，"人是会使用工具的动物"等等，在这类说法中，贯穿其中的尺度是人受社会法则和生物法则的双重制约。那么，在人和人类的行为中，社会性和生物性的比重究竟如何？这是一个人们争议了上千年的"先天决定论"，还是"后天决定论"问题。近来，大部分学者逐渐达成了共识：人的性格、行为、思维方式主要是后天学习的结果。换句话说，人的精神面貌，行为模式，包括民族文化特征，主要是社会环境塑造的结果。但是，人的生物性因素仍在其中起着不可或缺的作用。当下迅猛发展的生命科学研究，特别是以基因工程为代表的遗传学研究，也为这一点提供了更多的支持。

在人的各种行为模式中，两性关系及性选择行为与生命本身的关联最大。在这个极其复杂的领域，生命机制与文化机制共同起作用，难分彼此。我们要研究人类的两性关系的历史，不弄清其生物性基础是无法破题的。

在生命形态上，性与生育是统一的。性欲望和性愉悦是造物主给予生命个体参与种群繁衍的一种特别的鞭策和奖励。人脱离动物界的最重要的标志之一，就是人为地调整和改变了性与生育的关系。

生命从无性繁殖到有性繁殖是一大飞跃，它不仅仅是生殖方式的变化，也带来了动物行为的重大变化。有性繁殖的动物由此摆脱了基于简单刺激作出反映的行为模式。是生命进化的重要阶段。没有生命世界这一革命性变化，也不可能有后来的人类。

处于无性繁殖阶段的简单生命体，只须对外界维系生命的条件如温度、湿度、食物作出简单和直接的反应即可。它没有必要关心其它个体的形状和生存状态，同样它也无须对自己的形体外观进行修饰，除了与环境相适应之外，它不必再有形体及装饰上的改变。它们是一群漠然冷淡，互不往来，回避接触的生物。现在的微生物世界依然是这种状态。

有性繁殖，特别是异体间的有性生殖，从根本上改变了动物对同类其它个体的态度，并逐渐成为动物除觅食和避害之外的最主要的行为动机，成为这一阶段生命的主要特征之一。

从生命科学的意义上说，雌雄异体是出于将优化基因尽可能多地传给后代，以保障物种健康繁衍。由此，性的吸引就成为生命繁殖环节不可或缺的一环。就每个动物个体而言，在它发育成熟之后，它的性吸引的感受对象便是活生生的异性个体，而且这种对性的感受能力，不仅取决于主体的生存状态，也取决于异性个体的外观形态与性装饰程度。换句话说，异体间的有性生殖并非是简单的雌雄个体的随意与随机交配。这种从生命意义上说是盲目的性行为，不仅会弱化种群的生命力，也会导致生命个体精力的大量耗散。这显然是违反生命自然法则的行为。

异体间的有性生殖这种更繁杂的生命繁衍形态，突出地表现为生命合目的性选择方式。其性选择的对象就是生命状态最佳的异性个体。当两只雄鸟向一只雌鸟求爱时，那只雌鸟总是选择体格较为健壮、羽毛较为华丽、鸣叫较为嘹亮的那只雄鸟。这是因为这只雄鸟向雌鸟发射了更强烈的性视觉、性听觉、性嗅觉与性触觉信号。因此，动物界的"情爱高手"总是那些"相貌出众"的个体。由此完成合乎自然生命法则的生命代际传递过程。

可见动物的性兴奋主要集中在异性个体的外观上。这种由外观信号引起的性愉悦，主要来自三个方面：一是动物的发育阶段的"青春期"，即动物的个体生命力最旺盛的时期。表现为体格强健，动作灵敏；二是第二性征发达。例如鸟类的羽毛颜色，兽类的毛色、发情期体味等等。这可以称之为动物的自然性装饰。显然，这些副性征也与动物个体的健康程度密切相关；三是动物特殊的性表现。例如鸟类的求偶舞蹈、求偶"歌唱"、求偶献食、求偶献巢等等。这些表现也直接或间接与动物个体的健康程度相关。人类最初的两性关系状态必定与动物界的通行方式有密切关联。世界各地的原始人类社会，都流行人体装饰、情爱歌舞、技能比赛，这就与生命的这种普遍性要求相一致。

性吸引力的存在，使动物对异性同类的个体形象变得十分敏感。它们会认真比较鉴别自己追求的对象，并从中得到高于进食的快感。动物在觅食与避害行为过程中，很少有从容辨别选择的机会，并且只能是被动的单向选择，引发的动物心理波动较为单纯，行为模式也十分简单。求偶则是确定无疑的双向选择过程。有曲折复杂的过程、戏剧性的场面，使动物行为心理变得更加复杂。诱惑而不是逼迫异性，促使动物不仅关心对方的性装饰，更要搞好自己的性别形象。

许多人习惯性地认为动物之间存在着性压迫、性歧视，甚至性奴役，并把雄性动物视为当然的性主宰者，这其实是把人类"文明"之后的父权价值观推及动物。他们一方面对动物的"性无耻"与"性混乱"深恶痛绝；另一方面，又从个别现象出发断定：动物界也实行着雄性统治，从而为人类的父权社会找到天经地义的存在根据。

动物的两性关系完全服从于生殖需要，维系两性关系的是生命本能的生殖冲动，这包括了外化的求偶表演行为。动物的性欲与性装饰，无所谓"邪

德国摄影师拍摄于哈根贝克动物园　图片来自 news.ifeng.com

恶"与"纯洁"之分，也未涉及"美"与"丑"的审美领域。动物并不像人那样感知"美"的存在，某些动物之所以看起来是在追求"美"，不过是因为这种"美"自然地进入了它们生命合目的性的需求范畴，并为人类的目光所认同。蜜蜂采花不是对"美"的感知，而只是一种纯粹的觅食行为；雌孔雀被雄孔雀华丽的尾羽吸引，也不是被"美"所吸引，而是被激发了的性冲动。

　　动物交配完全是雌雄个体双方共同受性本能的支配完成的，两性之间不构成一方占有另一方的单向关系。人类从自己的父权社会法则出发，认定某些哺乳动物是雄性占有并统治雌性。根据之一是雄性之间经常为争夺配偶而进行的激烈争斗。从生命科学的意义上说，这种雄性竞争是物种为了优势基因遗传最大化所进行的生命选择。从人类观察的角度说，也可以进行反向表述：为什么不是雌性坐山观虎斗，以强壮为标准在考察测试雄性呢？

根据之二是一些哺乳动物的雄性有与多个雌性交配的现象，并以此与人类的一夫多妻制相提并论。哺乳动物在孕育后代时，精子和卵子所起的作用是不一样的。精子几乎就是DNA信息的纯粹携带者，而卵子除了携带DNA信息外还要为胎儿最初的孕育准备必要的营养物质。雌性一次只排出很少的卵子，而雄性一次排精动辄数以亿计。因而，从种群生存角度来看，剥夺一部分雄性的交配机会，非旦不影响种群的繁殖，反而有利于优化种群的基因遗传特性。因为经过以体能为标准的雄性竞争，失败者通常是病弱个体。但是，如果剥夺一部分雌性的生育机会，则直接影响种群的数量，对种群的整体生存不利。这就是动物中雌性之间的性竞争不如雄性激烈的生物原因，也是动物界出现所谓"一夫多妻"现象的主要原因。人类父权社会多妻制的原因则刚好与之相反。在宫廷和权贵那里，大量正在生育期的女性处于事实上的被幽闭状态。

　　就单亲哺育的方式来说，雄性在交配过后即失去了它存在的种群价值。一些昆虫，如蜜蜂、螳螂、白蚁的雄虫，在交配后要么很快死去，要么会成为雌虫的一顿美餐。正如人们会毫不留情地宰杀公鸡、公兔一样，除非雄性动物还另有用途，比如雄性的牛马用于劳役。

　　某些种类的哺乳动物雄性之所以能在种群迁移、觅食活动中起主导作用，是因为他们同时充当着种群卫士。那是雄性以另一种方式对种群生存所作的贡献。人类的情况就与此相似。

　　对于那些没有天敌，或不需要雄性保卫的动物种群来说，雄性除了交配的功能外，别无用处。群居的非洲象除交配季节外，把成年雄象一一驱逐出象群，因为它们此时一无是处。我们不想大谈非洲象的"母系社会"来证明人类的母系制源远流长，也不想以此讥讽那些常常举海豹"一夫多妻"的人，那样我们就与他们犯了同样不可原谅的错误。人在"文明"的环境里熏陶至今日，文化法则早已取代自然法则成了所谓的"人化自然"。

　　以往人们在"兽性"这个字眼里倾注的其实是人类自身的恶行。动物的两性关系即使按照人类的的道德价值尺度去衡量也达不到"恶"的程度。证据之一便是动物两性之间并没有强制性的交配，没有雌性的配合便没有性交媾的完成。更不用说两个以上的雄性动物对雌性的"轮奸"行为了。

　　同理，原始部族的人的两性关系也应当处于自然状态，没有后来因父权社会而生的种种性歧视。而且，由于人的两性关系在生理层面上也较大多数动物更密切，相信人类最初的两性关系状态必定更加和谐。人类没有明显的性萌动周期，四季均可进行性活动，性吸引相对稳定，奠定了人类可以"两情久长"，甚至"厮守终生"的生命基础。这必然使人类的两性交往更频繁，更密切，成为人类文化的主旋律之一。

从第二性征来说，人要逊色于许多动物。除女性发育膨胀的乳房外，其它的副性征都不甚明显。这反而会激发人类在性活动期间的代偿性行为。

人的直立生活固然会有生存环境改变这样的因素促成，但也不排除有性的代偿性行为的作用在内。由于人体无毛（或少毛发）原始人的直立状态会充分暴露生殖部位和第二性征，当是先民惯常求偶行为方式，用以吸引异性对自己身体的关注，刺激对方的性兴奋。但是随着直体活动的经常化、日常化，直体的性引诱意味逐渐淡化，并趋于消失。人类凭借自己的文化创造能力，可以求助于更复杂的举止行为。因此文化，特别是文学艺术使人类的这种代偿性行为变得更加丰富多彩。这就是许多原始部族都有大量求偶舞蹈和求爱诗歌的原因。黎族当然也不例外。

人的直立状态也导致人类性行为方式的改变。"两性面对面的性交姿势，举凡肌肉、神经末梢、敏感组织、插入角度等，都有较敏感的反应，而非人类的灵长类（特别是雌性）则不可能有这种经验。有人更进一步指出，其他灵长类所缺少而为人类所独有的女性性高潮，就是这新的性交姿势所带来的。对人类来说，性除了达成本能的生殖目的外，更成为快乐的来源，这可以说是托进化之赐。"[①] 人的身体进化与人的精神进化，使人的性快感不独集中在生殖器官，也扩散到人体的各个地方，特别是当性欲与人最初的文化意识融合后产生了复杂的性心理层面，审美意识就从中萌发出来。

人类的性心理和社会性道德一起不断改造着人类原初的直观性冲动，性活动的精神比重不断增加，以至于现在人类的性行为没有精神心理的适当介入就不能完成，或者会转向病态。人们称随意释放性欲的人为"畜生"，即是从当事人没有道德约束这个层面出发的。

---

① 蕾伊·唐娜希尔.人类情爱史[M].李意马，译.昆明：云南人民出版社，1988：2.

取悦于异性与取悦于神灵虽然不是一回事，但也并不总是处于矛盾状态。在许多异性的眼中，为神所欣赏的对象往往也是自己青睐的对象。因为，母系氏族的神灵不是高高在上不食人间烟火的偶像，而是与人一样有七情六欲的精灵。

原始氏族的两性关系从来就没有处在混乱无序状态，"文明"人总是感觉原始氏族的性关系混乱不堪，主要原因是原始氏族的性秩序不合"文明"人的价值尺度。说到底这是一种"文明"式的偏见。

第二节　对黎族两性关系的再认识

原始氏族的性秩序是怎样建立起来的？这是一个非常复杂的问题。但一定是涉及了两个方面的原因：一是生命健康繁衍的内在要求。原始氏族的族外的性许可风俗（以往通称为"族外婚"是有问题的），与生命双性繁殖的回避近亲的生物法则是相通的。这决不会是一种巧合。二是氏族的性与生殖的文化约定。例如，"族外的性许可制"转化成"同姓不婚"后，虽然规避了生物意义上的父系近血缘婚姻，但姓氏父系化之后，却给母系近血缘婚姻打开了方便之门。

黎族的两性关系史也必定经历了类似的人的"文化性"对人"生物性"的逐步改造。

黎族早期乱伦禁忌是以同峒不通婚的形式表现出来的。我们在此必须再次重申母系氏族时代人类两性关系的两大准则，以正"群婚"之误说：第一是族外的性许可；但这只是准许男女之间发生性关系的前提条件，不意味着所有无性禁忌的男女都必然会发生性关系。实际上也不可能。第二点更重要，那就是爱情是两性关系的唯一纽带。母系氏族社会的人们与我们现在不受功利目的制约的爱情观念是一样的。欧美上世纪60~70年代出现的"性解放"，中国目前正在经历的婚姻动荡，都曾经被保守人士认为是性混乱，但还没有被称为"群婚"或性乱交的地步。可见在早期学者看来，母系氏族时代的人类两性关系是多么的混乱不堪！其潜台词是那时人的两性关系状态

黎族剪纸　张军军摄于乐东黎族自治县

"等于动物的两性关系"。这种观念的产生一方面受到社会达尔文主义的误导,以为人类是由动物的结构水平一级一级地线性上升式发展,从而保护了欧美自以为是最高等级的"文明人"的自尊心与自豪感。另一方面,是20世纪以前人们对动物的两性关系状态缺乏科学的观察分析,方便了各种关于"兽性"的不负责任说法的盛行。即使是以古籍不无偏见的记载来看,其中也很难作出"群婚"或性乱交的判断:

"春时,笄女戏秋千以诱散子,携手踏歌,名曰作剧"。①

"男女未婚者,每于春夏之交齐集旷野间,男弹嘴琴,女弄鼻箫,交唱黎歌,有情意投合者,男女渐进凑一处,即订偶配,其不合者不敢强也。相订后,各回家告知父母,男家始请媒议婚。"②

"春晴日暮,男女年至十五六岁,每于村中唱歌嬉戏,彼此互相悦慕,即行配偶,父母率从而勿禁,后始议聘"。③

清人李聘的《黎峒行》也载:"婚嫁无媒灼,踏歌以相媒。"清代《古今图书集成》有更详细的记述:"黎人聚会,即使歌郎开场。每唱一句,经两指上下击鼓,听者齐鸣,小锣和之。其鼓,如两节小竹而腰小,涂五色漆,描金作杂花,以带系肩上。歌郎歌毕,歌姬仍徐徐唱,击鼓亦如歌郎,其歌大抵言男女之情。"

咕咚咕咚把米舂,
一声轻来一声重。
谁听黎寨断此音?
谁见黎家断人情?

舂米一回又一回,
舂得糠多饲猪肥。
猪公猪母生猪仔,
杀了肥猪等客来。④

---

① 明·田汝成:《炎徼纪闻·蛮夷》卷四.
② 清·张庆长《黎岐纪闻》.
③ 清·《黎族风俗图》.
④ 王圣月.黎族创世歌[M].海口:海南出版社,1993:87.

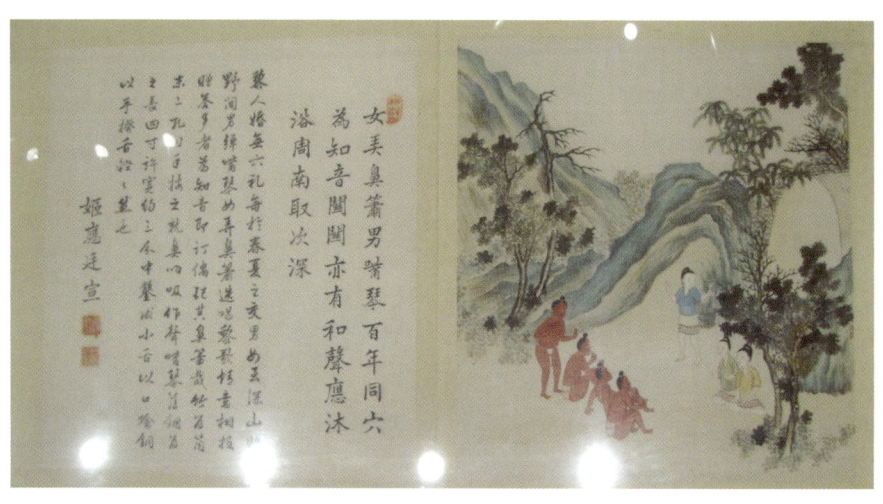
清　琼黎风俗图　图中表现的是男女对歌场面　文丽敏摄于海南省博物馆

爱情是母系氏族时代青年男女关注的核心问题，其关心的程度可能超过现代的青年男女。因为现代社会对于婚姻和爱情还是附加了许多社会性的约束，如双方的家庭状况、双方的社会职业、地位、收入、学历、社会的道德压力、婚姻制度等，必然或多或少地干扰到男女双方的爱情选择。而在母系氏族时代这些外在的因素都不存在，可以说，当事的青年男女只要不违背禁忌原则，就可以大胆去爱。黎族男女当然也不例外。

过去，黎族人中间流行爱情巫术（在其他母系氏族时代的部族中，也多有爱情巫术存在）。这是他们渴望爱情而又别无它法时的最后选择。

爱情巫术的法则是以相似联想为依据形成的，兼有接触巫术的特征。例如，黎族爱情巫术中的迷人药方：采用正在交配的蚯蚓、蝗虫各一对；户枢（门轴）粉末、竹子与竹子相互搓擦的粉末、深涧内无风而自行摇曳的树

赛方言黎族女子对歌　焦勇勤摄东方市

叶、大树洞内的积水、深山里的摇脚蚊以及山蝉一对等晒干，共研为粉末。经过一套巫术仪式后，把它悄悄放在恋爱对象睡床的枕下。当其吸入这一迷人药的气味时，就会迷恋上投药者[1]。显然，在这类爱情巫术中，当事人所采用的东西，大都是两性交媾与联想的结果，体现了黎族人对性爱关系的单纯而又执着的看法。

放药歌

咱俩在一起玩，

---

[1] 参见高泽强：《祭礼与辟邪：黎族宗教文化初探》，海南省哲学社会科学2005规划课题HNSK05-42.

不要放迷情药，
不要放晕头药，
不要放漂浮药，
不要放醉魂药，
咱们在不在一起都不要放药呀，
我中了你的药就没法解了，
很美丽的鲜花也要枯萎呀！

咱俩在一起玩，
你不要放药在草席上，
不要放那种让人笑不停的药；
不要放在饭碗里，
不要那种让人没力气的药，
这些药比什么都厉害呀！
妹问这是什么药？
哪个村落有这种药？
哪一种药会让椰树掉果？
哪一种药会让槟榔树折断？
你放药在妹坐的石头、妹过的竹林。
妹走过斜坡，哥走过山脚，
明明长有解药却找不到呀！
哥哥呦，你跟妹在一起，
就更不要放山苗药和鸡冠药呀！①

上古时期汉族人也有与黎族人类似的性爱观念，只是后起的父权文化，特别是在儒家观念占统治地位后，这些出格非礼的记载，逐渐淹没。

中国的古代爱神是瑶姬（巫山神女），传说为炎帝季女。《山海经·中次七经》载："又东二百里，曰姑媱之山。帝女死焉，其名曰女尸。化为瑶草，其叶胥成，其华黄，其实如菟丘。服之媚于人。"瑶姬又名"女尸"。已经透露出其为性爱之神的迹象，而"服之媚于人"显然就是一种

---

① 苏庆兴主编.三亚黎族民歌[M].上海：学林出版社，2011：48.

"爱情巫术",与上引的黎族"爱情巫术"可以互证。"尸"乃身体横陈状,则"女尸"为性爱之意象无疑。瑶姬死后化为仙草,具春药功能,则是其媚神精魄的转移与扩散。

瑶姬的美艳多情经楚诗人宋玉描摹,风行数百年,"高唐艳遇"成为士大夫文人津津乐道的仙境:

由此,"高唐云雨"成为男女交欢的隐语流传下来。瑶姬于性爱的渴求与主动姿态,是先民女子性自由的遗风。托宋玉之名描写的瑶姬风采,显示了作为爱神不可抗拒的魅力。

然而,瑶姬的性主动行为与其身事楚怀王的传说,与父权文化限定的女德产生了不可调和的冲突。唐宋之后,渐少人提。这与古希腊爱神的境遇不大相同。

黎族的性爱观念何时与生育观念融合还是一个考察难题。在黎族地区,尚未发现单独存在的女性生殖器崇拜遗迹。这与黎族较早地进入由母系氏族向父权过渡阶段有关。在这个漫长的过渡时期,女性生殖崇拜的表现形式逐渐淡出黎族人的视野。但是,在黎区仍然有双性生殖器崇拜现象。"昌江七差乡重合一带的哈方言黎族至今仍供奉石祖(长条鹅卵石)和女性祖先象征物(一块饰以红布带的不规则石块)。"[1]根据母系文化时代的通常法则,黎族的女性生殖崇拜对象,决不会比男性生殖崇拜晚出。一般的规律是后起的男性生殖崇拜取代了早期的女性生殖崇拜。

母系文化时代女性的主动进取精神,必然也体现在两性关系当中,那种以男子的性主动与女子的性被动是由人类性别天性决定的,甚至是由男女生殖器不同特性决定的论点,都十分可疑。古代生活在小亚细亚中部的赫梯人之早期神话传说中,曾提到一位叫阿提斯的美少年,至尊的母神特别钟情于他,苦苦追求,阿提斯无法摆脱母神的追求,竟致自阉其身,因失血过多死于松树之下。母神并未放弃努力,用神力使其复苏。阿提斯复活的日子成了盛大的狂欢节日。[2]无独有偶,古希腊神话传说中,也有一个被两个女神争相追逐的美少年——阿多尼斯。阿多尼斯原系俳尼基的自然神。爱神阿芙洛

---

[1] 王学萍主编.中国黎族[M].北京:民族出版社,2004:168.
[2] 参见托卡列夫.世界各民族历史上的宗教[M].魏庆征,译.北京:社会科学出版社,1985:365.

狄忒和冥后珀耳塞福涅互相争夺对他的占有权,最后不得不由宙斯出面仲裁,决定阿多尼斯每年在冥后处住四个月,在爱神处四个月,另外四个月归他自己支配,在这些神话传说中,美少年的文化地位与父权文化条件下的美女地位极其相似,仅仅以相貌得宠,并且也像一桩宝贵的财产一样被女神们相互争夺。

这种情形在原始氏族部落中遗风犹存。你很难判定性关系中哪一方始终是主动者。在非洲加纳原始氏族当中,"一个女人在感到欲火难耐时,她可以在田间小路上,前面放一片树叶,后面放一片树叶,她本人嘴里衔一片树叶,呆在两叶中间,一直等到某个心甘情愿满足她的男人到来为止。"①古希腊神话传说中,晨光女神拐走俊美的猎人刻法罗斯,泉水女神把另一位美少年许拉斯拖下水底,都可以与上面的传说互证。父权文化阶段,女性对性的有意回避、退缩,并非是女人的天性,乃是长期禁锢与贞节观念灌输的结果。当然,母系文化时代女子的性主动并不是性放纵,只是其天性的自然流露,与今天的"色情"现象无关。

在广为流传的黎族情歌中,有不少是表达女性对情人挂牵和思念的作品。这些情歌显然是由女性唱给男性听的,具有直率、火热、主动、坚定的情感特征。充分表现了黎族女性在两性关系中的主动与主体地位。如五指山黎族地区流传的情歌:

若能得到你
小哥哥,
我要用树叶把你紧裹,
轻轻装腰篓
出入随身带着。
……
不想你又做什么呦
我的好哥哥?
下地也想你,

---

① 布雷多克.婚床[M].王秋海等,译.北京:三联书店,1986:15.

男女对歌　图片采自《黎族传统文化》

拔秧也想你，
想在心窝窝，
一天想你好几次，
想得我心慌，
想得我落泪①

坐在岭顶看哥村，
竹尾摇摇诱心乱，
求得云开见哥屋，
求得岭崩见哥门。

---

① 王圣月.黎族创世歌[M].海口：海南出版社，1993：208.

这与汉族正统文化要求女性含蓄、忍耐、被动、安静等所谓"妇德"形成了鲜明的对比。"低头向暗壁，千唤不一回"，"千呼万唤始出来，犹抱琵琶半遮面"，"见时羞，别时愁，百转千回不自由"，这类汉族娇弱被动的淑女形象在黎族的文学作品中很难找到。这背后的原因是，黎族一直将性与性爱视为正大光明之事，天经地义之情，男女平等之约。而大一统之后的汉族，则将性与性爱视为丑事，千方百计予以诋毁和贬低，所谓"万恶淫为首"。这种差异性的结果更多地是表现在对女性的角色规定上，尤其要求女性单方面被动，谓之"贞"、"静"。这是典型的性别道德双重标准。

黎族则不然，对于性爱关系的发起与回应女子都有主动权。如"闩门歌"：

> 从来不约哥上门，
> 请哥转头去别村；
> 妹难点灯与哥坐，
> 妹无精神与哥陪。

听到女子如此回应，男子只好乖乖地离开。

我们不难发现，历史上黎族的性与性别道德远比汉族健康自然。

黎族也有女神（鬼）与男性性纠葛的想象。只不过，黎族男子摆脱女神纠缠的方式更另类一些。黎族砍"山兰"属男性分工，在原始丛林中是件比较危险的劳动，特别是爬到高大的树上砍树枝时，容易滑落受伤。在清一色的男性劳动过程中，黎族人把山神想象为女性，这增强了劳动过程中的兴奋度，使得本身枯燥乏味的劳作，在许多情形下，变成了黎族男子与女山神的危险而兴奋的游戏。

黎族人认为女山神会主动撩拨青年男子，她会利用大树、树枝、藤蔓给男子制造各种险情。男子出现跌落、失手等情形便是女山神存心戏弄。为了防止女山神的性骚扰，男性便大唱"砍山谣"，内容主要是性攻击与性恐吓，用以吓阻或羞辱女山神，使其不敢近前。

　　嘿……嗡……

上寨早烧园，
下村长秧苗。
我因姑娘（指女"山鬼"）迟砍园，
山仙姑娘呀，
我恼恨情迷。
我的歌声是骂声，
我的阴毛是藤刺。
山仙姑娘呀，
树倒是情断，
飞刀长竿猴子怕，
我在树上砍鹰脚。①

这种对女性神灵性骚扰的想象，只能是建立在黎族两性关系平等的现实基础上。也就是说，只有黎族女性常见的性主动行为，才能想象女性神灵的性主动场面。

黎族由原始的"万物有灵"和"众生平等"观念支配，想象自然界的所有精灵不但是有感情的，也是有性别和有情欲的。

据原陵水县文化馆王人造调查记述，白沙黎族自治县细水、元门、白沙、牙叉等乡镇润方言黎族，在为刚去世的老人举行"打斋"招魂仪式时，要跳《老古舞》。如果是富有之家，还要连续跳《面龟壳舞》。舞队由一男性领舞，一女性压阵。舞众男女各一半。在这种盛大的表演中，有一种类似大陆戏曲中的"丑角"，称为"爬秃"，头戴草帽，手持短棍。腰间系一条似男性生殖器官模型（用稻草编织，长约30～40厘米，直径6厘米），呈直角状。"爬秃"在舞队前后专门寻找女舞众，表演各种模拟性交动作，以引人发笑。②在如此庄严神圣的仪式中，在不分男女老幼的场合下，可以穿插表演性游戏。由此现象观之，则黎族人把性欢爱视为游戏或娱乐的那种遗风犹在。黎族有古老的钻木取火的方法，用一根由硬木削成的木棍，在一块松软的木头上，用手来回搓动，即可产生明火。取火的木棍黎族称为"帕莱"

---

① 参见高泽强：《祭礼与辟邪：黎族宗教文化初探》，海南省哲学社会科学2005规划课题HNSK05-42.
② 参见高泽强：《祭礼与辟邪：黎族宗教文化初探》，海南省哲学社会科学2005规划课题HNSK05-42.

（公木或男木之意），下面的木块称为"拜莱"（母木或女木之意）。黎族将性行为作为钻木取火的形象代称，反映了黎族对两性关系的自然而然的看法。这也让我们想起黎族爱情巫术中用户枢磨下来的粉末入药的事例。

在更远的年代，男方欢迎女子带小孩嫁过来。以往黎族观念，认为女子生男育女是神灵的安排。一直到20世纪50年，有民族学者到黎族村寨调查时，仍发现此种现象存在。"丈夫明知不是自己的子女，亦承认是自己的，并且和亲生子女一样看待。"①在五指山市番阳乡的调查表明，丈夫不仅承认妻子"不落夫家"期间生的孩子，还要"杀一口猪、挑一缸酒去岳父家，酬答他们为妻子接生和照顾婴儿之恩。"②

这不仅仅是黎族的风俗，"在婚俗方面，黎族和壮、侗等民族在历史上都有'不落夫家'的习俗。黎族青年男女的恋爱活动和壮族的'玩公房'、

---

① 广东省编辑组，《中国少数民族社会历史调查资料丛刊》修订编辑委员会. 黎族社会历史调查[M].北京：民族出版社，2009：89.
② 同上书：156.

黎族扎染　张军军摄于东方市

侗族的'坐妹'也有相近的地方。"①

为什么会有这种观念呢？

显然，这不能以黎族人在性方面的"开通"来解释，因为性竞争的"排他"选择是有性生殖动物的天性，当然也是人的天性。黎人对非婚生子女同样喜爱，是出于另外的原因。

---

① 王学萍主编.中国黎族[M].北京：民族出版社，2004：6.

黎族最初不认为生孩子是性行为的结果,孩子是氏族神灵通过女性给本氏族送来的最宝贵的礼物,与男性无关。黎族的传统习惯认为,只要男女约定了婚姻关系,那么这个已婚女性生育的所有孩子都是当然的夫家成员。即使明明知道所生子女是妻子婚前与其他男子所生,或不落夫家期间与其他男子所生,仍不能动摇夫家对婴儿的所有权。而且,过去未闻黎族丈夫虐待非己出子女的事情。

这样黎族就以"孤雌生殖观念"人为地将性与生育分离开来。同时也意味着,性与婚姻的分离。在黎族两性关系中,性的妒嫉依然存在,并且程度有时很激烈,械斗甚至情杀,都有发生。但在此种情形之下,妒嫉被约束在性伴侣的选择过程当中,而不涉及所生子女的血缘归属。对私生子的歧视开始出现在汉化程度很高的黎族地区,这标志着性与生育与婚姻相统一的要求开始主导黎族的婚恋文化。

从我们接触到的大量黎族传统文化资料和案例来看,黎族母系氏族社会,包括后来的父系氏族社会,对男性和女性社会角色之间的差异性要求很弱。在黎族人中间完全没有形成"男强女弱"或"男弱女强"的性别角色模式。除了社会分工导致的对男女两性不同的培养类型外(如狩猎对男性精神心理和身体的特殊要求),并不刻意拉开两性的社会角色距离。例如,男性可以是情意绵绵的歌手,同时也可以是凶悍的战士和猎手。同理,女性可以是温柔体贴的情人,同时也可能是强悍的部落领袖。换句话说,大陆父权社会习以为常的刚强的"男子汉"精神与娇弱的"女人味"角色,在黎族传统社会并不存在。男女两性的行为模式和精神心理特征是接近的,或相似的。这在黎族传统口传文学中,可以看得很清楚。

这当然是黎族男女两性平等的社会基础使然。

黎族两性关系以迥异于汉族的面貌出现,从某种程度上验证了"社会性别"理论的普遍适用性。"社会性别"(gender,或译文化性别)是西方女性主义思潮的核心概念。它将传统被视为自然天成的男女性别角色,解析为"生理性别"(sex,或称"基因性别")与"社会性别"两部分,由此将性别差异的社会文化意义从其所依托的生物性载体中分离出来。迈拉·杰伦(Myra Jehlen),美国文学批评家,她和安妮特·特劳德尼最早提出了社会性别研究的重要性。她极力扩大女性主义的思考范围,研究文化深层的社会性别

问题。她发现各种类型的父权文化传统,都对女性特征和男性特征有截然不同的假定。

"社会性别"概念的提出,对西方女权主义学说产生了深远的影响。无论是持何种观点的女权主义者,都不能不对这一表述作出自己的评价与回应。较早提出"社会性别"概念的应该是波伏娃。她在《第二性》中,明确拒绝了将女性的生理性别与社会性别视为"自然一体"的传统看法。依波伏娃等人的观点参照现代人类生理学的学说,我们大致可以把这一对人类性别的认识作如下表述:人的性别可以划分为三个层面:最下面的是"生理性别"(或称"基因性别"),中间是"体貌性别",最上面的是"社会性别"(或称"文化性别")。这三个层次之间,并不是完全的同一性关系。其间存在着差异与错位现象。"生理性别"是由人的生命体中的生物性因素构成的。最根本的依据是染色体:男性为XY,女性为XX。所以也有人称"染色体性别"即"基因性别"。以往判断男女性别的生殖系统已经不可靠。例

采麻,将野生麻的皮剥下　军军摄于乐东黎族自治县

如,卵巢的存在不足以确证其为女性性别。

"体貌性别"(主要是直接观察外生殖器以及青春期后第二性征的发育程度)是社会判定男女性别的最直接的依据。这是形成"假两性人"的直接原因。由于出现了"基因性别"与"体貌性别"刚好相反的情况,导致"男孩"被当成"女孩"训导或"女孩"被当成"男孩"训导。这是人们无意间造成的"基因性别"与"社会性别"的错位现象。这种现象的存在已经表明了"基因性别"与"社会性别"之间的非同一性关系,也表明了性别角色塑造过程中的强大的社会文化作用。

"社会性别"是个人获得的一种社会"身份"和"地位",这一地位是通过心理、文化和社会等权力手段建构的。因此,它绝不是男女之间的一种对等或对应概念,更不是一种自然的选择过程。相反它表现的是一种不对称的、不平等的两性社会关系。"社会性别"是在不同社会阶段以不同的社会文化因素约束训导而成。

其实,对人的性别角色的社会塑造过程,从婴儿期就开始了,并以潜移默化的方式进行,这与人类其它教育和社会化过程(例如知识和专业化教育、就业培训)大不一样。由婴儿无意识阶段开始的性别角色社会化过程,

麻匹经植物染色后，用手或轮搓成麻纱
张军军摄于乐东黎族自治县

采好的麻经过浸泡、漂洗或水煮制成麻匹
张军军摄于乐东黎族自治县

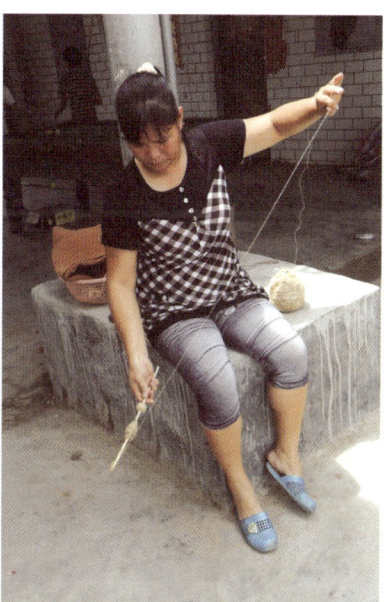

使人的男女截然不同的性别气质以自然先天的方式，而不是以后天教育的方式呈现出来，因而一直被视为人的天性在社会领域的自然延伸。其分裂的合理性便有了不容置疑的前提。例如，在现代社会，父母和亲朋好友们往往给男孩买玩具刀枪，而送给女孩的则往往是布娃娃，并对男孩女孩相反的行为选择进行有意无意的抑制。男孩哭泣的行为往往受到喝斥，而女孩则通常会得到安慰。我们在对黎族传统社会的考察中，则没有发现这种明显的性别选择差异。

"生理性别"是由人的生命体中的生物性因素构成的，"社会性别"则是在不同社会阶段以不同的社会文化因素约束训导而成。"生理性别"因其一直受生命要素制约而呈现出稳定对称的基本特征，例如远古女性的"生理性别"与当代女性的"生理性别"，在生物学意义上完全可以视为无差别的。即黎族女性的生理性别基础与汉族女性的生理性别基础，可以视为无差别。"社会性别"在不同的时代和不同的社会环境中有非常显著的变化。例如母系氏族的女性与封建时代的女性和当代社会女性的行为及心理特征差异十分明显，而西方女性与东方女性的行为及心理特征差异也显而易见。即使处在同一时代，黎族女性与汉族女性的社会性差异也是非常明显的。由此可

见,"社会性别"的演变主要受制于人的生命体之外的社会文化因素。其结果是,男女两性之间的社会权力的分配关系便被掩盖成天命的自然分工关系。所谓的"男性气质"和"女性气质",就是社会、文化和心理影响相互作用的产物。这种后天由父权文化训导形成的东西,长期以来却被父权文化解释成先天命定的东西,并进而成为剥夺女性各种权力的借口。

中国封建社会在将自然界的"阴阳"现象推及人的性别领域时,便将自然界的对应现象置换为两性之间的主从权力关系。中间的转换过程似乎是天经地义无需解释论证的。女性被歧视,被压迫的历史命运正是在这样武断的父权话语背景下形成的。这不仅是女权主义批判男权社会的起点,也是女权运动的前提。正如卢宾·盖尔(Rubin.Gayle)所言:社会性别应被定义为"一种由社会强加的两性区分",是"性别的社会关系的产物"。①在父权文化背景下这种性别的社会关系必然表现为两性之间不平等的政治权力关系。凯特·米利特在《性政治》中,对此作了深入的剖析。②

从这个意义上说,黎族两性关系的现代演变趋向是令人惋惜,也是令人忧虑的。

第三节 黎族与摩梭人两性关系比较研究

"汉化"对黎族的影响非常深远,以至于我们现在已经无法根据黎族自身的表述清晰地描述黎族母系氏族社会向父系氏族社会过渡的全过程,因此造成了学界对黎族社会性质判断的长期分歧与混乱。

黎族没有本民族的文字书写记录,这是一个非常大的遗憾。因为,口述史与口述文学,均难以精确地进行相应的历史阶段定位。我们对黎族母系文化探究必须另辟蹊径。

我们的设想是对研究过程相对清晰的其它少数民族的母系制研究成果进行平行比较分析。当然这也要冒一定的风险,因为没有两个民族的文化发展史是完全一样的。我们的设想建立在这样的前提之上:两个民族现存或可考的母系制风俗的特征十分相似。

这个比较研究的对象就是生活在泸沽湖畔的纳西族(摩梭人),主要的参照性研究成果是宋兆麟的《走婚的人们》和《永宁纳西族母系制调查》。宋兆麟从1963年开始至2000年,5次走访调查摩梭人的母系制风俗,并结合前人的研究,比较清晰地梳理了摩梭人从母系氏族社会向父系氏族社会过渡的各个阶段。

泸沽湖畔的纳西族摩梭人由于地处偏远,一直到元朝都没有受到太多的外来民族文化浪潮的冲击,其母系制社会风俗保存得比较完整。比如,摩梭

---

① 王政、杜芳琴主编.社会性别研究选译[M].北京:生活·读书·新知三联书店,1998:21-81.
② 参见孙绍先.女性主义[J].外国文学,2004,05:48—56.

麻在制作过程中的几种形态　　张军军摄于乐东黎族自治县

人祭祖时必由女始祖开始①。由于其一直被认为是中国最典型的母系制遗存而引起许多人类学家和文化学家的关注，因而，研究的广度和深度都远远超过对黎族的研究，且大部分的研究成果已在学界取得共识。宋兆麟研究的可贵之处是建立与描述了对一个研究样本的历史动态过程，这对在比较意义上建构黎族的动态研究体系具有启发与借鉴意义。这也是我们选择纳西族摩梭人作为比较研究对象的主要原因。

摩梭人的母系制遗存与黎族有许多极其相象的地方，如摩梭人视本家死者的亡灵皆为鬼。但分为两类："一种是正常死亡者，归入祖先，是善鬼；另一种为野鬼，这些鬼不是正常死亡的，祖先不收留他们，四处流窜，统称凶死鬼。具体又称吊死鬼、难产鬼、溺死鬼等。"②这与黎族人对亡灵的看法

---

① 宋兆麟.走婚的人们[M].北京：团结出版社，2002：113.
② 宋兆麟.走婚的人们[M].北京：团结出版社，2002：118.

村民家中的麻织服装　张军军摄于乐东黎族自治县

非常相像。摩梭人巫术与黎族一样有鸡卜、蛋卜、石卜。[①]

而最相近的莫过于在摩梭人叫做"走婚"，在黎族叫做"玩隆闺"（又称："放寮"）的两性风俗。

更重要的是黎族与摩梭人同属古代南方百越人的氏族集团，在氏族的形成期有亲缘关系。

摩梭人的"走婚"，除了没有单独的"隆闺房"外，与黎族的"玩隆闺"完全一样。摩梭人在母系大家庭内为成年女性单独设置"客房"，这与黎族的"隆闺房"功能完全一样；

首先，"走婚"与"玩隆闺"都是单纯型的性爱，全凭当事双方的个人意愿，只要避开母系血缘禁忌即可；

---

① 宋兆麟.走婚的人们[M].北京：团结出版社，2002：120.

其次，这种性爱模式都是以女性为主体进行的，外族男子傍晚到女子所在地谈情说爱；

第三，女性与男性享有同样的性自由，即便是在关系存续期仍然可以再找临时的性伴侣；

第四，这种关系不是近代型的契约关系，与婚姻无关，也与其它的责任、义务和道德无关。女性与男性都可以采取主动姿态，也都有权终止性爱关系，对方不得提出异议。

许多人将黎族或摩梭人青年男女在女方"隆闺房"谈情说爱，叫做"走婚"，实际上是对这种行为方式的误解。其实，"玩隆闺"与婚姻没什么关系，那里只是青年男女私下性爱欢会的专门场所。今天仍为人所知的还有：壮族的"玩公房"、侗族的"坐妹"等。可见这种性风俗的出现并不是偶然的。

"阿注关系的主要基础是性生活的需要。当然，外貌、年龄、健康状况以及个人的能力等等，对于建立阿注关系都有一定的影响。年轻、能干、漂亮的人物阿注就多。如妇女中有名的美人的阿注都在数十以至百人以上。反之，长相差或身体有缺陷者，找阿注就困难，甚至没有阿注。"①

"走婚双方没有共同的经济基础，彼此分属于不同的生产、生活单位——母亲家族。他们是没有共同财产的，生产和生活分开的。"②

宋兆麟调查的阿奇村，"过阿注生活的女子21人。其中，有2至4个阿注的11人；5至9个阿注的5人；有10个以上阿注的5人。庐村过阿注生活的男子18人。其中，有1至4个阿注的13

"三月三"上快乐的黎族杞黎妇女　张军军摄于琼中黎族苗族自治县

① 宋兆麟.走婚的人们[M].北京：团结出版社，2002：35.
② 宋兆麟.走婚的人们[M].北京：团结出版社，2002：35.

人；5至9个阿注的3人；10个以上阿注的2人。"①那些有10个以上阿注的人就相当于现在的"俊男美女"。但是即使是有10个以上阿注的人，也不能说是"群婚"或性乱交。

1956年，永宁平坝六乡1749个成年男女，实行走婚的有1285人，占成年人总数的73.5%。

母系氏族时代，人们对所有的孩子都喜爱，这在黎族和摩梭人那里都一样。可是后来，在父权制婚姻确立的地方，出现了残忍的杀婴行为，即对妻子私生子的残害。②

琼中"三月三"千人竹竿舞（现在的"三月三"是由政府组织、专业团体参与、商业运作，表演者的服装已经舞台化、时尚化，不知这是不是与保护、传承传统文化的初衷相悖）
张军军摄于琼中黎族苗族自治县

在摩梭人的传说中，也可以很明显地看出父权对古老母系文化价值体系的冲击。女神干木美丽多情，有一个长期阿注还有不少临时阿注。这些男神为了争夺对女神的性专有权，展开了激烈的争斗。得胜的普兰山神不仅残酷地迫害自己的情敌，还把红杏出墙的干木捆绑起来进行惩罚。③这让我们不

---

① 宋兆麟.走婚的人们[M].北京：团结出版社，2002：36.
② 宋兆麟.走婚的人们[M].北京：团结出版社，2002：72.
③ 同上书：96-97.

禁想起了古希腊神话中的既专横又妒忌的父神宙斯，也显示出摩梭人的世界正在发生母系氏族社会向男权的社会转变。

摩梭人对性有一种特殊的信仰。"他们以山川、岩穴、洞窟为女性性具，如永宁把干木山洼尊为女阴。"①

从人类婚姻制起源的动机来看，起初只是为了方便养育幼儿，并不是为了约束男女的性行为。至少在母系氏族社会一直是这样，直至父权社会产生，社会的法律与道德才强行将性与生育整合在婚姻的框架内。由此，人类的性行为才第一次有了"合法"与"非法"之分。在母系氏族社会，除了血缘禁忌外，所有的性行为都是"合法"的。

当我们第一次用人类文化学的方法观察研究黎族的时候，黎族正处于母系氏族社会向父系氏族社会过渡阶段的后期。母系制风俗与父权制特征混杂交织在一起。在两性关系和婚姻家庭领域这种复杂性表现得更为明显。如玩"隆闺"与"从夫居"婚姻并存，青年男女私订终身与父母代办并存。

"玩隆闺"即是"到隆闺房去玩"的意思，因此，首先要从隆闺房说起。民国前的黎族社会，隆闺房十分普遍。一般女儿长到十五六岁身体发育成熟之时，父母就会为他们在自家旁边或村边建隆闺房，子女就和父母分开住了。"隆闺房"亦称"隆闺"，黎语的意思是"没有灶的房子"，虽然子女和父母分住，但其它活动如生产、饮食仍在一块儿。隆闺房的构造十分简单，一般呈方形，墙高1米左右，人字顶，顶高约2米，上盖茅草，面积一般为7~8平方米。是男女青年谈情说爱、演奏乐器、和对歌定情的场所。总之，"玩隆闺"就是指男性夜晚到女性的寮房去玩，经女性同意后，可在屋中对歌、弹口弓、吹鼻箫，互增礼物，甚至发生性行为，双方满意的也可定下婚约。以下是两则黎族青年男女"玩隆闺"时的情歌，我们可以据此想象当时的场景：

坐在隆闺等情郎
女唱：早春来到山花香，不见哥来妹心慌；
爬上高岭望路口，坐在隆闺等情郎。

---
① 宋兆麟.走婚的人们[M].北京：团结出版社，2002：118.

开门歌：
男唱：这路行来脚都软，行到花园见花开；
欲想摘花因篱隔，有心给花请开门。
女唱：妹种花来哥浇水，香花专等哥来开；
哥欲有心把花摘，妹愿引哥进花园。

求婚歌：
男唱：欲想吸烟又无火，欲吃槟榔又无灰；
欲想煮酒又无水，欲想交情又无媒。
女唱：哥想吸烟妹送火，哥吃槟榔妹送灰；
哥想煮酒妹担水，哥想交情妹作媒。①

黎绣　张军军摄于五指山市

关于这一时期的黎族社会，有两个非常重要的社会调查成果作品——《海南岛黎族社会调查》和《黎族社会历史调查》。通过研读这两次社会调查的成果，我们可以总结出这一时期黎族玩隆闺习俗的特点和变化。

早期的"玩隆闺"习俗，男女交往以"玩"为主要方式和目的，并不以

---

① 王学萍主编. 中国黎族[M]. 北京：民族出版社，2004：422.

婚姻家庭的建立为直接目的。这可以从许多关于"玩隆闺"的别称中得到证实。(玩隆闺又称隆闺、布隆闺、豆欧、汤娘、陶汤翁等,均为音译,均是走夜路找姑娘玩的意思)所以,此时的择偶仍不是完全意义上的择偶。不同的是,受玩隆闺习俗的影响,择偶、恋爱有了较为固定的时间(傍晚、夜晚)和地点(隆闺房)。正是隆闺房(寮房)的建立使父母与子女的分居成为可能,这极大地方便了黎族青年男女的自由交往。

  黎人的性生活始于玩隆闺。但以往的玩隆闺是男女青年相交相恋甚至是步入婚姻的主要方式,虽然,玩隆闺与婚姻并不对立,但也绝不是一回事。早期的玩隆闺纯粹是黎族人两性之间一种感情与性爱的私人联系,并不在当事人及各自所属的家庭集团间产生经济与社会关联,其建立与终结始终取决于当事人双方的意愿。维持时间也因人而异,从几年、几月到几天不等,而且同一时期内,男女双方都可能有多个伴侣。所以,玩隆闺具有了自由意愿性、非连续性、多伴侣性等特征。这与摩梭人的"走婚"是完全一样的。婚姻作为一种制度要求产生于父权社会初期,强调性与生育关系的完整与统一,强调夫妻双方的稳定性与唯一性。因此,玩隆闺与婚姻的冲突不可避免。当事人双方的家庭力量越来越多地介入到择偶过程中,在黎区出现了很多家庭代替子女择偶而不承认年轻人在玩隆闺中自由约定的婚姻关系。需要指出的是,既然玩隆闺作为一种风俗在黎族社会广泛存在,那么,"父母之命"只是干涉婚姻而无权干涉年轻人在玩隆闺中的关系,这其中当然也包括双方的性关系。请看这首《情人歌》

   情人歌

    情妹呀,请你不要伤心,
    十年六年我都会跟你好,
    十年六年我都会跟你玩;
    要是有了小女孩,
    我会教她做人的道理。
    情妹呀,请你不要伤心,
    哥会跟你玩下去,
    要是生个男孩,

我就送他一把砍山刀，
教他会使猎枪，
还做人的道理。
看到山上都是云雾，
真叫哥心里过意不去。
咱俩从遥远的高山走来，
经过广阔的田野，
经过高险的山峰。
全村都知道咱俩在一起，
知道咱俩生了小孩，
咱俩应该在一起过日子了，
因为恋情的歌唱了多年，
咱们的交情很深很深了。
我的好情妹，
你要是跟我玩，就跟我回到村，
你要是跟我好，就跟我回到家。
咱俩种山兰水稻，
养家糊口过日子。
你成为我的妻子，
就当了家族的大嫂，
你就要抱着破好的槟榔，
站在大桌旁边招呼客人吃。
你应该成为我的妻子
因为恋情的歌唱了多年，
咱们的交情很深很深了。
咱俩从小到大都相好，
不论到那里都在一起。
脚印像丝瓜籽一样铺满了道路。
咱俩一起去看地瓜，
咱俩一起去砍木柴，
咱俩一起去除甘蔗草；
咱俩一起上街买项链和手镯，
当做礼物送给你母亲。
你应该成为我的妻子了，

"三月三"上的民族服装表演　张军军摄于琼中黎族苗族自治县

因为恋情的歌唱了多年,
咱们的交情很深很深了。①

该歌2009年采录,依然保留了较原始的黎族玩隆闺特征。一对情人相恋多年,并且有了小孩,但仍然没有成婚。

过去,黎族人利用各种场合为青年男男女女创造接触和交流的机会。除了各种民族节庆活动日,婚礼也是重要的交流场所。黎族婚礼一般须举行送亲、接亲、迎亲等仪式。女方送亲须请一帮女朋友,叫做姊妹仔,男方接亲

---

① 苏庆兴主编. 三亚黎族民歌[M]. 上海:学林出版社,2011:33—34.

黎族剪纸　张军军摄于乐东黎族自治县

须请一帮男朋友，叫做兄弟仔。在送、接的过程中给这些年轻人提供结识交谈的机会，又在迎亲逗娘交杯时给他（她）们创造了自我表现的良机。男女都可以在这个时候物色自己心仪的对象。

有些地方的黎族人甚至把葬礼也利用起来，成为青年男女交往的机会。如三亚地区黎族过去村里有人亡故，特别上了年纪的老人死后，过了12天或25天、或更长些时间举行一场送别仪式叫"做别"。本村、或邻村、或远些的村寨的男女青年都来观看热闹，相互对山歌从中交谈结识。家里悲痛的事，人家来观看、对歌并不是坏事，而是好事，传统的理解是为主人分担忧愁，歌声可帮主人减轻痛苦，多人观看可以给主人壮胆。因为黎族人原来特别怕鬼。这些活动客观上给青年男女创造了交往认识的机会。

黎族男子　图片采自《黎族传统文化》

第五章 母系文化背景下的男性角色

摩尔根"母权制"概念自提出后，即在世界范围内产生了巨大的反响，马克思和恩格斯的支持更使这种影响达到顶峰。但是，"摩尔根们"并未系统论及母系社会背景下的男性状态，实际上他们那时也不可能对此有系统客观的分析论述的条件和能力。这就给后人留下了巨大的想象空间。女性当家作主的时代，男性如何生存？男性扮演什么角色？"男子汉"气概还存在吗？

在清代的小说《镜花缘》里，作者描述了一段想象下的女儿国。女王强纳男子为妃，关在后宫，强迫缠足，并逼迫他们严守"三从四德"。被摧残的男子大放悲声，痛不欲生。这虽然是对父权社会压迫女性的反讽之作，但客观上还是像传说中的"女儿国"一样，强化了公众的女人压迫男人印象。

父权社会阶级压迫，性别统治的模式如此漫长如此普遍，已经成了人们不假思索的想象前提。既然父权社会的两性关系的显著特征是"男人压迫女人"，那么母系社会当然就会反过来"女人压迫男人"。这种简单的性别角色倒置，非常符合公众的心理定势和预期，再加上文学艺术和媒体的渲染，这种女人奴役男人的模式几乎成了公众版的"母权社会"标准。这种扭曲的影响至今仍四处弥漫，甚至很多其它学科的学者都不能幸免。这不禁令人想起共产主义概念问世后，几乎所有有产者的恐惧表述都是：他们要"共产共妻"。

所幸，19世纪以来，所有对处于母系氏族社会阶段的村落考察，都没有发现女性奴役男性的现象，虽然氏族的管理权确实在女性手里。对黎族和其他经历母系氏族的少数民族地区的考察，进一步证实了这一点。相对于女性而言，男性还从来没有被压迫过。如果说有男性被奴役，那恰恰出现在父权社会，是一部分男人对另一部分男人的奴役。

那么真实的母系文化背景下的男性角色究竟是什么样的？对黎族母系社会的研究考察，同样也可以还原那个时代真实的男性角色。要做到这一点，还要从男性的生命底色的基础分析开始。因为，母系社会一头连通人类的"动物阶段"，另一头连着父权社会。我们在此还想再强调指出：历史阶段距动物时期近[①]，绝不意味着母系氏族社会野蛮和低级，因为事实恰恰相反。

第一节 "雄性冲动"与生命的种群竞争

"人猿相揖别"，只是两者文化上的分离，而不是全方位的决裂。"人"、"猿"相通之处甚多，并在许多方面顽强地表现出来。所谓"人之去禽兽者几稀矣"。

"野性未训"是人们对"野生"动物的突出印象，这指的就是野生动物的攻击性。我们需要再次提醒自己：人类也曾经是"野生"动物。

动物的生存竞争，表现在两个方面：一是同种属生命个体之间的竞争，如山羊和山羊之间的生存竞争；二是不同种属生物之间的种群竞争，如山羊和狼之间的生存竞争。这两种竞争方式，都培养磨练了动物个体的攻击性。无论是利用强大的攻击性觅食或获得更多的进食机会，还是在增强抵御或逃避敌害的能力上，攻击性的强弱在其中起了至关重要的作用。

许多群居动物的首领是在这样的"丛林法则"下产生的，特别是食草动物。作为首领的动物不仅有优先的择偶权，还有优先的进食权，以及对不服从的属下的惩罚权，直到下一个更年轻更强壮的对手出现把它打败为止。这就是"强者为王"的丛林法则，也是启迪了达尔文"物竞天择"进化论的生

---

① 这里的"近"，是指人类社会约定俗成的分期概念，就绝对的时间概念而言，母系氏族社会和父系氏族社会距人类社会的动物阶段其实差不多。因为从晚期智人出现，到母系氏族社会，大约有10万年以上的历史；早期智人的出现更在180万年以前。因而区区数千年的父权社会在这个时间长河里，只是历史的一瞬间。

物性背景，是达尔文认定的人的生物性与人的社会性的结合点。今天看来，这个结论有它的偏颇之处，但它对人社会性的缘起分析，还是具有巨大的启发借鉴意义。

哺乳动物的生殖分工是非常不平衡的，其雌性个体承担了绝大部分的生育责任。从受孕，分娩，哺乳到护幼，雌性都是主要的承担者。一般来说，雄性个体只起辅助性的作用。这种生殖分工的不平衡，直接导致了雄性动物的行为特征向"卫士"或"杀手"的方向发展，特别是群居类型的动物表现更为典型，从而间接导致雌雄带有某种"社会性分工"差异的出现。这种差异对后来的人类两性角色的形成也有某种程度上的影响。

一个物种的生存状态如何取决于两个变量：一是种群的个体数量，二是种群的生命质量。由于雌雄两性之间拥有的生殖细胞存在总量上的不平衡，这就使少量雄性就能满足种群内雌性生殖的需求。换句话说，将一部分雄性个体排挤出生殖序列之外，并不影响种群的繁衍生息。这是雄性动物之间生殖竞争十分残酷的前提条件。失败的雄性个体要么臣服于强者，丧失或减少交配机会；要么被驱逐出种群之外四处流浪。设想，如果雌性动物之间的生殖竞争也如此激烈，将使一部分雌性失去生育机会，从而影响种群的出生率，这显然不利于种群的发展。使所有成年雌性个体都有交配生殖的机会，当是有性生殖方式的动物所遵循的普通原则。而雄性动物之间的激烈竞争因不影响种群的出生率，又有利于提高新生代的生命质量，因而成为动物群体的通行原则。

动物的攻击性是生态竞争的需要，是维系生态平衡的条件。人由生物界演化而来已是不争的事实，那么初民也处在物竞天择的自然法则之下，人类的行为也必然要受生物模式的制约，在远古"英雄"的身上我们可以比较清晰地看到动物的攻击性与人的崇尚暴力之间的关系。

人类生育负担单偏重现象较之一般动物更为严重，更长的孕期、哺乳期、育幼期，使女性的野外活动能力大受影响，抵御外敌，保卫家园的责任就主要落在了男人头上，"卫士"当是先民简单社会分工中产生的最早的男性职业。[1]

---

[1] 孙绍先.男性角色的"暴力情结"与宣泄通道[J].中国比较文学,1998,05：15.

人类第一次性别分工直接承袭了人在动物阶段的分工特点。因而，原始氏族社会男性另一种带有普遍性的职业便是"猎手"或"渔夫"。针对植物的采集活动是初民食物的主要来源，这是许多人类学家考察处于原始氏族阶段的人群后得出的结论。采集活动相对于渔猎活动来说，形式简单，安全平静，适于女性，特别是育幼期的妇女。渔猎活动则是一种体能和技能高度协调的集体劳动，经常与危险相伴。考古发现表明，人类很早（至少是在旧石器时代）就已经能够捕猎大型的食草动物，如野牛、象、野马等。渔猎活动是初民食物蛋白的主要来源，摄食蛋白质是人类体质进化，特别是大脑进化的重要条件。"卫士"加"猎手"就是母系氏族时代男性的主要职责。那些把母系氏族社会想象成是女性压迫男性的人们，显然没有想到这样的社会前提。

清　琼黎风俗图　图中表现的是男子渔猎的场面　文丽敏摄于海南省博物馆

显而易见，要胜任卫士和猎手的职责，男性必须具备两种素质：一是精神上的强悍，无所畏惧；二是体质上的强悍，攻击力强。这应当是体现在初民英雄身上的基本特征。黎族在自己的民族演进历程中，也必然承袭了这样的历史角色。在海南岛相对封闭的自然环境中，黎族的男性就更能显示出这样的特征。

英雄对动物性的超越主要表现在种属内的同类竞争之中，同种雄性之间为争夺配偶的争斗是妨碍雄性间合作的重要障碍。大多数种类的动物用限定发情期的方式来减低其破坏性。然而，人类没有明显的发情期，克服这种危害的手段就只能依赖社会的强制性。初民的集体行动虽然与今天的社会组织不可同日而语，但是已经大大超越了群居动物的习性分工水平，孕育了社会制度的胚芽。

从生物角度来看，人类的确没有多少竞争优势可言，论尖爪利齿，论速度与耐力，人都要排在许多种动物的后面，人之所以能在众多物种的竞争中后来居上，主要依赖其更为精细有效的社会组织能力，这势必要求人的同类之间要尽可能地压抑限制小团体内部彼此之间的攻击性行为，这是他们学会更好地彼此合作的先决条件，人类外部文化对内在生物性的改造即由此开始。这是人成为有"文化"动物的基本动力。

这种改造带来的影响是极其深远的，动物同类之间的争斗与种属外的厮杀有着本质上的不同。动物的攻击性在同种竞争中主要表现为一种仪式性，以竞争一方适时地表示屈服而告结束，动物的致命性攻击手段主要施于种外竞争。同种属的动物发生冲突时，除了要有成幼、雌雄的抑制机制外，还有攻击方式上的克制。同类同性动物的决斗极少导致双方或一方重伤死亡，这其中起重要调节作用的就是争斗的仪式化。双方或一方事先发出警告信号，当对方有应战反应时，双方才进入正面冲突阶段，因而这种冲突总是双方准备好了的一种正面角力。突袭，伏击，或攻击躯体侧后部的行为一般只加之于种属外的动物，无论是两只蟋蟀，还是两只公牛之间的较量都具有这种性质。当然，如果争斗的双方旗鼓相当，互不相让，也往往会造成致命的伤害。

先民在日益扩大的活动范围中，逐渐把动物的种属外与种属内竞争对应演变为氏族内与氏族外竞争，本氏族的男人之间保留着程式化的争斗方式，以打败而不是杀死为目的。后来文学作品中大量描写的"英雄比武"场面就是由这种现象演化而来。欧洲中世纪的贵族决斗也有类似的性质，战友（朋友）与敌人（魔鬼）的价值判断分裂肇始于此。其后在宗教和狭隘的民族文化的制约下，这种判断逐渐发展为将异民族或对立民族的人逐出"人"的视野，降而为一种"非我族类"的"猎物"，以求彻底打开同类相残的生物杀

黎族竹编器具　焦勇勤摄于昌江黎族自治县

戒，暴力肆虐人类几千年的潘多拉的盒子终于被打开了。

人类在步入旧石器时代之后，生产方式与生产工具都得到了进一步的发展与完善，以巫术为标志的原始信仰，结合生殖崇拜构成了先民文化的主体部分，社会生产已开始由采集、渔猎向农牧业过渡。这意味着人类已初步挣脱自然生物链的制约，人基本上不再成为其他食肉动物的捕食对象。而且几乎所有动物都可以成为人的猎捕对象，打猎也从过去食物不可或缺的补充来源，变成一种食品调剂，食物的蛋白质来源逐渐开始由家禽家畜提供。如果没有其它因素起作用，动物界种属外竞争将在人类身上消失，因为人类自身已经强大到不受任何动物可能带来的灭种威胁。这样的生存前提，加上氏族之间越来越多的摩擦，终于导致人的攻击性内转，把其他氏族的人当作征服掠夺的对象。这种现象一直持续到人类所谓"高级文明"阶段。就是在今天，这种思维模式仍然在国家关系间起决定性的作用。①

---

① 参见孙绍先.男性角色的"暴力情结"与宣泄通道[J].中国比较文学，1998，05：15.

黎族男子　焦勇勤摄于三亚市

4黎族男子在叉鱼（左）、射鱼（右）
图片采自《黎族传统文化》

好勇斗狠，是过去黎族汉子予人的突出印象。在各种有关黎族的典籍记录，都有大量关于黎族凶悍野蛮的说法。《皇清职贡图》之"琼州府黎人"条，题注称黎人"性凶横，时相雠杀，叛服不常。"这几乎就是中原历代统治者对海南黎族的一贯印象。这其中当然有污蔑歪曲的地方，但也含有对黎族勇于反抗精神的史实性描述。"历史上，黎族人民在同自然界和统治阶级作斗争的过程中，逐步养成了一种勤劳勇敢，尚武善斗的精神。从小父母便教之练武习弓，平时弓箭不离手。"[1]这一点在古籍中多有记载。宋代的《诸蕃志》卷下"海南"条中说，黎族"男子常带长靶刀，长鞘，刀弓跬步不离。"

我们在各种相关资料中，都未发现黎族女性大规模介入武装冲突或狩猎活动的记载（女性个人作为族长或领袖来领导武装活动是有的）。这表明即使在母系社会，性别分工也是很严格的。这种性别分工当然是有生物学依据

[1] 王学萍主编.中国黎族[M].北京：民族出版社，2004：154．

的，相比较而言，男性是个有暴力倾向的性别。同时，他们肌肉发达，爆发力好，身体机能比女性更适合格斗。

从西汉到清代，仅仅是史籍有明确记载的黎族的武装起义就有70多次。"峒组织自形成之日起，峒的成员便具有了'共同地域'观念，对峒的地域都有保卫的责任，因而黎族峒组织具有一定的军事组织性质。"①但这种峒军事组织，只在峒内部有良好的凝聚力与战斗力，峒与峒之间互不相属，即使血缘关系较近的黎峒，各峒之间也只有战时的短暂结盟，如果整个海南的黎族都结成长期同盟，那么大陆的中央政权可能直到近代都无法征服黎族人。

据《后汉书·南蛮西南夷列传》记载："武帝末，珠崖太守会稽孙幸调广幅布献之，蛮不堪役，遂攻郡杀幸。"班固在《汉书》中也说海南黎族"其民暴恶，自以阻绝，数犯吏禁，吏亦酷之，率数年一反，杀吏，汉辄发兵击定之。"②仅仅在汉代宣帝、元帝时，有史可证的黎族反抗就惊人地频繁：汉武帝元封元年（前110年）至昭帝始元元年（前86年），"二十余年间，凡六反叛"。③迫使汉在昭帝始元五年（前82年），罢儋耳郡，归属珠崖郡。汉宣帝神爵三年（前59年），珠崖三县反。甘露元年（前53年），九县反。汉元帝初元元年（前48年），珠崖又反，发兵击之，诸县更叛，经年不定。④海南黎人的反抗一是频繁，二是规模大。甘露元年的反抗竟然波及九个县。

公元666年，黎族发起的武装暴动，一度攻下了当时海南政治文化中心的琼州。清道光编辑的《琼州府志》载：（唐朝）"乾封二年，峒僚陷琼州，东南诸乡尽没。"

元天历元年（1328年）"琼山黎多招引亡命为响导，时出劫。"⑤

应当承认，在清以前，中央政权和汉族权贵对黎族土地和其他资源的掠夺，是激化黎汉冲突的主要原因。在这种冲突中黎族人是被伤害的对象，由于黎族没有文字，这段历史过去完全是由加害方书写的，其中的谬误和歪曲

---

① 海南省地方志办公室.海南省志·民族志[M].海口：南海出版公司2006：130-131.
② 班固.汉书[M].北京：中华书局，1962：2830.
③ 同上.
④ 同上.
⑤ 参见明嘉靖《广东通志》.

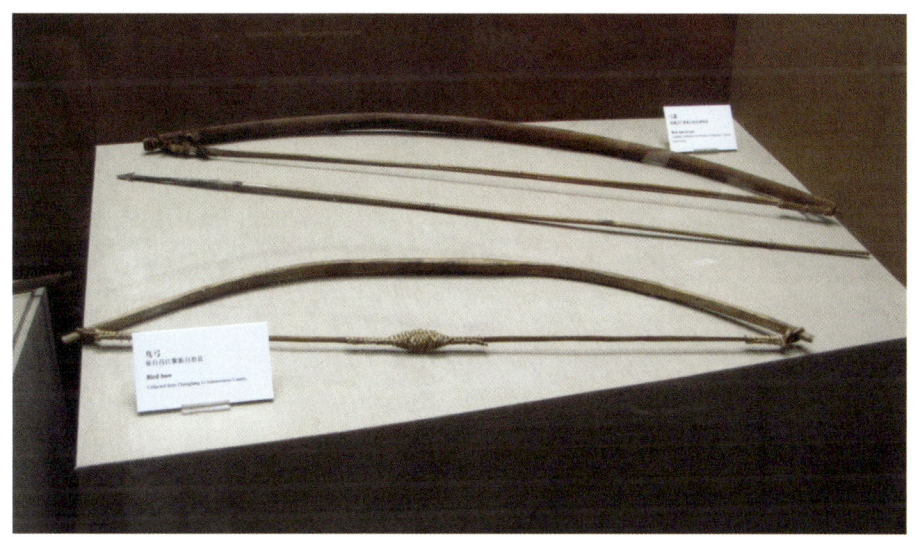

古代黎族男子制作的弓箭　　文丽敏摄于海南省博物馆

可想而知。黎族人由保卫家园激起的斗志岂有不强之理?

　　人类的家园意识极其强烈,这既有深远的生物性原因,也有后天的社会文化推动作用。

　　从生物性原因来说,人类的家园意识脱胎于动物(特别是哺乳动物)的领地意识。绝大部分的哺乳动物都有强烈的护巢行为。巢穴乃是动物生存的根本,也是领地的中心,巢穴是否安全是动物生存还是死亡的重要标志。特别是巢穴中还有幼子时,就更是如此。成年动物会不惜以命相搏来保卫巢穴和自己的领地。雄性护巢,雌性护幼,是哺乳动物的基本特征。陆生的哺乳动物都会用自己的尿液和体味来标记自己的领地,以此警告同类:"这里是我的地盘,你不要轻举妄动。"

　　有动物学家做过一个经典的试验。在一个狭长的水族箱中,放入两尾大小差不多的成年雄性鱼。这两条雄鱼即刻开始争夺巢穴和领地,它们各据水族箱的一端互相攻击。科学家们发现,当一条雄鱼攻入对方领地时,另一条雄鱼便奋起反击。有意思的是每条雄鱼都是,越是接近自己的巢穴,攻击性与斗志越强;反之,越是远离自己的巢穴,攻击性与斗志越差。经过数次这样的拉锯战,最后,两条雄鱼在水族箱中间形成相互认可的边界,才逐渐平静下来。相信人类的男性身上也会流淌着原始生命中的雄性血液。他们会通过类似的方式保卫自己的部族边界和领地,并避免无缘无故地袭扰他部落的领地。

从社会文化方面来说,母系氏族社会并没有压抑男性成员对外的攻击性,而只是改造了他们对内的攻击性。以母系氏族为依托的家园意识因而会变得更加强烈。这就是我们所说的母系氏族社会内部和谐平等(包括近血缘集团之间),而外部冲突依旧的根源。从历史发展过程来看,母系氏族时代,由于地广人稀,氏族之间的家园争夺程度还不甚激烈。到了父系氏族阶段,随着工具和武器的改进,人口的增加,各氏族之间的家园争夺才达到空前惨烈的程度。对此,世界各民族的早期史诗有非常精彩和形象的表述。

古代黎族有血族复仇的现象,黎族称之为"捉拗"。这是有历史渊源的,相信亦来自百越传统。从古以来,越人内部长期内争不已。故史称:"粤(越)人之俗,好相攻击";"越人相攻击,其常事"。《隋书·地理志》云:"诸僚铸铜为大鼓",其"俗好相攻,多构仇怨,欲相攻则鸣此鼓,到者如云。有鼓者号为'都老',群情推服。"这些记载表明,黎族长期处于氏族社会阶段,在他们的观念中"有家无国"。各个黎峒之间的冲突,由于没有国家层面的调停和干预,只能靠自己解决。

我们知道,如果冲突只能由利害双方自己来解决,回旋余地会很小,十有八九会演变成武力对决。特别是涉及土地与财物时更是如此。

过去黎族每一个大的村峒,都有自己的防御体系。他们沿村落周边种植荆棘林带,经多年养护,这种密不透风布满尖刺的荆棘丛,人若想悄悄地潜入是绝无可能。一个峒也有自己专属的经济区域,这个区域往往以山脉河流为界,在与其他峒接壤的地方,种植树林或立碑砌石为标识。峒内的财产和峒的区域界线不容侵犯。"20世纪初,番阳峒才花村有人偷了哈方言村民的牛被抓住,对方要求罚牛100头。峒长便召集全峒哨官、头家开会,商量解决办法,然后由峒长与哈方言的人们交涉,对方同意减罚为30头牛和50块光洋,并扬言如不照数付清将攻打才花村。"①

一旦发生这样的事情,全峒便会群情激愤,他们会在第一时间向敢于冒

---

① 王学萍主编.中国黎族[M].北京:民族出版社,2004:103.

弓箭和带倒钩的标枪　文丽敏摄于海南省博物馆

犯者发出最后通牒（一般是用一条细小的白藤打一个大圈三个小圈插上一条鸡毛）。如果对方道歉并赔偿则罢，不然，全峒的青壮年男子便会击鼓为号武装起来，攻打对方的村峒。如若战事不利，他们还会邀请与自己的峒有较近血缘关系的黎峒一起参加战斗。战斗所需要的费用由全峒人共同承担。被攻打一方也会找自己的近亲部落结成战时联盟，这就会导致大规模的战斗。过去黎族地区部落间的冲突械斗很频繁，这给了外部观察者十分深刻的印象。

《宋史·蛮夷三》"抚水州广源州黎洞环州"记载：

> 诸蛮族类不一，大抵依阻山谷，并林木为居，椎髻跣足，走险如履平地。言语侏离，衣服班斓。畏鬼神，喜淫祀。刻木为契，不能相君长，以财力雄强。每忿怒则推刃同气，加兵父子间，复仇怨不顾死。出入腰弓矢，匿草中射人，得牛酒则释然矣。亲戚比邻，指授相卖。父子别业，父贫则质身于子，去禽兽无几。其族铸铜为大鼓，初成，悬庭

中，置酒以召同类，争以金银为大钗叩鼓，去则以钗遗主人。相攻击，鸣鼓以集众，号有鼓者为"都老"，众推服之。

我们推测，黎族过去予人好斗的印象，有他们捍卫自己氏族领地和信仰的重要因素在内。这一重要的心理因素往往得不到外部观察者的认同（因为其价值观是外人不容易清晰全面了解的），结果，在黎族人来看是关乎生命荣誉的重大事情，不得不出手，在外人看来却是无足轻重的小事。比如，黎族忌讳自己的名字与已故的人相同（同一血缘关系氏族内，不然活着的人也可能被鬼招去），已故人的名字在另一个世界已经变成"鬼名"。鬼名只能在特定的祭祀仪式上使用。如果误唤会招致鬼魂的可怕报复。邻里间，除非有深仇大恨，否则不能叫另外人家的鬼名。不然的话，会引起双方仇恨，甚至械斗。①

海南各族共同推崇的冼夫人，其最突出的历史功绩就是平息了越人的内乱。"越人之俗，好相攻击，夫人兄南梁州刺史挺，恃其富强，侵掠傍郡，岭表苦之。夫人多所规谏，由是怨隙止息，海南、儋耳归附者千余峒。"②可见，黎人"捉拗"系从越人"好相攻击"发展而来。直到1928年曾任海南岛守备司令的黄强，在其《五指山问黎记》序言中还称黎族人"既殊其方言，异其习尚，则情感斯背，往往因薄物细故，椎牛击鼓，持众斗殴，死伤垒垒焉"。③

值得注意的是，黎族男性的这种暴力倾向，只加之于氏族外部，对内，特别是对女性则极少看到使用暴力的记录。这与后来的父权社会的男性角色大不一样。显然，这种男性精神是母系社会改造调整后的结果。

黎族流传的许多民间故事中，也反映了黎族男性勇敢坚强，不屈不挠的战斗精神。不过，从不少故事的内容来看，产生在父系时代的可能性较大，或者至少是在父系时代添加了内容。但黎族男性一以贯之的尚武精神得到了充分和形象的反映。

故事《兄弟星座》讲的是勇敢善战的黎族七兄弟，置个人生死于度外，

---

① 参见王学萍主编.中国黎族[M].北京：民族出版社，2004：149.
② 魏征等撰《隋书》卷80《列女·谯国夫人》，北京：中华书局，1973：1800—1801.
③ 萨维纳.海南岛志[M].辛世彪，译注.桂林：漓江出版社，2012：73.

前赴后继，为民除害，杀死了横行霸道的天猪，进而直闯天界与袒护天猪的玉帝理论。他们烹食天猪，示威般在天宇开犁耕地。故事把黎族人无所畏惧的精神表现得淋漓尽致。七兄弟化身英雄"星座"，翘首天河，环行不息。这个故事古朴厚重，是黎人不畏强暴的民族精神写照。

另一个广为流传的故事《勇敢的打拖》，塑造了一个大义凛然的黎族英雄形象。故事讲述的是，一只作恶多端的老鹰魔力非凡，淫欲无度，常常危害海国的人民。凡年轻貌美的女子一旦被他发现，便难逃魔爪。国王的公主、海龙王的女儿相继失踪。英雄打拖不顾个人安危，只身深入老鹰盘踞的魔窟，经过一番殊死搏斗，斩杀老鹰精，救出了国王的公主和海龙王的女儿。当国王和海龙王向打拖赐婚，要招他为驸马和女婿时，打拖婉言谢绝了。打拖无私无畏的高尚情怀和品格在此得到了充分的表现。但从出现了"国王赐婚"和"招驸马"的情节看，受汉族观念的影响较明显。黎族自身并没有"国王"、"公主"之类的概念，这些情节后来添加的可能性较大。

《雷公根》中的雷公，凶神恶煞、威力无比、不可一世，但却被顽强的黎族英雄打占打败了。打占还将雷公的一只脚刺烂，沤进田变成野菜（雷公笋），供人们食用。这个故事将过去黎族人十分崇拜的雷公神，塑造成横行霸道的恶棍，让黎人的英雄打占用武力羞辱他。从故事的主题来看，恐怕是黎族进入父系氏族之后的产物，反映了黎族男性敢于挑战母系时代神灵的新动向，预示着母系社会走向衰落的历史趋向。类似主题的故事，在其他民族父权社会崛起时也有出现。

第二节　男性暴力的社会文化调控

如何把男性的暴力冲动引导到氏族之外，从而超越动物界普遍存在的雄性暴力，这是母系氏族和父系氏族社会要共同面对的问题。

在动物界，对雄性同类之间暴力的控制只能由发情期（一般是在春季的某一周或几周）来调节。即在发情期以外的季节同类雄性之间很少争斗，相安无事。为了共同的利益，雄性个体之间可以一起捕食，也可以一起防御。

只是到发情期时,成年雄性之间才会发生大规模的争斗。人类没有明显的发情期,这就使人类失去了自然调节暴力冲动的可能。人类男性无论是在渔猎,还是在牧耕当中,都必须有良好的协作与相互信任关系,男性之间原始的敌视心理妨碍他们建立精诚合作关系。人类必须求助于自身的社会文化能力去干预,这应当是人类道德感起源的主要原因。

  人类早期的英雄史诗为男性的暴力崇拜提供了可以追究的线索,被视为西方史诗范本的《荷马史诗》,在表现早期氏族英雄时,还依稀可以看出这些好勇斗狠的男人身上有着浓厚的动物性的霸气,希腊英雄阿喀琉斯把打败天下好汉、捍卫英雄尊严当做唯一的追求。当神谕指示其有两种命运可以选择时,他毅然放弃了富足平安的可能,走上了虽名扬天下却要暴死疆场的道路。他对英雄名誉的追求,对暴力霸权的迷恋,完全没有受后来宗教的或民族主义精神的支配。他既不为心目中的神灵信仰而战,也不为他的民族利益而战。当他抢来的女俘虏被联军统帅阿伽门农利用职权之便据为已有时,阿喀琉斯暴跳如雷,置联军生死于不顾,罢战不出,无论战友如何晓以大义,他都恨意难消,最终使他出战的原因仍然不是民族大义,而是自己的亲密战友被敌人所杀,激起了他的复仇欲望。另一位古希腊英雄赫剌克勒斯,则是一个"集狩猎英雄"、"军事英雄"、"竞技英雄"、"性英雄"于一身的古代男人偶像,他有在一夜之间强奸了第比乌斯50个处女的经历,也被当作英雄壮举流传下来。

  战争与氏族之间的冲突产生的原因可以追溯到动物界的种属外竞争。狩猎活动可以看作是战争的直接源头。"对原始人的思维来说,战争和狩猎之间没有本质的差别。"[①]如何把"杀人"变成"杀动物",或者如何把"杀人"看成是"杀动物",这是考察氏族冲突和上古英雄精神不能不澄清的问题。

  我们已经了解到,动物界的种属内与种属外竞争方式有着目的、手段上的重大区别。同种属的动物争斗不以杀戮为目的,猎杀食用同类的哺乳动物十分罕见。因而,最初狩猎活动与氏族间的冲突曾有过泾渭分明的界限。前

---

① 列维-布留尔.原始思维[M].丁由,译.北京:商务印书馆,1986:235.

者为猎杀—食用；后者为恫吓—驱逐。狩猎与战争合流当是原始信仰，特别是图腾崇拜干预的结果。

有关图腾的学说已广为学者注意，虽然对其起源、内涵争议甚多，但对图腾崇拜是一种祖先崇拜则大都持认同的态度。图腾崇拜是在这样的原则上改变了人类对其自身的看法，并进而导致长达数千年"人类"概念的实质性瘫痪和瓦解。即每一氏族的真正祖先是一种神圣的动物（或植物），每一氏族的图腾具有唯一性（如因异常情况出现了新的祖先图腾，那么旧的随之废弃）。

各个氏族分属不同的祖先图腾，而这种祖先图腾多为动物，这就使图腾崇拜得以分割开人类整体生物意义上的亲缘性。他们不再是人，而是一些人形的"熊"，一些人形的"虎"，一些人形的"鹿"等等。因而氏族间的战争也不再是去杀"人"，而是杀"熊"，杀"虎"，杀"鹿"。正是在这个意义上狩猎才与战争有了同一性。也正是在这个意义上，氏族英雄挣脱了生物本能加之于同类上的攻击克制，成为一位好勇斗狠的杀手。世界各民族早期的神话传说和史诗中，有大量的英雄与毒蛇猛兽搏斗的记载，其中有些就是以图腾面目出现的氏族战争。许多原始氏族战士在征战之前，要戴上动物化的面具，或在头上装兽角、羽毛，或在脸部和躯体上涂画，其目的之一也是为了强化自身与图腾物的联系，而并非只是为了吓唬对手。

这种图腾崇拜与后来的对宗教神的崇拜大不一样。图腾崇拜在"万物有灵"、"万物相通"的思维方式下，最终变成先民对自身的崇拜，神灵以附体的方式与人在非常时刻结合在一起，完成了对自身生物性的超越。它不仅可以最大限度地释放人的攻击性，也可以最大限度地克服人的恐惧本能。这是氏族战士在特定时刻可以普遍进入无畏状态的真正原因。[1]

恐惧是所有动物经常出现的状态，是防卫与逃避的准备，是遭遇不测或遇到强大敌害时的自我保护行为。它显然有利于提高个体生命的存活率。人的恐惧心理也是在这种生物意义上被继承下来的。当人类依靠更有效的组织方式摆脱了生物链制约之后，其个体生命的本能恐惧就变得有害无益。如何

---

[1] 参见孙绍先.男性角色的"暴力情结"与宣泄通道[J].中国比较文学，1998，05：15.

更好地抑制恐惧本能，培育英雄观念就是原始信仰——巫术所要解决的重要课题之一。只有有效地克服了与生俱来的恐惧感，氏族组织成员才能在充满危险的外部活动中更好地相互配合，为本氏族开辟更广阔的生存空间。在这一时期，无论是部族间的冲突，还是渔猎活动，都不是纯粹的个体行为。这要求氏族成员之间要有大体相似的精神状态。对于居卫士、猎手位置上的男人来说，这一点尤其重要。个别人因恐惧逃跑，可能导致整个群体的灾难性后果。

我们应当清楚，母系氏族时代黎族人的生死观与父权社会之后的生死观大不一样。后世的视死如归，必须有理性和理想的激励。封建时代提倡的是"理性的英雄"。这类英雄最重要的特征是他们对某种精神的自觉信仰。这种精神可能来自宗教教义，可能来自民族主义信念，也可能来自国家倡导的爱国主义道德（包括敬畏国家的象征——君主或领袖）。在此，英雄的勇敢，既不是生命自身的冲动，也不是个人的需要，而是源于这些外来精神的感召。正因为如此，这些英雄行为往往染上浓重的献身与牺牲色彩。封建社会用巨大的荣誉，来回报英雄的献身。基督教把为圣战而死的十字军战士捧上天堂，就连大诗人但丁在此都不能免俗。中国的皇帝也为牺牲的英雄树碑立传，建庙祭祀。因此，他们的勇敢与献身才具有了崇高性和悲剧性。他们最终是宗教英雄、民族英雄或道德英雄。

母系氏族时代的勇敢与尚武精神则是"神意"社会对全体男子的角色要求。在这样的社会里，没有今天意义上的死亡概念。死亡只是肉体的朽坏，灵魂会转移到另一个世界去。"灵魂不灭，精神不死"乃是母系氏族时代人们的基本信条。在这一基本原则之下，"神意"会让勇敢赴死的人有更好的去处（类似后世宗教所说的"天堂"），让怯懦而死的人有更糟糕的去处（类似后世宗教所说的"地狱"），以此来激励生者更勇敢。不仅如此，巫术也可以在正反两方面帮助先民克服恐惧本能，强化人的攻击性，增加人的无畏精神。一方面，巫术可以通过接触，进食，模拟等方式，将自然或神灵的伟力勇气转移到战士身上，并通过禁忌方式，切断软弱怯懦的东西与战士的联系，使他们相信自己是战无不胜的。另一方面，他们又利用巫术干扰搅乱对手或猎物的身心平衡状态，使其更容易被打败杀死。弗雷泽注意到"纳马夸人不吃野兔的肉，因为他们觉得野兔肉会使他们胆小，象野兔一样。但

彪悍的黎族男子　图片采自《黎族传统文化》

是他们吃狮子肉，喝豹子或狮子血，以求获得这些野兽的勇气和力量。"[1]

把敌人看作野兽，这一释放同类间攻击性的方法，后来被用更"文明"的手段发扬光大。由图腾特征引起的氏族分化，变成种族分化。"熊氏族"、"虎氏族"、"鹰氏族"的观念变成"斯拉夫人"、"匈奴人"、"日尔曼人"，杀异民族的人，在本民族看来仍不算杀"人"。再后来，人的分化又以国家的面目出现，"法国人"、"德国人"、"日本人"，他们在处于战争状态时，仍然可以利用类似的文化手段将对手开除出人籍。

宗教虽然与巫术有重大区别，但在这一点上则与巫术有异曲同工之处。杀"异教徒"、杀"邪教徒"不仅无罪，反而有功。因为他们是"异类"，甚至就是"魔鬼"。"非我族类"判断的后面常常跟的是：我方集团可以不

---

[1] 弗雷泽.金枝[M].徐育新等，译.北京：中国民间文艺出版社，1987：713.

黎族男子在剥制树皮布　焦勇勤摄于保亭黎族苗族自治县

择手段。①

后世父权社会的英雄崇拜愈演愈烈，如此普遍，如此残忍，引人深思。显然，人类某种约束暴力的机制出了问题。这恐怕与性别关系失衡有重大联系。

母系社会为什么没有形成女性对男性的统治？

最重要的原因当然是私有制没有形成。因此，女性的优势地位不是基于经济基础，而是出于文化信仰。她们无需奴役和压迫男人为自己服务，因为她们没有自己的私利。

在黎族母系社会中，男性扮演了十分重要的角色。他们是氏族不可或缺的猎手、卫士和重要的劳动生产者，是外族女子谈情说爱的对象和本族孩子们可以信赖的舅舅（在没有父亲的情况下，舅舅就是男孩子们的老师和教练）。这些角色都不可能在被压迫的情况下去体验和完成。

特别值得注意的是，在这个母系氏族的大院里，没有成年男子的房间。由于过走婚生活，适龄男子都在其他亲族家过夜，偶尔无处可宿

---

① 参见孙绍先.男性角色的"暴力情结"与宣泄通道[J].中国比较文学，1998，05：15.

时，可在院内的草棚过夜。然而，这是受人歧视的。男性只有到了老年以后才能回到上室住宿。然而这不意味着男性受到了歧视，他们也并不孤独。本族内所有未成年的孩子都喜欢并尊敬他们。①

黎族人十分尊敬舅家。过去，不论外甥官做多大，到舅家时一定要下马进村，脱帽进屋。在丧葬时如果死者是女性，舅家的权威也非常突出，在整个丧礼过程中舅舅的意见都至关重要，他是代表母系家族来察看外族是否善待了自己家族的人。舅舅可以大骂外甥、外甥媳妇没照顾好母亲，甚至可以开棺验尸，如果有疑点，就会痛打自己的外甥。如果他对死因的解释不满意，他就有权处罚死者家庭，黎族称之为"弹麻"酒。死者家庭必须出一头猪、一坛酒请舅父息怒。这无疑是母系氏族社会的遗风。这种风俗的存在当然会使各个黎族家庭都不敢虐待媳妇。客观上有助于保障已婚妇女的地位和权利。

母系氏族保存的较完整的摩梭人谚语说："最可靠的人是母亲，最信得过的是舅舅。"还有谚语称："天上飞的鹰最大，地上走的舅舅最大"，这与黎族谚语"天上雷公大，人间舅公大"之说几乎一样。摩梭人的男孩都是在舅舅的培养下长大的，黎族由于父权制婚姻已经普遍确立，父亲成为男孩成长的主要领路人，但是对舅舅的尊敬显示，黎族也曾经历了舅权胜过父权的时代。

万宁黎族如母亲病重，外甥首先要向大舅父"报病"，这是不可或缺的环节。外甥要带上一包槟榔，到大舅父家，双手向大舅父递上槟榔，并如实向大舅父报告母亲的病情。母亲亡故，向大舅父"报丧"的礼节一如"报病"那样郑重。如果是突然病故，外甥要带上两包槟榔，先递上一包"报病"，再奉上另一包"报丧"。②

在原三亚地区的黎族，如系女主人亡故，出棺前必须举行"坐席角"仪式。"这是特有的一种贯例，可以说它是处理并解决葬礼一切事务的决定性会议。仪式是在大厅中央铺一张草席，捧香炉的人腰间系上腰篓，带领全家

---

① 宋兆麟.走婚的人们[M].北京：团结出版社，2002：85-86.
② 黄圣诚.海南岛太阳河流域黎族丧葬习俗调查分析[J].广东技术师范学院学报，2010，1.

骨雕饰品（骨雕一般是男性的专长） 鞠斐摄于白沙黎族自治县

的弟兄去跪请外家大小舅及姑父、姐夫、妹夫等来坐于草席旁边，道公与捧香炉者坐在草席头端。"[1]可见舅公权威之大。一首采自三亚地区的黎族歌谣也印证了这种情形：

舅公做客歌

舅公今天来做客，
我们已把家里打扫干净，
把坐床的草席铺好，
把一百五十条毛巾数好，
放在藤萝里送给舅公们。

---

[1] 参见：苏庆兴.拥抱大海[M].黎族研究部分,上海：学林出版社2011.

人形骨簪的单人头和双人头
海南日报记者于伟慧摄
图片来自http://www.news.cn/

制作骨雕的骨料（一般为牛腿骨） 鞠斐摄于白沙黎族自治县

舅要猪的后腿，
公要猪的前腿，
挑到木扁担弯了，
挑到竹扁担响了。
挑回去又数了数，
发现毛巾还差两条，
返回问亲家要，
亲家又给了两条毛巾，
这样才够舅公们分配。①

另据杨知勇在《西南民族生死观》一书中介绍，西南少数民族（多为百越族群的分支）大都十分重视舅权。傈僳族的谚语有"树最大的是杉树，人

---

① 苏庆兴主编.三亚黎族民歌[M].上海：学林出版社，2011：53.

最大的是舅舅。"彝族支系撒尼人也有"舅舅为大"的说法。纳西族东巴教祭天仪式的主祭坛上有三棵树,两棵黄栎青㭎木代表天神、地神,一棵柏木代表许神（天舅）。祭天结束后,如结果不利,还得把代表天舅的柏木扛回家里,绑在家庭中的中柱——撑天立地柱上继续祭拜。①

在母系制的后期阶段,即使子女知道了自己的生身父亲是谁,父子关系也不能与甥舅关系相比。还是以纳西族1960年的调查为例:"我们在忠克村调查了20个成年妇女,知道父亲是谁的有11人;调查了12个男成员,知道父亲是谁的7人。这个统计数字,在一定程度上说明现阶段父权观念发展的状况。不过在访问婚的阿注制度下,即使已知生父,但因各属于不同的家庭,父亲与子女在经济上的联系十分少,所以尚停留在观念上,而负责教养子女的除去母亲外,便是舅父。正因为这样,子女与父亲彼此的关系都很淡薄,知道生父与否在现实生活中并无什么大的意义。"②

我们有理由相信人类的母系氏族时代普遍实行舅权大于父权的男性教育及培养模式。古罗马著名史学家塔西坨在考察日尔曼人的族群关系时,曾对这些被罗马人视为"野蛮人"的部族作过这样的描述:"甥舅的关系是和父子的关系相等的。的确,有些部落把甥舅关系看得比父子关系更为密切和神圣,而在接受人质时宁愿以甥舅关系为对象,认为这样可以获得牵连更广的可靠保证。但是,每人的继承者还是自己的子女。"③此时日尔曼人已经进入父权社会,但是,舅权这种母系氏族时代的遗风依然顽强地表现出来。可以想象在母系氏族时代日尔曼人的甥舅关系会更牢固更神圣。

在我们已知的社会中,母系社会是人类历史上两性关系最平等、最和谐,同时也是最自由的时代。

在黎族的猎歌中,《打山歌》则反映了黎族原始社会的共有习俗。由此我们得知,男性不会为争夺财物与本氏族的人动武:

  呜——喂！
  昨夜去巡岭，昨夜去打山，

---

① 杨知勇.西南民族生死观[M].昆明：云南教育出版社，1992：299.
② 云南省编辑组，《中国少数民族社会历史调查资料丛刊》修订编辑委员会.永宁纳西族母系制调查[M].北京：民族出版社，2009：59.
③ 塔西坨.日耳曼尼亚志[M].马雍等，译.北京：商务印书馆，1959：65.

打着头山猪，打着只坡鹿，
一铳打一个，抽山藤来绑，
两人扛一个，两人抬一只。
山猪与坡鹿，见到都有份，
坡鹿与山猪，见到都有份。
呜——喂！①

在动物界，"吃独食"是通行的丛林法则。除了母亲会将食物主动分给幼仔外，其他个体都要等到强壮者吃完后才能进食。人类是如何克制了自己的个体欲望，把自己也需要的食物分给他人？显然是母系氏族社会内部孕育了人类文明最初的种子。

第三节　女性的情人，而不是主人

母系时代男性角色对人的生物性的超越主要表现在对待女性的态度上。恩格斯曾经说过，在欧洲中世纪的市民阶层，产生了历史上第一次的个人之爱。显然，恩格斯指的是有文字记载的历史，也就是父权文化的历史。"人类历史上第一次个人之爱"，当之无愧地要给予母系氏族社会的人们。

关于男女之间的"爱情"无论曾经有多少种说法，但前提一定是当事的男女双方有平等的精神心理地位。在一个把自己视为主子的男人和一个将自己视为奴仆的女人之间不可能有爱情故事发生。有人可能会反驳：李隆基和杨玉环之间难道没有爱情吗？当然有。不过，我们应当特别注意的是，在杨玉环眼中，李隆基并不是高高在上的皇帝；李隆基也没有把杨玉环看作是比自己低贱的女人。男女个人之爱冲破了他们之间悬殊的社会身份壁垒，这正是有文学史以来人类爱情的永恒母题。无论是西方的"王子与灰姑娘"型的故事，还是东方的"牛郎与仙女"型的故事，都在反复演绎这种自由情爱战

---

① 王学萍主编.中国黎族 [M].北京：民族出版社，2004：419.

胜身份等级的人类理想。

在父权社会里，自由的爱情惟因其世间稀少，才不断在文学中引人浪漫遐想。而现实主义文学处理的爱情题材基本都以悲剧告终。如果时空能倒转，相信母系氏族的人们完全看不懂此类的"旷妇"、"怨妇"、"弃妇"式的爱情悲剧。

当我们深入黎族人的精神世界时，我们惊讶的发现，父权社会青年男女苦苦追寻而不得的平等自由之爱，在黎族的母系文化时代却是人人遵循的情爱道德。

情人歌

我的好情妹，我走过田野，走过溪河，
我边走边想，
你正靠在房柱上等着我，
我一到，你会立即开门。

情妹呀，你真好，
你会敞开大门叫哥进去，
哥一进去你就关门；
情妹呀，你真好，
今晚哥一到，
你肯定会铺好草席和被子，
等我一到就可以安睡了。

情妹呀，咱俩会玩得很开心的，
你耐心等我来，
要是露水淋湿了地面，
咱俩就坐在一起烤火。

我的好情妹，刮风下雨我也要到，
记住你吩咐的话，
我一定要到！①

---

① 苏庆兴主编.三亚黎族民歌[M].上海：学林出版社，2011：59—60.

在黎族有关情爱的礼俗和口传文学中，我们看到的是彬彬有礼，热情奔放，能歌善舞，执着忠诚的黎族汉子形象。他们赢得女性青睐的唯一选择是，向她们展示自己的劳动技能和歌舞才华。

"这路行来脚都软，行到花园见花开；欲想摘花因篱隔，有心给花请开门。"这是过去黎族男子来到情人"隆闺"房前，所唱的"开门歌"。开门与否的权力完全掌握在女性手里，男性只能通过感动女性的方法让其开门。因此，学习和体验如何当一个好情人是黎族男子以往必修的功课。唱歌跳舞则是课程入门的开始。当然，对黎族女子来说情形也是如此。因此在黎族歌谣中，情歌占了相当大的比重。有音乐工作者深入黎区采风，收集到的黎族情歌调式有50多种。①

又如《要想交情妹做媒》中唱到：

男：要想吃烟没有火，
　　要吃槟榔没有灰，
　　要想吃酒没有配，
　　要想交情没有媒。

女：哥要吃烟妹送火，
　　想吃槟榔妹送灰，
　　哥要吃酒妹送肉，
　　要想交情妹做媒。②

这当然是你情我愿的美好开始，但如果女性没看中男性，当事男子只能乖乖地走开。

情人对歌

男：好久没能见到你，
　　我今天来找织布染料树的种子；

---

① 参见陈裕仁.黎族民歌的多彩曲调[J].海南大学学报，1987，1.
② 王学萍主编.中国黎族[M].北京：民族出版社，2004：422.

听说你家染料树的种子好，
落在石头上都能长芽。

女：你今天来这做什么？
找染料树的种子做什么？
我们的染料树种子不好，
撒在泥地里也不会长芽。①

  这些流传下来的民歌，也许经过了一定程度的修饰或改造，但透过其中的氛围我们仍能看到黎族原初两性关系的和谐与自由。性没有交易，没有强迫，只有情爱。通常男性要比女性经受更多的爱情考验，这种流行的爱情考验与父权时代的"比武"有某些相似，也与动物雄性之间争为夺配偶的对决有某种含义上的联系。但其"文明"程度与文化含量显然都是最高的。因为这是男女两性之间直接的平等的情感交流。

  在黎族地区流行比较广的"打花棍"游戏就属于这种考验类型的演变。相传有两个小伙子同时爱上了一个姑娘，两人都托媒人来说亲。姑娘一时拿不定主意，不知道该选谁做女婿为好。在一个月圆之夜，姑娘叫来两个小伙子，姑娘手执一根细长的木棍站在中间，以木棍长度为半径划一个圆圈，请两个小伙子站在圆圈里，并规定不许跑出圈外。姑娘拿着木棍在圆圈内时而上下左右点打，时而来回旋转横扫。两个小伙子得随着姑娘的木棍招数，在圈内腾挪对应。其中一位小伙子多次被木棍打着，不得不跳出圈外。而另一位小伙子由于动作灵巧，姑娘的木棍很难打着他，偶尔被打着了，也能坚持留在圈内，终于被姑娘相中。后来的"打花棍"除了象故事中所说的玩法以外，参加人数可以多达10多个人，但是打棍子的总是一个人，其他人以始终留在圈内，并被木棍触及次数最少者为优胜。

  在母系氏族时代，不仅恋爱的开始需要男性的情感投入，恋爱的维持也需要男性始终不渝的真情。因为黎族男女的情人关系可以单方面无条件解除，在这种背景下，只要当事女性不给男性开门，这个男人就得乖乖地离

---

① 苏庆兴主编.三亚黎族民歌[M].上海：学林出版社，2011：36.

开。如果女子唱出这样的歌词："妹移妹花别处插，哥撤哥篱异处囚"，男子就明白两人的缘分尽了。明智的男子就会回应道："花谢无香再移栽，妹找情人哥不拦"。① 从此，两人再无瓜葛，各自重新开始寻找新的情人。耍赖放刁是行不通的，也是可耻的。不仅没人同情，还会招致众人的谴责，从而导致当事男人自取其辱。尊重女性，关心女性，爱护女性，是男性赢得好名声的不二选择。

情歌

刚吃过晚饭，
椰子壳的饭碗还没干。
我搧上一件衣服，
我套上一条腰带，
我准备出远门了。
就像小牛挂念母牛，
我挂念你放在床头的被子，
哥一来你就跟哥睡。
咱俩玩到有了孩子，
你从来没花过哥的一分钱。
咱俩的孩子很像我，
我买两块布料，
拿来做孩子的衣服；
我买两块红布，
拿来做孩子的裤子。
咱俩一起照顾好孩子，
让他平安快乐地长大。
我要做个好父亲，
教孩子打竹子枪，
教孩子学会犁耙田，
教孩子学会平整秧地，

---

① 王海、江冰.从远古走向现代——黎族文化与黎族文学[M].广州：华南理工大学出版社：2004：103.

90年前的黎族男子　美国专家金博格·埃里克赠送给省民族博物馆的老照片　图片来自南海网

  教孩子学会晒薯片，
  教孩子学会撒稻种。①

  在当事男子信誓旦旦的保证话语中，我们看到了黎族男性精神柔情细腻的一面。这恰恰是外部观察者不易发现的。
  男女平等一直是黎族社会与家庭的优良传统。黎族男人一直自然平等地看待两性差别，视男女为平等的亲密的合作伙伴关系。在各种生产和生活活动中，男性非常尊重女性的意见。可以说，像欧美妇女深受歧视的"第二

---
① 苏庆兴主编.三亚黎族民歌[M].上海：学林出版社，2011：40.

性"的处境、汉族妇女头上的"四座大山",从来都没有在黎族妇女身上出现过。即使到了"汉化"程度很高的20世纪50年代,黎族妇女仍然享有和男性大体平等的各项权力。"在家庭内,由于妻子还是主要的劳动者,因而还保持了应有的地位,家庭的大事,均需夫妇双方同意。例如,抗公村的王老仁,在1956年11月曾因妻子反对出卖一口猪而未进行交易。至于家庭中的一般事务,则夫妻均有处理权。"[1]黎族女性的这种地位当然是其民族的母系文化遗产仍然在起作用的结果。明代《琼州府志》载:黎族男子"性习为横,不问亲疏,一语不合,持弓刀相向。其妻当中一过即解。"[2]女性在黎族男性心中的地位由此可见。

值得注意的是,越是接近汉区的"熟黎",女性的地位越差;越是接近现代,黎族的女性地位越差。这两个空间和时间坐标的逆向变化,可以作为一种反证来看待。

2001年我们曾对五指山地区两个黎族乡镇做了一次规模比较大的问卷与入户相结合的考察,结果表明黎族轻视女性的现象已成风气。在两性关系的价值观念上,今天的黎族越来越向汉族靠拢。青年男女对歌跳舞如今在黎族真实的生活中已难觅踪迹,单单成了节庆时已被"改良"了的表演项目。

真可为黎族扼腕一叹!

---

[1] 广东省编辑组.黎族社会历史调查[M].北京:民族出版社,1986:47.
[2] 明《琼州府志》卷8"原黎".

参加织锦比赛的黎族女性　张军军摄于琼中黎族苗族自治县

第六章 母系制的衰落

以恩格斯为代表的学者,对母系制衰落原因的解释,到目前为止仍然是最有说服力的,即生产方式的转变是颠覆母系社会的基本动力。

第一节 "女性的历史性失败"——人类社会的第二次性别分工

新石器后期,人类社会进入农耕或牧业时代。这种更具协作关系的社会劳动需要更系统、更长时间的劳动力付出。男性可以很方便地由猎人和渔夫转变成农夫和牧人。女性则由于怀孕、哺乳和育幼的压力,不可能长时间从事户外劳动,而农耕或牧业生产不像采集劳动那样可以分散零星的方式完成。由此,人类社会的第二次性别的劳动分工开始实行:男性从事户外的农耕或牧业生产劳动;女性主要从事庭院和户内家务劳动。这是迄今为止,大多数农耕或牧耕社会普遍的性别分工模式。

种植业和养殖业的出现,是人类生产力水平的一次飞跃。人类社会由此摆脱了长期以来的自然经济状态,进入社会为主导的以改造自然为手段的新型经济形态。男性以此为契机,首先成为生产领域的主人,而后成为社会领域的主人,最后成为家庭婚姻领域的主人。

我们在相关时期的考古文物发现中,隐约可以看到母系文化和父系文化更替的现象。女性和母系文化的地位下降,男性和父权的地位上升。

男根崇拜　广东丹霞山元阳石　孙绍先摄于广东丹霞山

　　马家窑前期的新石器时代文化遗址出土的陶塑人像，多数是女性形象，男性形象极少，而到了马家窑文化后期，随着父权制的逐步确立，装饰在陶器上的雕饰人物，几乎都变成了男性形象。

　　在中国文化的思想脉络上，也可以看出父权文化观念逐渐取代母系文化的痕迹。道家阴阳观念的产生，就是吸收了原始母系文化的养分后形成的。阴阳观念穿透了中华传统文化的方方面面，浸染中国文化数千年之久。可以说，从最高的哲学和伦理学，一直到民风与婚俗，都带有阴阳观念的胎记。老子的思想本身就带有浓厚的母系文化色彩，在老子那里，"阴阳"是一种相互包容，相互平衡的两大物质元素，并无主从尊卑之分。如果硬要说老子更看重哪一个元素，那一定是与女性相通的"阴性"物质。例如，老子曾说"牝常以静胜牡"，"玄牝之门，是谓天地根"等。词序在汉语表意系统中，占有重要的位置，位置在前的词或词素常常是支配性质的。在春秋

进入暮年的黎族女性　鞠斐摄于东方市

战国的语言时代，涉及"雌雄"、"牝牡"、"阴阳"等词汇，均将阴性成分不可逆地置于前位。像"乾坤"这样的对偶概念，最早也是"坤"在前，"乾"在后。而后世通行的"乾坤"、"天地"、"男女"、"夫妻"，也将阳性成分不可逆地置于前列。标志着阴阳观念失去平衡，父权文化观念开始占据统治地位，"男主女从"、"男尊女卑"的思维模式已经变得天经地义，"阴阳"的原始互补关系，退化成"阳"对"阴"的压迫与支配。

　　古老的阴阳平等和谐互动的观念，被后世一统天下的儒学改造成不容混淆的主从系统。天理层面的"阳主阴从"、"天主地从"、"男主女从"下降到人间社会伦理层次，就很方便地变成了"阳尊阴卑"、"天尊地卑"和"男尊女卑"。司马光在《训子孙》中对此有更露骨的发挥解释："夫天也，妻地也；夫日也，妻月也；夫阳也，妻阴也。天尊而处上，地卑而处下；日无盈亏，月有圆缺；阳唱而生物，阴和而成物。故妇专以柔顺为德，不以强辩为美也。"这种主从模式在社会实践层面，使女性长期被置于律法、族规、家训、习俗的强制歧视之下。

汉民族得以在东亚地区率先进入父权社会，并利用自己的经济和文化优势将父权思想不断向周边的少数民族地区辐射扩散。中华大地上的许多古代民族正是在与汉民族的交往和冲突中，或者丢弃了自己的母系文化传承，或者加快了父权化的进程。这其中就有处于中国边疆地区的黎族。

部分黎族支系，即汉人所谓"熟黎"，早在汉代就开始向父系社会过渡。秦汉时，汉族移民大规模进入海南岛，不仅带来了先进的农耕生产方法，也带来了铁制工具。而在与黎族的交往中，汉人的两性观念和父权婚姻制度也必定开始对黎族产生影响。《汉书·地理志》载："自合浦徐闻南入海，得大洲，东西南北方千里，武帝元封元年略以为儋耳、珠崖郡。民皆服布如单被，穿中央为贯头。男子耕农，种禾稻，紵麻；女子桑蚕织绩。亡马与虎，民有五畜，山多麈麖。兵则矛、盾、刀，木弓弩，竹矢，或骨镞。"从中可以看出，第二次性别分工即"男耕女织"模式在黎族开始出现，意味着海南已经出现了农耕模式。这种生产方式正是父权社会崛起的经济基础。

但是，黎族的父权制建构进展缓慢，即使到1950年后，整个黎族社会也没有完全建立起如汉族那样严密专制的父权体系。黎族各支系女性都还有结婚自主权，女子婚后"不落夫家"，妇女有离婚权利，寡妇可以再嫁。此外，巫术活动还普遍存在等现象，也说明在精神信仰领域母系文化观念仍十分突出。

永宁纳西族恰好是在近代开始由母系制向父权制过渡，这大大方便了不少学者对这一特殊时期进行近距离的观察。

> 尽管由妇女来担任家长，但男成员在家庭中并不是消极地仅仅从事具体劳动，特别是年长而又有丰富生产经验的男成员，他们当然地要与自己的母亲、姊妹共同计划与安排生产活动和日常生活。另一方面，由于他们的母系氏族长期处于封建土司的统治下，以及后期男子外出从事赶马运输的日益增多，使一些男子成为货币的占有者。从而使男子在家庭经济中的作用开始增强。他们开始与母亲、姊妹争夺担任家长的权利，这种变化具体地反映在男子担任家长的增多上。根据达坡村的纳西族群众介绍，到1950年永宁解放前后这一期间，在3个村落46家中，已有

15家是男子担任家长。①

从纳西族情况看，首先是男性的"舅权"取代母权，成为母系家庭的管理者。再后来，有钱的男子开始娶妻，并迫使共居的姊妹退出原来的母系家庭，从而在根本上使母系大家庭崩塌。进而实现了由"舅权"向"父权"的根本性转变。"随着社会经济的发展，一些男成员由于赶马运输、当喇嘛，或接受父权观点，开始不再遵守传统的阿注制度，而自行娶妻，结果引起一些母系家庭的分裂与瓦解。如忠克村的巴池池梅家，就由于男成员娶妻，四个姊妹被迫退出母家，把封建份地也分了。另一个例子是斯格美独支札石由于娶妻，引起姊妹分裂。巴奇村的马利生娶妻，使姊妹分家另建报庐。据调查，这种事件每个村都存在。"②

参加织锦比赛的黎族女性　张军军摄于琼中黎族苗族自治县

---

① 云南省编辑组，《中国少数民族社会历史调查资料丛刊》修订编辑委员会.永宁纳西族母系制调查[M].北京：民族出版社，2009：44.
② 云南省编辑组，《中国少数民族社会历史调查资料丛刊》修订编辑委员会.永宁纳西族母系制调查[M].北京：民族出版社，2009：48.

历史证明,"男主外,女主内"的性别再分工,是一次对人类两性关系影响极其深远的劳动变革。恩格斯说:"母权制的被推翻,乃是女性的具有历史意义的失败"①盖源于此。

家务劳动,不产生或极少产生劳动产品(如少量的家畜和家禽产品)。因为这种劳动的性质主要是服务性的,当然也就不可能出现剩余产品。女性的劳动开始隐形,逐渐被认为是辅助性的、次要的,甚至是无足轻重的。女性由此被开除出社会劳动的范畴。这种GDP式劳动价值观,一直影响到今天对女性家务劳动的漠视与偏见。

在父权社会中,只要女性没有从事社会性工作,即便家务劳动再辛苦,也被认为是"吃男人的,穿男人的"。"靠男人养活"的女人,当然就应该服从男性的管束。此其一。

其二,男性的农耕或牧业生产,在生产工具变革影响下,劳动生产力水平逐渐提高,此时剩余产品开始出现,市场机制逐渐形成。拥有较多剩余产品的男人,当然会以这些财产的主人自居,私有财产和私有制开始产生。富有者以此为基础凌驾于其他穷人之上,父权社会的阶级分化也由此形成。再经过统治与被统治阶级之间的反复博弈较量,父权社会的统治秩序逐渐成型。

其三,无论是黎族还是纳西族,都处在强势汉族父权文化的浸染之中,尤其是中央政权不断采取代理控制少数民族的政策,扶持当地峒长、"头人",给予他们各种特权,使这些人逐渐成为本民族的统治者和剥削者。促使当地社会不断向父权等级制社会转化。"永宁封建制度从阿阿池之差到阿皮仇共经过二十八代,封建领主制度出现后男子成为政治生活中的领导者,变成封建统治者的男子,将家庭改造成父系,男子娶妻,女子出嫁。"②不但如此,纳西族土司还利用自己掌握的权力,开始自我实现一夫多妻制。如第22代土司勾仇扎石,正式实行一夫多妻,他先后娶了三个妻子。这仍然不能使权力顶峰上的男性满足,像中原的皇帝即使后宫佳丽成百上千仍不满足一样。

---

① 恩格斯.马克思恩格斯全集第四卷[M].中共中央马克思恩格斯列宁斯大林著作编译局,译.人民出版社,2007: 52.
② 云南省编辑组,《中国少数民族社会历史调查资料丛刊》修订编辑委员会.永宁纳西族母系制调查[M].北京: 民族出版社,2009: 60.

土司封建主除正式娶妻外,还利用社会通行的阿注制度凭自己的特权,到处与妇女建立阿注关系,以满足其私欲,这也是土司为什么不废除阿注制度而推行单偶制家庭的原因。

土司等封建主与妇女建立阿注关系,当然不是由于男女间的性爱,而是出于封建主的私欲,派自己的奴仆、侍卫等到女家抢拉妇女。晚上抢来,第二天清晨送回。土司等封建主完全抛掉了尊重阿注及其家人的传统习惯,还派自己的奴仆在女阿注家站岗。[1]

这种利用阿注关系的形式以满足自己私欲的风气,给母系氏族平等、和谐、自由的两性关系带来了灾难性的后果。权势、财富开始腐蚀、瓦解健康单纯的人类两性关系。女性由此逐渐沉沦,成为有钱有势男人争夺、分配和奴役的对象。

随着农牧业经济的不断发展,父权社会开始出现剩余产品,对这些财富的争夺和占有,造成男性群体以财富为标志的阶层分化。这时有权有势的男性必然有强烈的欲望,要将自己名下的财产和权力传给自己的嫡系后代。男性由此将对自己纯洁血统要求的社会性冲动与生理性冲动结合起来,借助强大的社会法律与习惯系统,剥夺女性的性爱自由选择权,将女性纳入父权婚姻的网络中,从而完成并完善对女性的父权统治秩序。父权社会的男性不仅要求女性接受终生的一夫制,甚至动用社会法律道德的力量,强迫女性遵守婚前贞节、夫死不得再嫁等苛刻要求。某些父权社会的专制时代,更发展出夫死妇殉的残暴制度。

相信这是母系社会到父权社会的大致转变路径,具体到某一个民族,其演化方式又相当复杂。说到底,母系制其实是一种非常宽容的原始文化形态,它不像后来的父权制度具有强烈的排它性和强制性。母系制的存在基础是把性爱的选择权交给她的成员,并不是由社会层面对此进行严密的监控。可以说,这是母系社会的"无法"之法,也是母系文化呈现出来的包容宽厚的最重要特征。在母系氏族社会,只要不触犯氏族禁忌,其成员的个人意愿受到充分尊重。

---

[1] 云南省编辑组,《中国少数民族社会历史调查资料丛刊》修订编辑委员会.永宁纳西族母系制调查[M].北京:民族出版社,2009:61.

黎族美孚方言妇女的腿纹　鞠斐摄于昌江黎族自治县

　　从这个角度说，母系社会是"情感型社会"，父系社会是"权力型社会"；母系社会是"和谐型社会"，父权社会是"压迫型社会"；母系社会是"神意型社会"，父权社会是"法制型社会"；母系社会是"平等型社会"，父权社会是"等级制社会"；母系社会是"包容型社会"，父权社会是"排他型社会"。

　　这就给早期父权婚姻的生长提供了宽松的环境条件。就纳西族的情况来看，个别男子在母系制大背景下建立父系小家庭的企图，都没有受到母系氏族的激烈反对。只要当事的双方愿意采取男娶女嫁的方式生活，一般情况下，母系氏族就会同意与他们和平共处。对父权婚姻制度的反抗，主要体现在当事的女子个人身上。正因为如此，一方面，女子的个人反抗得不到整个母系氏族有组织的坚定支持，容易被各个击破，如各个民族都曾出现的不落夫家的习俗，最后都以夫家胜利，当事女子失败告终；另一方面，父权制的建立过程也没有带来两大观念体系和氏族体系的全面决战。

在百越民族中，"不落夫家"就是两性关系的母系制与父权制长期斗争与博弈的结果，也是黎族母系社会向父权社会过渡的明显标志。而黎族的"合亩制"也为男性在经济和家庭两方面统治地位的逐渐确立，提供了难得的实证材料。

第二节　男性对生育权的争夺

生育在氏族社会始终是人类社会的焦虑与渴望的核心问题，哪个性别确立了在生殖领域的核心地位，就决定了该社会阶段的性别属性。因此，用父系的生殖崇拜取代母系的生殖崇拜就成了父权社会得以建构的前提条件。

母系氏族社会的存在基础是女性对人类生育权的完全垄断（请参阅前述），父权取而代之的前提也必然是摧毁源远流长的人类"孤雌生殖"观念。在一些地方，出现了男人冒充产妇"做月子"的奇异现象。"南方獠妇，生子便起，其夫卧床褥，饮食皆乳妇，稍不保护，生疾亦如孕妇，妻反无所苦，炊爨樵苏自若"。[①]今天看来这种表演滑稽可笑，但在当时却是在向世人，特别是向女人宣布男人生孩子不单是女人的功劳，男人也有份，甚至男人才是真正的功臣。

性爱这匹人类欲望的野马是逐渐被社会性的父权婚姻制度规训的，在这个复杂漫长的训合过程中，性爱的自由冲动与婚姻的社会规范性之间进行了长期的较量。黎族的"不落夫家"和"三月三"性狂欢节都是这种冲突的遗迹。

---

① 《太平广记》卷四八三.

琼中"三月三"黎锦苗绣比赛　焦勇勤摄于琼中黎族苗族自治县

  黎族的"隆闺"制是母系文化时代性相对自由的体现，而后起的"婚姻"制则是父权文化对两性关系所作出的有利于男性的制度性安排。这两种现象在黎族历史上长期并存，反映了黎族母系氏族向父系氏族转变的长期性和复杂性。

  "三月三"这一黎族传统节日，与母系氏族传统息息相关。在黎族聚居地，至今流传着很多关于"三月三"的传说。在长期的演化中，"三月三"这一节日民俗至少包含着纪念祖先、祈赐幸福丰年、男女歌恋欢会三项内容。称得上是黎族的狂欢节，而其中又以性狂欢最为突出。

  "黎族社会的又一风俗，每当庆吊节日的这一天，黎族青年男女得自由性交一次。在觥筹交错，杯盘狼籍之余，男女间都含有酪酊的醉意，嘹亮的歌声，不自制的夺口而出，发漏他们互相怀念的深情，或一见倾心的热念。他们的血管里，燃烧着青春的烈火，奔腾澎湃！这个时候，她得随她个人的意愿，选一个情投意合的临时情郎，一试其温柔滋味，任何人不得出面干涉，纵是她的丈夫在场，也只得另找对象，退避三舍，这和傣族的'跳月'，苗族的'赶圩'显然有不甚差异的风俗。"作者也在段末总结到，"（女子的性活动）由公开自由走上庆吊节日的幽会，到最后被完全禁

琼中"三月三"千人竹竿舞　张军军摄于琼中黎族苗族自治县

止。"[1]所以,"三月三"的两性自由结合应该是一种过渡现象,应是调节夫权与"玩隆闺"的润滑剂。如今看来有点出乎常理的节日性狂欢,社会却已给了它存在的理由和位置。随着今天父系制的成熟和夫权的强势,"三月三"节日再与性爱无缘。

据《海南岛黎族社会调查》记载:东方县西方乡的男女在结婚前或结婚后不落夫家的都可以参加"拙买筒(即玩隆闺)"。至于落了夫家之后,不仅妻子受到限制,就是丈夫也同样受到限制[2]。而在陵水县北光乡,此地30年前建有隆闺现都已烧毁。为什么要烧毁隆闺呢?当地人的解释是:"有一次有两女子和一个不落夫家的女子在娘家与人"海劳(即玩隆闺)",结果给那个不落夫家的女子的丈夫和兄弟发现了,愤而将妻子的情夫杀死了。被杀的是一个老人的独生子,当老人知道自己儿子被杀后,非常悲愤,于是他便去找那个女子和杀死他儿子的人算帐,结果要那三个人的家里共同买了一副棺材给被杀的儿子埋葬,那杀人的男子也给老人一头牛和20个光洋,才算平息这件事。自此事情发生后,便引起村人普遍都反对青年男女去"海劳"

---

[1] 李俊新.黎族婚制的演变[J].东方杂志,1937,34(15).
[2] 中南民族学院编辑组.海南岛黎族社会调查[M].南宁:广西民族出版社,1992:407.

了,并立即将全村所有的"隆闺"统统烧掉,所有的青年男女都要回到自己父母的家里睡觉"。①

早期的"玩隆闺"制除受乱伦禁忌的限制外,给了任何男女同样的权利,这其中包括未订婚、已订婚,已结婚未落夫家、已落夫家的所有人,甚至包括寡妇。随着时间的推移,对"玩隆闺"的限制增多,可以参加"玩隆闺"的人员越来越少。在20世纪50、60年代,家庭的建立即女性是否落夫家成为了一个分水岭,落夫家后的女子再无"玩隆闺"的权利。

黎族社会的"隆闺"与婚姻作为两种制度化的生活模式在历经很长一段时期的矛盾冲突后,婚姻制最终占胜了"隆闺"制,上面引述的陵水县北光乡的情况就是一个很好的说明。随着夫权的不断强大,丈夫对妻子的权利被社会广泛认可,"玩隆闺"作为一种制度化的习俗渐渐退出了历史舞台,通向父权社会家庭组织模式的婚姻形式开始发育生长。这种趋势也得到了已经父系化了的汉族文化价值体系的有力支持。

勿庸置疑,两性关系在其初始状态是一种伙伴关系。合作与友爱曾是这种关系的主调。造物主让人类分成两种性别,只是因为有性繁殖更有利于物种以更优化的方式适应外界的选择和变化。这本来可以成为男女之间和谐共处的生物学基础,但是,男性在幻想征服自然之前,首先开始了征服女性的过程。

以往女性之所以拥有崇高的地位,主要是由于男性认可了自身性别生殖无能的信仰。随着人类眼界的不断扩大,特别是养殖业的出现,使人们可以很方便地观察到家禽家畜的交配繁衍方式,这使人们联想到女性没有男性不能生育。这一时期,人类社会的生产方式恰好从渔猎采集演变为种植和养殖。男性生育负担偏轻,成了他们主导农牧业生产的有利条件。男性成为种殖业和养植业的主要劳动生产者。随着铁制工具的出现,劳动生产率提高,社会财富有所增加,男人顺理成章地成为社会财富的主要占有者。在私有观念和原则的作用下,男人自然想把自己的财产传给自己的后代。这应当是母系血缘向父系血缘转化的内在原因。为了维系父系血缘关系的纯洁,作为社

---

① 中南民族学院编辑组.海南岛黎族社会调查[M].南宁:广西民族出版社,1992:568-569.

会统治者的男人必然向女性提出贞节要求。而这种违背女性生命意愿的要求也只能在暴力手段下才能得以维持，两性关系的自然法则由此受到父权社会法则的粗暴践踏。性别歧视、性别分裂给人类社会带来的许多灾难和困扰，一直到今天仍然没有根本的缓解。实际上，两性关系的紧张状态一直是现代人类精神困顿的深层原因之一。

黎族润方言妇女腿部纹　鞠斐摄于白沙黎族自治县

在男性对女性统治的第一个阶段，男人关注的是迫使女人为自己多生育合法子嗣，以求得家族的兴旺。这里男性祖先崇拜在其中起了明显的作用。女性是作为生育的工具接受男人的统治和支配。男性和女性之间还有生殖的纽带相连。到了第二阶段，男人的个人利欲开始在父系家族观念内膨胀。个人的性享乐和性炫耀欲望，使他们更加注重对"女性美"的追求。女性的性魅力价值以此超过了女性的生育价值。从而造成了人类两性关系史上的又一次重大变化：父权社会条件下性与生殖的相对分离。

由于男性对女性"占有"的性质没有改变，守贞便成为女性作为男性特别财产的身份标志。更由于身体的占有包含了生理与精神的两方面意义，较之动物界的生殖占有其范围就更宽泛。这使少数男人可以凭借社会权力和财富占有更多的女人。女性自身的财产化倾向变得更直观，更彻底。占有女

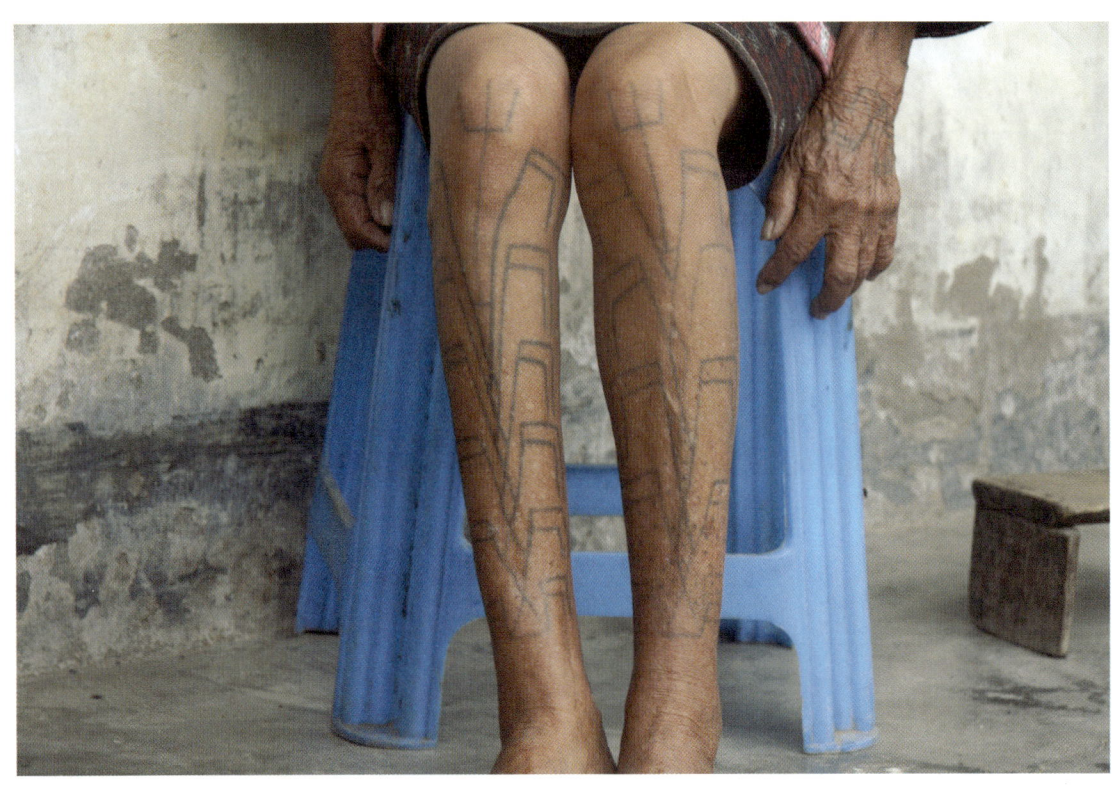

黎族哈方言妇女腿部纹身　鞠斐摄于东方市

人，特别是占有美女，与占有奇珍异宝一样，成为男性炫耀其社会地位和身份的重要标志。原配妻子的买卖性质还因社会道德秩序的需要来得隐蔽一些，媵妾则形成了中国古代父权社会公开合法的人口买卖市场。在女性物化最严重的时期，女人不但可以买卖、可以赠送、可以私刑、可以休弃，还可以出租，可以是男人之间角斗的美人计诱饵，也可以是国家民族之间和亲的工具。

女性由男性的伴侣变成了奴隶和财产。这种征服和占有女性便是一种地位和财富的象征，可以大肆炫耀。

在封建社会以后，拥有权力的男人取代了上古英雄的地位。对女性的分配法则，也就由依靠勇气和力量，转为依靠权力和财富。男性权力与性的关系日益密切。"普天之下莫非王土"，皇帝近乎无限的权力，使他在理论上拥有对天下女子的性支配权：《国语·齐语》称："九妃六嫔，陈妾数百。

食必梁肉,衣必文绣。"《墨子·辞过》亦坦言:"其私蓄也,大国拘女累千,小国累百。"其他因等级不同而权力有限的男人,也都相应拥有对自己权力范围内的女性的性支配权。这种情形表现在臭名昭著的"初夜权"上。欧洲的《拿破仑法典》明确规定,妻子是丈夫的私有财产。而从总体来说,所有女人都是国家财产。

第三节 "不落夫家"的社会性别解读

我们知道即使在父系制早期,黎族女性的性自由度也是很高的。除了乱伦禁忌外,黎族女性可以交往的男子范围非常广泛。在此种男女交往中,女子可以选择中意的男性发生性关系,性关系的维持或中断全凭"两情相愿",女子有选择男性的权利也有拒绝男性的权利。而且,此种选择并不受家庭、财产、门第等因素限制。因此,女性的性自由权和自由度都很高。同时,此种以嬉乐为目的的性交往关系也可发展为婚姻,婚后的女子与婚前无二,至少在性方面是不受夫权约束的。这种我们观察到的情形,应当是母系氏族社会性自由与父系氏族社会的婚姻要求冲突又妥协的结果。

黎人对性的态度是非常开明、健康的,根本没有什么所谓的处女嗜好、贞操观念,性与道德没有关联。随着父系制的逐渐成熟,男性的血统优势和政治优势自然的联合起来。此时,性与生殖的关系、男性在生殖中的作用都已被人们了解,丈夫为了保证血统的"纯净"开始要求对妻子的性专有权,因此社会对女性的性限制以婚姻家庭的形式表现出来。由于黎族家庭的建立是以妻子落夫家为标志的,故而妻子是否落夫家在一段时期内意味着是否性专有。同样的,由于黎族家庭的破裂是以夫妻离异或丈夫去逝为标志的,因此,寡妇和离异的女性参加"隆闺"没有限制。对于女性而言,家庭是继血缘禁忌之后对性的第二种限制。

"不落夫家"曾是过去黎族中广泛存在的一种"准婚姻现象"(或者称"前婚姻现象")。"不落夫家"实为一种居住法则,是指妻子与丈夫形式上结婚后,不住夫家或丈夫的父亲家里,而仍旧回到娘家寮房居住的一种现象。我国的很多少数民族，如壮、布依、普米、仡佬、哈尼、毛难、彝、侗、苗、瑶、水等都有不落夫家的现象，因民族不同，不落夫家习俗略有差异。关于黎族"不落夫家"习俗，可以从以下文献中略作了解。

李俊新在其论文《黎族婚制的演变》中写道："黎族社会的风俗，少女出嫁到夫家，宿一宵后便就归住娘家私室，依然过着性的自由生活，无异往昔"①，《黎族简史》也说到："解放前黎族地区广泛流传的'不落夫家'的习俗，是原始社会从母系过渡到父系、母权制过渡到父权制、从妻居过渡到从夫居的一种婚姻制的遗留。黎族女子出嫁后不久就返回娘家，住在村中的寮房里，可以和不同血缘关系的男子来往，也不受社会舆论的非议，直到怀孕或生育后才回夫家定居，从此婚姻关系才算稳定。"②妻子落夫家前妻子称丈夫为"帕曼后"，丈夫称妻子为"白扣后"；妻子落夫家后，妻子称丈夫为"同隆"，丈夫称妻子为"同顿"。1956年，广东民族研究学者对五指山地区毛道乡4个村落的90名已婚女性所作的调查表明，有大约2/3的女性婚后选择"不落夫家"，时间短的1年，长的达17年。其中，有5人是怀孕后才长住夫家的。③另据本世纪初，有学者调查时发现白沙县牙利村一位89岁高龄的黎族妇女，16岁"结婚"后，便一直"不落夫家"，直到26岁才长住夫家。④可见一直到近现代，仍有非常多的黎族女性采取婚后"不落夫家"的生活态度。

已故黎族学者王文指出：即使在父权体系已经建立的"合亩制"地区，黎族"不落夫家"、"玩隆闺"等母系制遗风依然盛行。妻子带回的私生子不受丈夫歧视，享有亲生子一样的继承父亲财产的权利。⑤

参考以上文献及其它相关史料，我们可以总结出黎族不落夫家习俗的一些特色：黎族"不落夫家"习俗遍存于黎族社会，夫妻结婚后妻子不立刻从夫居而是回到娘家寮房居住，性自由度也与婚前无二。妻子不落夫家的时间长短不一，一般如果出于怀孕、夫家缺少劳动力、女性年龄偏大或娘家父母

---

① 李俊新.黎族婚制的演变[J].《东方杂志》1937，34（15）.
② 《黎族简史》编写组.黎族简史[M].广州：广东人民出版社，1982：25-26.
③ 中国科学院民族研究所，广东省少数民族社会历史调查组编印. 海南黎族苗族自治州黎族合亩制调查综合资料[M]. 1963年7月至10月，36-37.
④ 熊云辉：《传承与发展——海南黎族婚俗的调查》[J].湖北民族学院学报，2003（4）.
⑤ 王文.黎族合亩制性质析·五指山脚下的耕耘[G].云南民族出版社，2004.

双亡等原因,妻子不落夫家的时间短,反之则长,有时即使到夫家后也不一定与丈夫立即同居。但最普遍的情况是妻子怀孕即落夫家。丈夫去世则宣告家庭解体,妻子回到娘家,若不再嫁则由娘家人负责养老。

李亦园先生提出的关于"不落夫家"原因的三个假设:早婚、女性性自由度高、女性生产力的重要性,这个分析结论与黎族母系社会的情形很贴近。

黎族社会曾普遍实行早婚,婚龄一般在12~16岁,而订婚的年龄还要早。这种早婚的风俗反映出双方家庭企图较早的建立联姻关系,发挥联姻功能。但因为婚姻对象生理、心理发育均未成熟,所以延迟女子到夫家去的时间。这也是有时候女子落夫家后也并未与丈夫立即同居的一个原因。夫妻事实上同居时间的推后,很大程度上避免或降低了双方因生理、心理发育不成熟所造成的生活冲突与生育伤害。

用竹筒汲水的黎族妇女　文丽敏摄于海南省博物馆

黎族青年男女的性自由度高,但发展到解放前后,妻子是否落夫家成了性自由与性专属的分水岭。因此,女子经常不愿早到夫家去受约束,宁可长住娘家,享受自由性生活。

黎族社会两性劳动分工极为严格,只有女子掌握纺织、制陶等手工工艺。再加之女性在生产生活中都发挥极其重要的作用,有时还是家庭的主要劳动力。所以，女方家庭为了提高生产力自然不愿，也不支持女儿早到夫家住。

受"不落夫家"习俗的影响，黎族新家庭的建立并不以婚姻关系的缔结为标志，而是以女方怀孕即父母子三角结构的建立为标志。夫妻在婚后的较长一段时期内并没有建立共同的生产、生活、消费单位。和我们比较熟悉的"童养媳婚"不同，虽然同是因双方年幼而推迟同房，但"童养媳"的女子在妻子身份正式成立前，权力是由丈夫或丈夫的父母掌管的，而且他们是必住"同一屋檐下"的。而"不落夫家"的黎族新婚夫妇分住两家，婚姻并未使他们在事实上增添什么新角色。妻子只要在农忙或夫家有重大事情要操办时回夫家暂住即可，其余时间仍以女儿的身份在娘家生活，并享有未婚女性性自主的权力。

在落夫家后，妻子仍和娘家保持密切关系。妻子犯了错误要由娘家人教训；妻子生病要由娘家的道公来做法；妻子没有为丈夫缝洗衣物的义务，却需为娘家兄弟缝补衣物；死后要葬在娘家公墓，据说是在阴阳分野之时，娘家的祖先鬼才认得她的身份。

家庭一般是由丈夫的氏族和妻子的氏族共同包容存续的，是一半包括在丈夫的氏族内，一半包括在妻子的氏族内。丈夫的死即宣告小家庭的解体，夫妻关系也随即解除。丧夫的女子，"由娘家兄弟或侄子接回娘家与其父母或兄弟一起生活。这种由娘家亲属照顾，供养的习惯，在黎族中被认为是一种应尽的义务。其所生之子女则留在丈夫家由他们照顾；如果子女太小，可暂时随其回娘家，待长大再送回夫家；而夫家也照惯例给其一些报酬。"①

如果夫妻双方得以终老，妻子也要埋在娘家墓地，认她的"祖先鬼"。②这标志着夫妇从生到死都不是一个氏族的成员，他们的结合只不过是其各自人生旅途的一个阶段。

所以黎族家庭的表现形式虽然是父系的，但女子的婚姻迁移并不像一般父权社会那样是单线流动的，而是往返迁移，女子最终仍回到起点——她的娘家，归属于她自己终生不变的血缘集团。这和我们所熟悉的汉族婚姻"嫁

---

① 苏英博等.中国黎族大辞典[M].广州：中山大学出版社，1994：129.
② 参见广东省编辑组，《中国少数民族社会历史调查资料丛刊》修订编辑委员会.黎族社会历史调查[M].北京：民族出版社，2009：86.

男女共同搭建茅草屋　焦勇勤摄于昌江黎族自治县

鸡随鸡，嫁狗随狗"、"嫁出去的女儿，泼出去的水"的父权观念大不一样。

晚清以前，黎族的父系制家庭并不稳固。受"不落夫家"习俗的影响，妻子落夫家之前，夫妻双方之间没有什么责任和义务，尤其是妻子，她的人身权利属于她的娘家不是丈夫。加之隆闺制的盛行，父母一般是不会干涉女儿的玩隆闺活动。在两种风俗的影响下，夫妻均有与异性交往的自由，婚后有了意中人的事也常常出现，所以离婚现象比较多见。但这不意味着黎族家庭是冷漠的，相反，由于离婚机制的存在，趋于冷淡的婚姻会自然选择离异，从而避免家庭长期冷战导致的情感伤害和子女出现精神心理问题。妻子落夫家后，虽然名义上从属于丈夫，但丈夫对妻子并没有控制权，加之女性在生产生活中的重要作用。夫妻双方以相互帮助，互敬互爱为家庭准则，因此黎族的夫妻关系较为平等和谐。

黎族"不落夫家"习俗的存在，打破了以往我们所理解的已婚夫妇就是共同占据一个空间和其子女过他们的私人生活的定见。从亲族关系来讲，黎族家庭一段时期的排除共居现象，说明了黎族由母系制向父权制过渡阶段，血缘关系压倒了联姻关系。

黎族不落夫家习俗的存在，使妻子避免了很多夫家的义务和责任，而且在一段时期内完全脱离夫权的控制。而父权制剥夺了妻子的财产继承权，且婚姻一旦解体，妻子无法收回经由生育而进行的长期投资，即子女并无责任和义务为她养老。财产继承权和养老权的被剥夺客观上促使女性与娘家关系更为紧密，妻子在自己家中得不到的生育回报可以在娘家得到，所以我们看到以前的黎族社会，很少有儿子赡养母亲，但侄儿赡养姑妈则十分普遍。至此，一种循环关系跃然纸上：不落夫家客观上造成了女性对娘家尽的义务多；对夫家尽的义务少→夫家剥夺妻子的财产继承权、养老权→妻子在娘家投资多；在夫家投资少→巩固了不落夫家的制度。

已落夫家的女性，必须开始接受忠贞于丈夫的道德要求。否则会受到舆论的谴责甚至夫家的惩罚。由于妇女婚前的性自由和长期不落夫家现象的存在，丈夫通常担心自己的妻子与以前的情人藕断丝连。如果有什么绯闻，而丈夫又没有真凭实据，他就会求助于恐吓巫术。用火塘里燃烧的木炭和火灰撒在屋门里，然后对妻子说："你光脚从上面踩过去，如果你与别人通奸，你的眼睛会瞎。不然我的眼睛会瞎。"①

20世纪50、60年代，通过两部黎族社会历史调查著作，我们发现了许多有关"不落夫家"习俗的变化。无疑，黎族的婚姻家庭制度也相应有了调整。据《海南岛黎族社会调查》记载，解放后，东方县王大乡抱烈村的女子婚后两三个月就回夫家居住了"，白沙县南溪乡的新娘到在娘家居住一个短时期（十天至两三个月不等）再回夫家，如她不按期回来，新郎便会直接去叫她回来。从此她就在男家长期居住。②保亭县第四区加茂乡毛淋村的情况是"在婚后即落夫家，与丈夫一起劳动生产"③。总结已有记载，解放后总体的情况是不落夫家的时间越来越短，有的地区不落夫家现象已经消失，如

---

① 王学萍主编.中国黎族[M].北京：民族出版社，2004：114.
② 中南民族学院编辑组.海南岛黎族社会调查[M].南宁：广西民族出版社，1992：193，271.
③ 同上书：527.

上文提到的保亭县毛淋村。而且,女子是否怀孕对于是否落夫家不再起决定性作用。当然,这一方面是因为解放后男女结婚均在18岁左右,可以在婚后即开始夫妻生活,但决定性的因素乃是夫权的强势,以及整个黎族社会巩固夫权的需要。

女子"不落夫家"的习俗,曾是古百越族分布地区各民族共有的风俗。而据学者宋兆麟研究认为:"不落夫家由来已久,它起源于对偶婚阶段,兴

文面的黎族女性　焦勇勤摄昌江黎族自治县

盛于父权制初期,在我国古代是比较流行的。《后汉书·东夷列传》:挹娄'其婚姻皆就妇家,生子长大,然后将还'。从近代我国各民族的婚姻看,不落夫家是一种普遍的现象。"[1]在瑶、侗、壮、傣、苗、布依、普米、仡佬、哈尼、毛难、彝、纳西等与百越族密切相关的民族中就更突出。其大致的情况是:女子出嫁后,即返回娘家居住,与做姑娘时没有两样。她们在生

---

[1] 宋兆麟.共夫制与共妻制[M].上海:三联书店上海分店,1990:96.

产劳动、赶墟、歌会、串亲戚、节日庆典过程中，可以自由地与外姓男子交往并留宿（即黎族的"玩隆闺"）。一般到女子怀孕后，才长住夫家。也有的地方生了孩子的妇女仍然躲在娘家。长则一二年，多则三五年，甚至十来年。这期间夫家也会想尽办法，让女子早日回到夫家居住。在贵州镇宁一带的布依族，新娘不落夫家，装束与未婚女子相同，与姑娘一样有权参加结交异性的各种活动。仅仅在农忙时节或重大节日，由男方接到夫家过上三五天。男方在女子不落夫家期间，可以秘密做一顶状如簸箕的帽架，选择吉日，让丈夫的母亲、嫂子或亲友中的两个中年女性悄悄带上，溜到女家，跟踪女子，伺机抓住女子，强行解开新娘的发辫，硬把此假壳戴到头上。新娘可以反抗，挣脱，逃跑。若戴假壳成功，则新娘必须到夫家长住了。①"戴假壳"斗争形象地诠释了母居制与夫居制的激烈冲突，也昭示了父权婚姻是如何一步步地改造消解了母系社会两性关系的自由状态。

今天"不落夫家"的现象在黎族地区虽已不复存在，但其影响依然未断。2003年的黎族村寨调查仍然肯定了这一点。②

第四节　私有观念和商品经济的腐蚀性作用

在母系制后期，私有观念和商品交换无时无刻不在侵蚀着两性关系，即使是母系形态的"隆闺"、"坐妹"，或是阿注关系，也难逃被腐蚀的命运，而逐渐失去其母系文化的纯朴色彩。云南民族大学宋恩长研究员1960年在永宁地区调查纳西族时，就已经发现此种情况。"近来，在外商的影响下和他们本身到外地去赶马运输，货币和商品流进永宁地区日渐增多。在货币和商品的侵蚀下，阿注关系的淳朴性日愈减少，出现了追求货币和商品的畸形现象。"③阿注关系原本是在本民族内部，但在市场交易因素影响下，已经发生蜕变。

---

① 参见林蔚文.母系氏族向父系氏族过渡时期的产物——"不落夫家"等习俗剖析[J].史前研究，1984，2.
② 参见张跃、周大鸣主编.黎族——海南五指山市福关村调查[M]. 昆明：云南大学出版社，2004：197.
③ 云南省编辑组，《中国少数民族社会历史调查资料丛刊》修订编辑委员会.永宁纳西族母系制调查[M].北京：民族出版社，2009：53.

在民国时期，便不分任何民族，凡是女子结交阿注都以货币、财物为基础，无论哪个民族的男子只要掌握货币、财物，就可与一女至数女结交阿注关系。民主改革前与本民族结交阿注的有40人，与普米族结交阿注的有24人。本村结交过男阿注的70多个女子中，与藏族骡马商结交阿注的有20人，与汉族小商贩结交阿注的有17人，与白族石匠、木匠结交阿注的有14人，与回族皮匠结交阿注的有8人，与苗族结交阿注的有4人，与纳西族其他支系结交阿注的有2人，与彝族结交阿注的有1人。①

  在父权观念和商品交易两大潮流的冲击下，"隆闺"与"阿注"习惯必然趋于崩解。在道德和政治层面上，父权社会对这种两性关系不断予以谴责，逐渐使"隆闺"与"阿注"习惯失去合法性；在操作层面上，有钱有势的男性通过权力和金钱不断腐蚀"隆闺"与"阿注"习惯，使之在民众的心目中声名狼藉，进而给了前一种道德谴责更多的口实。这一里一表的破坏终将使"隆闺"与"阿注"习俗走到尽头。

  在永宁纳西族地区，有两类男人充当了瓦解、腐蚀"隆闺"与"阿注"习俗的角色。一是来自周边地区的汉族商贩和工匠，二是来自藏区的藏族商人。他们大都季节性或短期来到纳西族地区经商、做工，基本不会带家眷。他们利用手中的货币和物品引诱纳西族妇女与他们做短期，甚至是临时阿注。一些纳西族妇女为了贪图商人的好处，也会到周边村落给这些男人介绍女阿注。②一种纯朴的给予男女两性充分自由的阿注关系，至此已近似于父权社会才有的卖淫现象，真让人感到悲哀。1928年曾任海南岛守备司令的黄强，在其《五指山问黎记》中也记述了黎族出现的类似现象。③

  在另外一处纳西族聚居的地区，云南宁蒗县洼黑村，阿注关系又出现了新的变化。

  永宁、四川盐源左所的纳西妇女与外族结交阿注关系时所生的子女，一律以母系计算，子女姓氏从母，子女视生父为陌生人，而且其阿

---

① 云南省编辑组，《中国少数民族社会历史调查资料丛刊》修订编辑委员会.永宁纳西族母系制调查[M].北京：民族出版社，2009：117.
② 参云南省编辑组，《中国少数民族社会历史调查资料丛刊》修订编辑委员会.永宁纳西族母系制调查[M].北京：民族出版社，2009：62.
③ 萨维纳.海南岛志[M].辛世彪，译注.桂林：漓江出版社，2012：107.

注关系一般是不固定的。但此地的阿注婚姻关系却不同。此地的外族商人与本村的纳西女子缔结的阿注关系一般是固定的,即使是临时性缔结的阿注(一至二月),男子也只能与这一女阿注过着走婚生活。据本村的传统习惯,一外族商人与本村的一女子缔结了阿注关系时,本村人应默认为是"合法的",本村其他女子则不能与这一外族商人结交阿注。反之,本村的男子也不与这一已结交过外族男阿注的女子发生任何关系(包括婚娶)。这些已结交过外族男阿注的女子,哪怕是男阿注已返乡(实际是被遗弃),她也是守寡到终年。例如,古尔边玛,女,1981年58岁。她年轻时在本村没有跟任何男子结交过阿注。她27岁那年与一丽江九河的白族木匠杨六斤结识,后两人便结为阿注关系,时间持续4年,生1女2男。后杨六斤返乡,古尔边玛便守寡至今,其所生1女2男均姓杨。类似此例本村亦有不少。①

这种所谓的"阿注"关系,只是披着阿注外衣的父权性婚姻。在这种婚姻中,女性的人身权利已经丧失殆尽,男子在阿注关系期间好象也受到了类似的限制,但这个外乡男人随时可以不负责制地抽身而退,在他自己的家乡或民族,他可以再婚(或者他本来就有婚姻)。而这个纳西族女子却要承受由此带来的一切后果。这表明父权在此已经利用阿注关系形式完成了对母系两性关系的实质性改造。

悲剧至此还没有收场,由于交易性的阿注关系大量出现,造成永宁纳西族地区性病流行,人口出生率锐减。许多纳西族妇女不育或者少育,而健康状况的急剧恶化,也给下一代身心造成了极大的损害。"根据本地卫生院以及中央和省卫生部门所进行的调查材料,患性病的相当多,金沙江白牙村60%以上的成年人患有性病。患者所生的后代身心往往不健康。据不完整的调查,忠克村有12个人身体发育畸形,哑巴1人,破鼻子和嘴巴的3人,白痴6人,瞎眼3人。在巴奇有11全身体发育不正常,哑巴3人,白痴4人,畸形3人,瞎眼1人。阿布奥有哑巴2人。亥吉古有白痴2人,畸形1人,哑巴1人,破嘴唇1人,拐脚1人。金沙江拉卡西20岁以上的成人195人,其中仅白痴就有

---

① 云南省编辑组,《中国少数民族社会历史调查资料丛刊》修订编辑委员会.永宁纳西族母系制调查[M].北京:民族出版社,2009:77.

17人。"①真是触目惊心。

学者在对宁蒗县洼黑村纳西族调查中发现,村中母系家庭、父系家庭甚至双系家庭并存的情况很多。从所掌握的情况看,出现双系家庭的情况,都是母系家庭在前,而后演化或出现了父系家庭,这说明在人类的家庭史上,母系家庭的出现要早于父权家庭。"古处咪家为两代母系,一代父系家庭。第一代古处咪终身不嫁,广交阿注,据本村老人说,第一个男阿注为喇住窝村喇嘛,生育一女,名尔东布茨;第二个男阿注为本村阿高汝,生一男,名翁基茨耳。这一男一女,世系以母系计算,当为母系第二代。尔东布茨之女杨肖捅出嫁本村阿益施为妻。其子杨金山娶本村哈姆为妻,生育4男1女,均年幼。杨金山夫妇及其子女,当为父系二代人。此户现有家庭成员为古处咪、杨金山夫妇及其4男1女,为8口人的双系家庭。"②在调查报告中,作者还列举了其他双系家庭成员的详细情况。

母系制的女子性自主与父权制要求女子贞洁,是过渡时期男女两性冲突的焦点。女子的性自主权逐渐被压缩到婚前和不落夫家阶段,但这并不是父权社会的全部要求,父权统治就是要剥夺女性所有的性自主权。在取得对女性身体统治的阶段性成果之后,父权制又有了进一步的要求。在不少已进入父权制背景的民族,出现了类似"审判新娘"的习俗。如果丈夫怀疑妻子在娘家或不落夫家阶段,有不贞行为,这种代表父权制的审判就会以各种形式展开。如果罪名成立,当事女子会受到很严厉的惩罚。

私有观念和商品经济的出现,不仅腐蚀了母系氏族社会的两性关系,也开始扭曲母系氏族社会的基本价值观。

黎人"从无鬻米者,贫人乏食,则有米者贷之,不计息,偿不偿亦不深较。近日颇有奸贪之徒,春借秋偿倍息取利,心不古矣。"③

在黎汉的历史交往中,汉族文化观念和生产工具的输入在客观上起到了瓦解黎族传统社会结构的作用。"黎人渐分生熟,熟黎纳税公家,生黎自食其力。然熟黎颇趋巧诈,生黎未剖天真,至外奸缘以为利,多方诱之,即生

---

① 云南省编辑组,《中国少数民族社会历史调查资料丛刊》修订编辑委员会.永宁纳西族母系制调查[M].北京:民族出版社,2009:62-63.
② 云南省编辑组,《中国少数民族社会历史调查资料丛刊》修订编辑委员会.永宁纳西族母系制调查[M].北京:民族出版社,2009:95.
③ 清《黎岐纪闻》.

清 琼黎风俗图　表现黎族人在与汉族商贩交易　文丽敏摄于海南省博物馆

黎亦渐非其旧矣。"①

汉族不法商人和高利贷者的诱骗盘剥，更加速了黎族母系氏族社会的瓦解。清代《汉黎舆情》中载：黎人"如有事故，与汉人借债，一千本，二千利。或借与钱百文，折放谷子一称，亦是一本二利。春借冬还，或遇岁欠，不能全还，将利作本生利，来冬再还。乐安汛属有一寡妇，借钱二千八百文于黎人，陆续共计还钱四万八十余千，尚未能完数。故黎人借汉人债，实为一家之累也。"②

鸦片战争后，帝国主义与汉族奸商相勾结，开始大量向黎区输入鸦片，对黎族的身心健康产生了严重的危害。1882年美国传教士香便文进入海南岛黎区考察，惊讶的发现："黎人不常用银钱，铜板又太沉。我们询问用什么可以替代，回答说最合适的是鸦片。他们（汉族商人和向导）说，如果精打细算，一个鸦片球就可以让我们舒舒服服走遍整个黎区；黎人极度迷恋鸦片，一丁点儿鸦片就能换回大量食物和劳力，雇用挑夫或向导都非常容易。"③

---

① 清《黎岐纪闻》《彭叔端序》.
② 清·鲍灿《汉黎舆情》卷二.
③ 香便文. 海南纪行[M].辛世彪，译注. 桂林：漓江出版社，2012：70.

在今白沙黎族自治县地区，香便文还观察到，"在几乎每一个村子，我们都能看到两三个汉人，极少看到更多汉人。他们来这里做里货代理人，对黎人常常有很大的影响，黎人似乎很敬畏这些人。他们掌控着小买卖，充当钱币兑换商，写节日宴会告示并记录各种事情，被人们称为'先生'，也就是'老师'。这些人对黎人时常言行专横，我们在此地以及随后的行程中强烈的感觉到，与这些汉人无论以何种方式交往，都对我们没有好处，其结果会使黎人对我们多少有些猜忌。汉人似乎毫无例外都不是好人。"[1]

汉族官僚地主利用黎族人的单纯与诚信特征，雇佣黎人为自己看家护院。明末以来，"乡居取认其黎为卫，刻箭为凭。他黎不敢侵扰。二年，偿黎以牛一只，盐、帛若干，名曰年例。外民呼卫我之黎曰郎；黎呼外民之所认者曰仔。邻黎有参越侵扰，彼即拼命厮杀。昌之黎情如此。"[2]

海南汉族历史上的"男尊女卑"传统，比大陆的很多地方更严重，便是他们把父权制传统更多地保留下来的结果。

作为进入海南岛的强势文化，汉族文化中强烈的父权色彩不能不影响到黎族的婚姻与两性关系。

黎族是个在两千年前就与汉族迎面相撞的民族。在唐朝以后，汉族移民开始大规模移居海南岛。唐以前的汉族移民约2万人，到唐代达到7万人，南宋时为10万人，元代17万人[3]。明永乐十年（1412年）统计已激增至391644人，而同期黎族人口只有60818人，占全岛人口总数的13%[4]。我们虽然可以对其人口统计的准确性表示怀疑，但如果误差小于10%，仍然有重大的参考价值。清代到嘉庆年间，大陆移民已经达到149万人[5]。

黎族在面对大陆移民时，一直处于分散的氏族社会，在黎族内部有"家"意识而无"国"观念。相邻且有血缘关系的氏族才有相互救助的义务，因而，汉族统治的触角伸向海南时，并没有遇到整体有组织的反抗。但零星、分散的起义却从来也没停止过。

---

[1] 香便文.海南纪行[M].辛世彪，译注.桂林：漓江出版社，2012：106.
[2] 清《昌华县志·原黎》卷三.
[3] 参见《海南岛志》，神州国光出版社.
[4] 《琼台志》卷十.
[5] 《大清一统志》，169册.

在宋朝，大陆的移民已经对逐渐退居海南岛腹地的黎族形成了合围之势。在其后的时间里，大多数黎族部落对汉族移民带来的铁制农具、刀具形成了依赖。经贸交流的经常化，加上中央政权不断强化"抚黎"、"化黎"政策。外围黎族慢慢开始接受汉族观念，成为所谓的"熟黎"。在他们接受的汉族观念中，父权制婚姻和父权约束下的两性关系是核心部分。由汉族政府间接控制的黎族"峒长"虽还是由本峒的"亩头"、"村头"选举产生，但会讲汉语已经成了优先条件。而且，"峒长死后，一般不另选，由其子继任，无子可由弟继。"①这是汉族父系权力观念对黎族影响的直接例证。

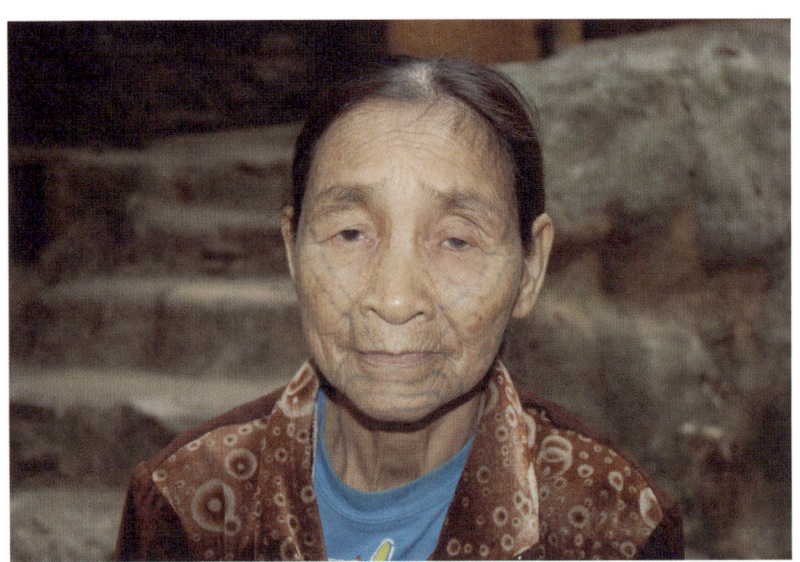

文面的黎族女性　焦勇勤摄于昌江黎族自治县

在"合亩制"地区，私有观念已经产生。只有男子有财产继承权，女子没有。父母留下来的财产均由成家后的儿子继承。父亲死后，儿子年幼而母亲不改嫁的，则由母亲掌管家庭财产，待儿子长大成家后由儿子继承。如寡妇改嫁则直接由儿子继承遗产。至此，父权制的原则已基本确立。黎族传统中的母系文化法则全面萎缩，在"熟黎"地区则趋于崩溃。在民国初年，"隆闺"、"不落夫家"、"文身"等现象即开始淡出黎族社会。

① 广东省编辑组.黎族社会历史调查[M].北京：民族出版社，1986：103.

第五节　父权制婚姻的建立

隆闺、不落夫家习俗的长期存在，表明父权婚姻的建立并非一蹴而就。男性取得的第一阶段的胜利就是实现了对自己子女的确认与控制权。

虽然大多数黎族妇女都经历了放寮与不落夫家习俗，但她们中的绝大部分最终会选择落夫家。这意味着男性"父亲角色"战胜了"舅父角色"，实现了对自己子女的确认与控制权。这种确认最初可能是名义上的，因为不落夫家的女性仍然有玩隆闺的权力。丈夫在最初仍不能拒绝妻子所生的任何一个孩子。男性的第二个目标就是实现对妻子性的专有权，从而在根本上杜绝非己生子女的出世。

在玩隆闺、不落夫家习俗与婚姻家庭并存之时，夫权与两种习俗的矛盾就变得越来越尖锐，黎族社会"经常发生情杀的血案。因为她的丈夫对其他和她交合的男子，施行暗杀，所以黎族中很多青年男子，为了女人而牺牲了他们的性命。"[1]在妻子的性权利第一次受到夫权的限制后，此种矛盾并未缓和。因为，即使妻子落夫家后性由丈夫专有，血统关系的纯净仍然无法百分之百确认。妻子落夫家后所生的孩子也许是未落夫家前与其它男子玩隆闺的产物，"所以黎族社会有第一个男子不得当家长之习惯的规定，因黎族女性从出嫁到第一次生育的期间，完全是自由性交的时期，儿女的血统含混，是绝对可能的事"[2]。故而夫权的要求又进了一步，妻子婚后即落夫家，实行严格的性为夫专有。随着玩隆闺、不落夫家习俗的消失，人们对女性婚前的性行为持越来越谨慎的态度。

---

[1] 李俊新.黎族婚制的演变[J].东方杂志，1937，34（15）：193.
[2] 同上书：195.

在云南摩梭人和普米人那里,发现了许多"审新娘"的现象。

在有些由母系氏族向父权社会过渡的民族中,规定财产与名份由幼子继承,甚至出现了杀首子的现象。①可以看作是父权制力量对母系氏族遗风的残酷报复。

大量史料文献证明,隆闺与婚姻作为两种制度曾在黎族社会广泛并存,而欲望原理是隆闺制与婚姻制的直接依据,重视独占欲则社会将实行婚姻,重视多伴侣制则社会将采纳隆闺,父系制和私有制的结合最终使独占欲占了上风,黎族社会放弃玩隆闺接纳婚姻,婚姻对女性的性限制则不可避免。

元朝以后,摩梭人受汉族习俗以及顾及到权利关系的传承,上层土司率先开始了父权制婚姻,即以一夫一妻或一夫多妻为特征的要求妻子守贞的夫权统治婚姻。其主要动机是将土司权利世袭相传,为此必须要求妻子守贞,为其生育"纯洁"的可以确认的后代。这种风气逐渐蔓延,"到1956年民主改革前后,永宁摩梭人的一夫一妻制已经有一定的发展,但是发展不平衡。如在温泉乡过婚姻生活的371人中,结婚者19人,占成年人的5.1%;据八珠乡对284个成年人的调查,结婚者有40人,占14%;在忠实乡的364个成年人中,结婚者35人,占9.6%;拖支乡142名成年人,有24人结婚,占15.8%。但是在金沙江地区,一夫一妻已相当普遍,如拉伯乡措洛古村131个成年人中,结婚者71人,占54.2%;加泽乡婚娶的更为普遍。"②

黎族婚姻的父系性质在清朝时期基本确立。这也是汉族人观察记录黎族比较多的时期,虽然"玩隆闺"与"不落夫家"现象还很多,但从夫居式的一夫一妻制已经成为主导性的婚姻模式。"刺面花纹奇样多,闺门纺织暂停梭。村村击鼓频呼饮,可是黎姑欲嫁么?"③便是这种对异民族婚姻的浪漫描述。

此期,黎族男家对女方家庭的聘礼制开始形成,这是父权婚姻关系建立的标志。聘礼的经济学分析是男方家庭对女方家庭女儿养育成本的一种补偿。如果没有这一补偿机制,各个家庭将倾向于不养女孩,结果会倒逼补偿

---

① 参见:杨知勇.西南民族生死观[M].昆明:云南教育出版社,1992:183.
② 宋兆麟.走婚的人们[M].北京:团结出版社,2002:59.
③ 《岭海丛谭》:琼州竹枝词.

准备出嫁的黎族新娘　图片采自《黎族传统文化》

机制的出现。

　　黎族男女青年不论通过什么方式恋爱定亲，男方家庭都要准备聘礼。一般是男家择吉日，派出男女亲属3至5人组成婚事团队，并带去由衣物、银元以及槟榔和烟草等构成的聘礼，前往女家商议婚事。女方家庭设宴款待，席间男女双方要商议结婚费用、女方父母操劳补偿费、众亲属的礼品以及槟榔、烟草、酒肉等数量。如果双方达成协议，女家同意成亲，就把男家送来的聘礼收下；如不同意成亲，就退回聘礼。

　　黎族各地区聘礼多少不一样。过去合亩制地区新娘身价一般为一面铜锣或一头牛、银元30块~50块。陵水、三亚、保亭、通什等地，男家要向女家送现金2000~3000元、槟榔120个、猪肉120斤、酒120斤、烟草20斤等等。乐东、东方、白沙、昌江等地黎区，聘礼较重，男家除了向女家送规定的聘礼外，还得送女方父母抚养子女的操劳费用和新娘嫁妆费。如今多用人民币，一至两万元不等，且有逐年增多的趋势。现在黎族办婚事一般为先放槟榔订婚，后到民政部门办理登记手续。

聘礼的普遍存在与价值的持续增加，已经超过了传统定情物的意义，成为事实上的新娘身价。这是父权制婚姻的突出特征。由于新娘要嫁入夫家成为男方家庭的劳动力，那么，她的劳动力再生产成本就应该由夫家来承担。否则，女方家庭就要承受损失。长此以往会挫伤社会和家庭养育女孩的积极性。而陪嫁只是女方家庭心疼女儿，希望女儿的新生活有个良好的物质基础，但价值一般不会超过聘礼。聘礼是给女方家长的，而陪嫁是给新生的小家庭的。这其中的区别耐人寻味。

男子婚娶后，家里要发动乡邻和亲朋好友为其盖房子，选择吉日开火立灶，标志青年男女独立生活的开始。如黎族一首歌谣唱道："一间茅房三石灶，一条绳子挂家当，一把钩刀砍大山，一碗谷种养全家。"在这样的婚姻过程中，我们虽然还能看到许多母系制的遗风，但父权制已经确立，只是还没有发展到专制形态。例如，1928年，法国传教士萨维纳穿越海南岛进行考察发现，在儿女的婚姻缔结过程中，双方的父母没有发言权。①表明父系的家长制尚未建立。

男性在建立父权制社会时要实现的另一个目标，是最大限度地切断妻子与娘家的联系。实现丈夫对妻子身心的彻底与永久的占有。如果妻子在婚后仍然归属于娘家氏族，那么丈夫就只是占有了孩子，而未能实现对妻子的完全占有，父权家长的地位就仍不稳固。妻子在生气时可以随时跑回娘家，在受到虐待时娘家也必然会上门兴师问罪。

父权家庭的彻底稳固必然是丈夫对妻子的完全控制，而要实现这一点就必须将女性从其家族中彻底剥离出来。这在黎族身旁移民而来的汉族家庭却完全是另一幅景象。汉族后来的包办婚姻，其实就是由男女双方家长议定的

---

① 萨维纳.海南岛志[M].辛世彪，译注.桂林：漓江出版社，2012：41.

对女子的买卖婚姻。女子从此完全脱离娘家入籍夫家，成为夫家的成员。女子自认是"生是夫家人，死是夫家鬼"，"嫁鸡随鸡，嫁狗随狗"；娘家自认"嫁出去的女，泼出去的水"。

　　值得庆幸的是，黎族直至1950年，仍未达到父权制男性意愿的第三阶

黎族阿婆在传授技艺　　鞠斐摄于昌江黎族自治县

段。也就是说，在黎族社会父权制始终也没有完全地建立起来。母系氏族时代的遗风还在通过各种方式顽强地表现出来。

　　史料表明，不仅是在"玩隆闺"或"节日狂欢"中，两性相互平等、遵循"你情我愿"的性交往原则，而且在性被纳入婚姻家庭后，家庭对于女性的性限制同样适用于男性，也就是说，在妻子落夫家后，丈夫和妻子一样都不再拥有玩隆闺的权利。《海南岛黎族社会调查》载有：（东方县西方乡）落了夫家以后，不仅妻子受到限制，就是丈夫也同样受到限制。如女子去找人拙买筒（即玩隆闺），给丈夫知道了，则她和情夫都会被丈夫打骂；同样地，丈夫去找人谈爱，被妻子知道了，则他和谈爱的情妇也可能被打，甚至夫妻间因此会打架的"。[1]

---

[1] 中南民族学院编辑组.海南岛黎族社会调查[M].南宁：广西民族出版社，1992：407.

我们在黎族婚俗中也发现了一些有趣的男女双方竞争现象。新娘被接到新郎家门前，当新娘子跨过门槛时，新郎须迅速伸出一只左手，让新娘子从手下走过，以示新娘的地位比他低一截，这样新娘落夫家后，才会顺从丈夫。如果新郎的个子比新娘还矮，可事先拿自己穿过的一只鞋或木屐放在门楣上面，只要新娘从下面过，也象征妻子比丈夫低了一等。但是，送亲的伴娘总是警惕性特别高，当新娘将进新郎家门时，伴娘总要伸手摸一摸门楣上面是否放了这样的东西，如果发现就迅速取下扔掉。

从两部黎族社会历史调查来看，解放前后，偶见一夫多妻和纳妾的情况出现，但除了极少数权贵（如峒首等）以性享受为目的外，普通人纳妾多是由于妻子未生育子嗣或缺少劳动力，而且这种一夫多妻的情况是非常少的。今天，随着婚姻法的实施，一夫多妻的现象已经绝迹，在家庭生活内部，夫妻性关系也较为平等。而且，为我们主流社会所头疼的包二奶、婚外恋等情况在黎族地区也很少见。总之，从总体上讲，虽然男性在公领域和私领域都拥有优势，但父系制似乎并没有在性问题上为男性建立多少特权，黎族男女在性问题是基本平等的。

黎族学者董小俊2001年对五指山市红山乡太平村进行考察时发现："太平村黎族女在家庭内一般享有较高的地位，其代表之一就是掌握全家的经济大权，男子出售物产时都得征求妻子的同意。凡是在生产生活中，只要妻子反对的事情都很难做成。"[①]

第六节 女性离婚与再嫁

黎族的两性平等状态还鲜明地表现在离婚与寡妇再嫁等方面。

封建时代的汉族视离婚为洪水猛兽，一方面强调女要"从一而终"、"一女不侍二夫"，另一方面也有约束男人"三不去"和"七出"，就是说男人也不可以随便休妻。相比之下，黎族一直以来就以平和自然的心态来看待离婚。从史料来看，黎族男女的离婚相当自由，离婚现象也比较常见，离

---

① 董小俊.海岛五指山太平村黎族，《五指山脚下的耕耘》[M]，昆明：云南民族出版社，2004年.

婚方式也非常文明。

解放前，白沙县南溪乡本地黎提出离婚的大多数是妇女。[1]如果按照五四以后的思维模式，认为离婚越自由，社会就越进步，女性就越解放，那么仅此一点，黎族的社会就很难用落后来形容。

黎族的离婚当事人双方自主原则就是现代协议离婚的基本法律精神，男

---

[1] 中南民族学院编辑组.海南岛黎族社会调查[M].南宁：广西民族出版社1992：146.

女双方协议离婚，一般要经过如下过程："首先各自要向父母报告，之后由男家请来村中有威信的奥雅（即老人）主持离婚仪式。男家杀猪摆酒，男女两家亲属代表各一边就座，并请村里乡亲参加，在奥雅主持下，申明离婚的理由，双方父母表明态度，众亲评议，如果一致同意离婚，就举行离婚仪式：在酒席中间，放三个碗，一个碗盛满酒两个是空碗，并用一块黑布铺盖碗口，离婚者相对就座，奥雅把黑布从中撕开两块，离婚当事人各取一块，作为脱离关系的凭据，之后，奥雅把一碗酒倒入两个空碗，离婚者各把半碗酒饮干，俗称"喝半碗分手酒。"①有的离婚仪式更简单，离婚双方撕开一块黑布为凭证即可。在此过程中，离婚的当事人最终决定是否离婚，其它人只作为调解人和见证人。确切的说，在黎族社会，离婚并不需要得到社会的认可，社会承认的只是认可当事人对于结束婚姻状态的共同决定，而这个决定是由男女双方依据自己的判断自主做出的。

更为可贵的是，黎族的协议离婚坚持的是感情破裂原则，虽然可能配偶的一方偷偷去"放寮"或一方好吃懒做可以使婚姻无效，但是两人关系是否和谐及个人感觉更是离婚为大家接受的根本原因。"因为只要证明两人不能相容即可离婚，并不需要找什么托辞，也没有什么必然的逻辑"。②《海南

---

① 王学萍主编.中国黎族[M].北京：民族出版社，2004：200.
② 安德烈·比尔基埃等编.家庭史[M].袁树仁等，译.北京：生活读书新知三联书店，1998：212.

黎族女性　鞠斐摄于白沙黎族自治县

岛黎族社会调查》记载：保亭加茂乡"什那村男子罗开香与什应村女子黄玉之婚后不久即在所谓'感情不好'的理由下离婚，如卜辣男子黄开有与加茂村女子陈玉金也因感情不合而离婚"。①《黎族社会历史调查》也载有"男女双方可以自由提出离婚，而离婚的理由很简单，双方以感情不好便可以成为正式的离婚理由"②。

以上讲的是协议离婚的情况，那么，黎族对于单向离婚，即一方想离另一方不想离的情况是如何调解呢？调解的原则是：不想离的一方可以从离婚以及此后的生活中获益，而想离的一方很可能会在离婚或此后的生活中受损。这已非常接近现代的离婚制度。我们知道婚姻不仅仅涉及性和情爱，它还关涉利益及其分配，离婚也如此。黎族社会把聘礼（金）作为调解的法

---

① 中南民族学院编辑组.海南岛黎族社会调查[M].南宁：广西民族出版社1992：528.
② 广东省编辑组，《中国少数民族社会历史调查资料丛刊》修订编辑委员会.黎族社会历史调查[M].北京：民族出版社，2009：53.

码，提出离婚的一方一般要放弃聘礼（金）。"一方要求离婚，另一方不同意离婚，经过奥雅和双方父母调解无效后，则由当事人自己处理。女方提出离婚者，俗称'走春帕曼'，必须退还男家的聘礼，男方提出离婚者，俗称'艾味菏'，女家不退还礼聘"。①另据《白沙县志》记载，黎族女子单方面要求离婚，就可以只携带自己的衣物离开，男方一般不阻拦；男方单方面要求离婚，则要备酒1罐，鸡1只，把女子送回娘家，并向女方家解释离婚的理由，求得女方家人的谅解。只要礼数周全，理由正当，女方家人也大都接受理解。②

对于女性来讲，在父权制社会，妇女在家庭经济上处于一种相对弱势的地位，她们对丈夫经济上的依赖是被迫的。因此，坚持双方平等的离婚之感情破裂原则和聘礼补偿机制，或许是对妇女权益的一种更好的保护，至少在某种程度上，会使女性在这种离婚补偿中处于一种相对有利的地位。

聘礼不仅作为离婚补偿机制的一部分而存在，也从物质方面限制了离婚的过分随意性。解放前的黎族社会，聘礼除烟草、槟榔、酒肉等物品外，还包括银元、水牛等贵重物品，对于一般黎族家庭来讲，聘礼不是个小数目。解放前部分人因为出不起聘礼而终身未娶，或以劳动补偿的形式招贤到女家。所以，当主动离婚即意味着放弃聘礼时，人们对于离婚的态度自然变得严肃而谨慎。由此看出，婚姻制度包括离婚制度的设计并没有规定人们如何行动，但是却通过激励或抑制条件的改变来引导人们行为的选择方式。聘礼就是这样的一个激励因素，它会使主动离婚的一方在经济上受损，而另一方在经济上获益。虽然离婚制度并未明确规定你该如何行为，但聘礼这一激励因素的存在无疑会从物质上影响人们的离婚判断与决策。

今天的黎族社会，人们对离婚及离婚后的男女仍持有平常的心态，尤其对于离过婚的女性，社会没有任何歧视。除了离婚仪式更为简单、政府人员进行离婚调解判决、赔偿金更为实际外，有关离婚的最大变化当是离婚现象的减少。从《海南岛黎族社会调查》来看，解放前后黎族社会的离婚现象非常普遍，（东方县西方乡）"离婚事情比较多，几乎每个人都离婚二三次以

---

① 王学萍主编.中国黎族[M].北京：民族出版社，2004：200.
② 海南白沙县地方志编委会.白沙县志[M].海口：南海出版公司，1992：321.

上，甚至七八次的也有。如经我们访问的18个对象有中11个曾经离过婚的，最多的三次，最少的一次"。①（乐东县头塘乡）"解放前，头塘村的男女离婚相当多，尤其是结婚后妻子未回夫家居住这一段时间内，离婚更是随便……所以男女离婚三次以上的很平常。"②和那一时段相比，现在的离婚现象大为减少，这主要是玩隆闺、不落夫家习俗消失后，父系小家庭获得了社会的普遍支持，随意离婚受到约束和谴责，从而使婚姻关系变得相对稳固。

我们所熟悉的汉族封建时代的情况是：丈夫如果死了，妻子仍需留在婆家抚育子女，因为从结婚之日起，她就已经脱离娘家成为夫家的成员。她是否改嫁不能由她本人决定，也不能由她娘家决定，而必须由她的婆家决定。在整个守寡过程中，寡妇要尽力避免和任何异性来往。从此，她的角色只是一个母亲而不是一个女性。为夫守寡、为夫守节、从一而终，是社会认可的行为。在此情形下，寡妇再嫁是连想都不敢想的事情。但在黎族社会，丈夫

---

① 中南民族学院编辑组.海南岛黎族社会调查[M].南宁：广西民族出版社，1992：413.
② 中南民族学院编辑组.海南岛黎族社会调查[M].南宁：广西民族出版社，1992：9.

　　的死不仅意味着婚姻家庭关系的瓦解，也意味着寡妇彻底脱离了丈夫家族，从此是个自由人了。她可以选择重回娘家。寡妇回娘家之后与在娘家的女儿没什么区别，娘家人、夫家人、社会舆论对她没有歧视。

　　在过去的黎族社会，寡妇再嫁是非常正常、普遍的事（除少数年龄很大的寡妇外）。寡妇再嫁均由自己决定，夫家无权过问。寡妇可以自己挑选意中人，也可以参加"玩隆闺"。对此，无人干涉。寡妇再嫁的聘礼也与一般出嫁女没有多少区别。和我们熟悉的汉族社会截然不同的是，有子女随嫁的寡妇更受黎族男方家庭的欢迎。这一是因为黎族过去有这方面的深厚民族文化传统；二是黎族人看重劳动力，随带的子女即是夫家新成员，可为新家庭出力；三是证明寡妇有令人看好的生育能力。黎族著名的《创世歌》中有：

"找个寡妇娘，财宝满屋粮满仓"①。今天，黎族地区仍然保留着这一传统。对于寡妇再嫁，家庭和社会都不加干涉，而且再嫁的决定权仍由寡妇本人掌握。

黎族的婚恋文化已经刻上了深深的母系特征的烙印。虽然从汉代开始，父系制社会习俗已有了一千多年的延续，但母系色彩浓厚的黎族婚恋文化依然影响着人们的行为方式、思维方式、价值观念。

受汉族婚姻制度的影响，黎族恋爱方式母系化，其与婚姻形式父权化的矛盾日益加深。黎谚有："男的做头柱，女的做次柱，家里才能圆似果。""男主女从"式的婚姻家庭模式已经为主流社会道德所认可，并为父权家长权威的崛起铺平了道路。这在过去流传的黎族民间故事中也有所反映。如长篇叙事诗《巴定》，就表现了一位叫巴定的姑娘，很想与自己"隆闺"时相爱的情人结婚，但却遭到了父权家长的反对，并强迫她嫁给另一个男人。《抗婚歌》更是描写了相爱的青年男女用逃婚的办法，捍卫自己的爱情。

黎族流传下来的婚礼歌谣，伴郎在婚礼上对新娘的父母亲唱到：

你家有个好女儿
从小是你养她大，
男家知道父母苦，
婚后不打也不骂，
老了也不送娘家。②

这词意肯切的承诺里边，已经有了些令人忧虑的社会变化。

当我们把当下黎族婚恋文化与20世纪50年代两部黎族社会历史调查所呈现的黎族婚恋文化进行对比后，我们又发现：今天，玩隆闺、不落夫家习俗基本绝迹；择偶观念更为务实；对性的态度越来越谨慎；父系小家庭变得稳固……这些变化共同指证了黎族婚恋文化中母系特征渐渐势微，而父权特

---

① 参见王月圣编.黎族创世歌[M].海口：海南出版社，1994：264.
② 王学萍主编.中国黎族[M].北京：民族出版社，2004：420.

征逐渐强大。上世纪50年代,《海南岛黎族社会调查》上卷得出了这样的结论:"黎族的家庭按地区来说,越向外围,财产由男子继承越明确,私有观念越巩固,男性在社会和家庭中的地位越优越"。[①]对照此结论,我们倾向于认为:黎族婚恋习俗正在向巩固夫权方向靠拢,正在向当代消费文化靠拢。虽然,在某种程度上,婚恋文化中的母系特征的影响力依然顽强存在,并会继续存在下去,但无论如何作为一种趋势,黎族婚恋文化与现代婚恋文化之融合会越来越全面、深入。黎族婚恋习俗受现代婚恋文化的冲击也会越来越猛烈。

2003年云南大学组织了中国少数民族村寨调查,黎族调查点选择了海南五指山市福关村。调查表明这个以往封闭的黎族村寨在生育观念上已经完全倒向了"男尊女卑"。[②]

[①] 中南民族学院编辑组. 海南岛黎族社会调查[M]. 南宁:广西民族出版社,1992:83.
[②] 张跃、周大鸣主编. 黎族——海南五指山市福关村调查[M]. 昆明:云南大学出版社,2004:78-79.

后 记

　　本书除第一、二章由孙绍先撰写外，其余各章由文丽敏撰写，全书由孙绍先统稿。本书的写作得到了上海大学出版社焦贵萍老师的大力支持，深表感谢！

　　感谢为本书提供图片的焦勇勤老师、张军军老师、鞠斐老师；感谢海南大学人文传播学院影视系李婧同学认真、细致为本书核对、查阅资料；同时也感谢高娜、胡悦同学为本书提供的帮助。

孙绍先　文丽敏